Der Rechtsschutz des Beschuldigten gegen die Einstellung des Strafverfahrens nach den Opportunitätsvorschriften der Strafprozessordnung

Europäische Hochschulschriften
Publications Universitaires Européennes
European University Studies

Reihe II
Rechtswissenschaft

Série II Series II
Droit
Law

Bd./Vol. 4341

PETER LANG
Frankfurt am Main · Berlin · Bern · Bruxelles · New York · Oxford · Wien

Ralf Rose

Der Rechtsschutz des Beschuldigten gegen die Einstellung des Strafverfahrens nach den Opportunitätsvorschriften der Strafprozessordnung

PETER LANG
Europäischer Verlag der Wissenschaften

Bibliografische Information Der Deutschen Bibliothek
Die Deutsche Bibliothek verzeichnet diese Publikation in der Deutschen Nationalbibliografie; detaillierte bibliografische Daten sind im Internet über <http://dnb.ddb.de> abrufbar.

Zugl.: Konstanz, Univ., Diss., 2005

D 352
ISSN 0531-7312
ISBN 3-631-54420-0

www.peterlang.de

Kathrin
und
meinen Eltern

Vorwort

Die vorliegende Dissertation wurde im Sommersemester 2005 vom Fachbereich Rechtswissenschaft der Universität Konstanz als Dissertation angenommen.

Meinem Betreuer, Herrn Prof. Dr. Jörg Eisele schulde ich herzlichen Dank für eine hervorragende Betreuung. Ein stets offenes Ohr und vielfältige Denkanstöße haben mir die Fertigstellung der Arbeit erheblich erleichtert.

Mein Dank gilt auch Herrn Prof. Dr. Martin Ibler für die Erstellung des Zweitgutachtens und die Förderung, die er mir schon während meines Studiums hat zuteil werden lassen.

Beiden danke ich - neben Herrn Privatdozent Dr. Christoph Schönberger - auch für die Abnahme der mündlichen Prüfung am 21.12.2005.

Ferner habe ich auch noch meinen Eltern zu danken, die mir in jeder Hinsicht den Weg zu dieser Arbeit eröffnet haben. Ebenfalls dankbar bin ich der Hanns-Seidel-Stiftung für die Förderung dieses Promotionsvorhabens durch ein Stipendium aus Mitteln des Bundesministeriums für Bildung und Forschung.

Zu guter letzt bleibt noch Kathrin: Sie hat die Erstellung dieser Dissertation von Anfang an begleitet und nicht nur so manche Diskussion mit mir geführt, bei der sie mir des Öfteren die Augen für das Wesentliche geöffnet hat, sie musste auch so manche Laune erdulden. Dafür gebührt ihr mein besonderer Dank!

Ulm, im Dezember 2005

Ralf Rose

Inhaltsübersicht:

Inhaltsverzeichnis:

A. Einleitung

Die vorliegende Dissertation widmet sich dem Rechtsschutz Beschuldigter[1] gegen Einstellungsverfügungen im Strafverfahren. Der Rechtsschutz wird exemplarisch für die Einstellungsmöglichkeiten der §§ 153, 153a, 154, 154a StPO untersucht.[2]

Besteht ein sog. Anfangsverdacht gegenüber einer Person, so leitet die Staatsanwaltschaft in der Regel ein Ermittlungsverfahren ein, um die weiteren Umstände der Tat und eine daraus möglicherweise resultierende Strafbarkeit zu klären. Dadurch wird der Tatverdächtige formell zum Beschuldigten.[3] Stellt sich im Laufe des Ermittlungsverfahrens heraus, dass gegen den Beschuldigten ein hinreichender Tatverdacht besteht, so erhebt die Staatsanwaltschaft beim zuständigen Strafgericht Anklage, § 170 Abs. 1 StPO. Dieses prüft im Zwischenverfahren, ob der hinreichende Tatverdacht wirklich besteht, ob also wahrscheinlich mit einer Verurteilung zu rechnen ist. Bejaht es diese Frage, wird die Anklage zugelassen und das Hauptverfahren eingeleitet. Kommt das Gericht zu dem Schluss, dass ein hinreichender Tatverdacht nicht besteht, so lehnt es die Eröffnung des Hauptverfahrens ab, § 204 StPO.

Liegt umgekehrt ein hinreichender Tatverdacht nicht vor, weil der Beschuldigte die Tat in Wahrheit nicht begangen hat oder kann sie ihm zumindest nicht nachgewiesen werden, so stellt die Staatsanwaltschaft das Verfahren gemäß § 170 Abs. 2 StPO folgenlos[4] wieder ein. Besteht ein hinreichender Tatverdacht gegen den Beschuldigten, so kann das Verfahren dennoch im Wege der Einstellung gemäß §§ 153 ff. StPO nach Opportunitätsgrundsätzen beendet werden, z.B. weil die Schuld als gering anzusehen ist und das öffentliche Interesse an der Strafverfolgung fehlt. Diese Einstellung wird nur in einem staatsanwaltschaftli-

---

[1] Wobei der Begriff des Beschuldigten als Oberbegriff zu verstehen ist und auch den Angeschuldigten und Angeklagten umfasst. Angeschuldigter ist dabei nach § 157 StPO der Beschuldigte, gegen den die öffentliche Klage erhoben ist, Angeklagter der Beschuldigte oder Angeschuldigte, gegen den die Eröffnung des Hauptverfahrens beschlossen ist.

[2] Die weiteren Einstellungsnormen der StPO zu untersuchen, würde den Rahmen Arbeit sprengen. Daher wurden die vier bedeutendsten und am häufigsten angewandten Einstellungsnormen ausgewählt. Auf die restlichen Vorschriften wird am Ende der Arbeit kurz eingegangen. Weitere Einstellungsmöglichkeiten enthalten die §§ 45, 47 JGG, §§ 31a, 37, 38 BtMG, § 398 AO. Auf sie soll im Rahmen dieser Arbeit nicht eingegangen werden.

[3] Vgl. *Meyer-Goßner*, Einl. Rn. 77.

[4] Zumindest in formaler Hinsicht ist diese Einstellung folgenlos. Zu etwaigen sonstigen Auswirkungen siehe D.III.

chen Register geführt und nicht in das Bundeszentralregister eingetragen. Der Beschuldigte ist also nicht vorbestraft und sein Führungszeugnis bleibt ohne Eintragung.

Die Einstellung aus Opportunitätsgründen mag nicht zuletzt deshalb auch für den Beschuldigten ihre Vorzüge haben. Indes haftet mit der durch den Anfangsverdacht bedingten Einleitung des Strafverfahrens dem Beschuldigten ein gewisser Makel an, die Straftat eventuell doch begangen zu haben. Dieser Makel entfällt mit der Einstellung mangels Tatverdachts gemäß § 170 Abs. 2 StPO[5] bzw. wenn das Gericht die Eröffnung des Hauptverfahrens aus demselben Grund ablehnt oder durch einen Freispruch im Hauptverfahren.

Was aber ist mit den Fällen, in denen die Staatsanwaltschaft oder das Gericht das Verfahren gemäß §§ 153 ff. StPO einstellen, obwohl der Betroffene tatsächlich die Tat nicht begangen hat? Problematisch bleiben Fälle, in denen der durch die Einleitung des Verfahrens gesetzte Makel bestehen bleibt, weil der Beschuldigte weiter im Verdacht steht, die Tat eventuell begangen zu haben. Den Unterschied zwischen §§ 153 ff. StPO und § 170 Abs. 2 StPO kann folgendes Beispiel illustrieren: Der Beschuldigte wird zur Vernehmung vorgeladen und muss dies, da die Vernehmung während seiner Arbeitszeit erfolgen soll, seinem Arbeitgeber erklären, um seinen Arbeitsplatz vorübergehend verlassen zu können. Hier macht es in der Folge einen großen Unterschied, ob er sagen kann: „Das Verfahren wurde eingestellt, weil ich die Tat nicht begangen habe" (§ 170 Abs. 2 StPO)[6], oder ob er sagen muss: „Mein Verfahren wurde eingestellt, weil meine Schuld gering wäre" (§ 153 Abs. 1 StPO).

Entsprechend kann der Makel teils gravierende persönliche[7] und vermögensrechtliche[8] Folgen haben. Dies illustriert folgendes Beispiel: Karl-Heinz Wildmoser sen. stand im Zusammenhang mit dem Neubau der Münchner Allianz-Arena unter dem Verdacht, als Präsident des am Bau beteiligten TSV 1860 München Bestechungsgeld in Höhe von 2,8 Millionen Euro erhalten zu haben.

[5] Der sog. „Freispruch 2. Klasse" findet im Gesetz keine Stütze. In rechtlicher Hinsicht ist das Fehlen von Beweisen bei § 170 Abs. 2 StPO dem Freispruch gleichgestellt.

[6] Natürlich kann auch bei § 170 Abs. 2 StPO ein geringer, aber nicht hinreichender Tatverdacht bestehen bleiben. Doch gerade darin besteht der Unterschied: Im Fall des § 170 Abs. 2 StPO kann nur ein geringer Tatverdacht fortbestehen, wohingegen bei § 153 StPO ein hinreichender Tatverdacht nötig ist.

[7] Vgl. vor allem D.III.1.h.

[8] Vgl. D.III.1.e., f.

Später hat sich gegenüber Wildmoser jeder Verdacht erledigt.[9] Korrekterweise wäre hier das Verfahren gemäß § 170 Abs. 2 StPO einzustellen gewesen. Die Staatsanwaltschaft München hat aber nach § 154 Abs. 1 StPO eingestellt. Sie hat also das Verfahren nicht mangels Tatverdachts eingestellt, sondern weil die Tat neben einer anderen nicht ins Gewicht fiel.[10] Was auf den ersten Blick für den Beschuldigten keinen großen Unterschied macht, hatte gravierende Auswirkungen: Durch die fast beispiellose Vorverurteilung in den Medien und drei Tage Untersuchungshaft war Wildmoser letztlich gezwungen, sein Amt als Präsident niederzulegen. Gerade hier wäre eine förmliche, eindeutige Rehabilitation durch die Justiz angezeigt gewesen, indem der zunächst vorgebrachte Tatvorwurf zurückgenommen worden wäre, denn durch die Einstellung blieb etwas vom Tatvorwurf an Wildmoser haften. Hätte ihm die Möglichkeit zugestanden, Rechtsschutz gegen die Einstellung zu erlangen, so hätte er diesen Makel beseitigen und seine Rehabilitation erstreiten können.

Nach derzeit vorherrschender Auffassung hat aber weder der Verletzte noch der Betroffene die Möglichkeit, gegen eine Einstellung gemäß §§ 153 ff. StPO Rechtsschutz zu erlangen.[11] Dies ist problematisch, da dem durch die Straftat Verletzten z.B. ein Recht auf Genugtuung[12] im Sinne einer Kompensation des erlittenen Unrechts in Gestalt einer Verfolgung und Bestrafung des Täters zustehen kann. Der Beschuldigte hingegen wird in der Regel mit der Einstellung des Verfahrens zufrieden sein. Entgeht er auf diese Weise doch einer sonst möglichen Bestrafung. Es sind jedoch durchaus Fälle denkbar, in denen der Beschuldigte ein Interesse an der Durchführung eines Hauptverfahrens hat, um einen Freispruch erwirken zu können. Dies ist z.B. der Fall, wenn der Beschuldigte tatsächlich unschuldig ist.[13] Solche Fälle kommen in der Praxis selten vor, was schon an der stiefmütterlichen Behandlung des Themas durch Rechtsprechung und Literatur erkennbar ist. Aber dennoch sind sie denkbar. Vor allem bei einem öffentlichen Interesse am Strafverfahren, wie z.B. gegen Personen des öffentlichen Lebens, kann es für den Beschuldigten von essentieller Bedeutung sein, dass der Tatverdacht ausgeräumt wird. Gleiches gilt für sensible Beschäftigungsverhältnisse, also z.B., wenn der Angestellte einer Sicherheitsfirma des Diebstahls bezichtigt wird. In beiden Fällen kann der Beschuldigte ein Interesse

---

[9] Vgl. dazu die Berichterstattung von *Wolfgang Görl* in der Süddeutschen Zeitung vom 19.05.2004, S. 44.
[10] Dabei handelt es sich um eine Steuerhinterziehung, wegen der er ein Jahr zuvor zu einer Geldstrafe in Höhe von € 27.000,- verurteilt wurde.
[11] Vgl. nur BVerfG, NStZ 1984, 228 (228) und C.III.2.
[12] Abgeleitet aus dem allgemeinen Persönlichkeitsrecht, vgl. *Werner*, NStZ 1984, 401 (402).
[13] Ähnliches gilt, wenn der Beschuldigte sich zumindest für unschuldig hält. Vgl. dazu E.III.2.

an seiner vollständigen Rehabilitierung haben, so dass nicht der bereits angesprochene ‚Makel' des „nur eingestellten"[14] Strafverfahrens an ihm haften bleibt. Abzuleiten sein könnte ein solches „Recht auf einen Freispruch" aus Art. 19 Abs. 4 GG i.V.m. der möglichen Verletzung eines subjektiv-öffentlichen Rechts.

Die mögliche Rechtsverletzung auf Seiten des Opfers der Straftat ist in der Literatur umfassend behandelt worden, vielfach mit dem Ergebnis, dass ein Rechtsbehelf nicht geboten sein soll.[15] Auch das Recht des Beschuldigten *auf* Einstellung wurde teilweise thematisiert.[16] Die Lücke in der Forschung liegt in der Untersuchung der Stellung des unschuldigen Beschuldigten. Gebietet Art. 19 Abs. 4 GG auch hier die Eröffnung einer Rechtsschutzmöglichkeit, wenn sein Verfahren eingestellt wird?[17] Diese Frage wurde in der Literatur lange Zeit, so sie denn überhaupt gesehen wurde, kategorisch verneint[18] und ist erst in jüngerer Zeit teilweise kritisch betrachtet worden.[19] In der vorliegenden Dissertation wird untersucht, ob für den unschuldigen Beschuldigten, soweit die Verletzung subjektiver Rechte in Rede steht, ein Rechtsbehelf gegen die Einstellung von Verfassungs wegen gegeben sein muss.

---

[14] Die Einstellung impliziert z.B. bei § 153 StPO die Feststellung der hypothetisch (geringen) Schuld; vgl. D.III.1.b.cc.

[15] Vgl. *Kalsbach*, Nachprüfung; *Paschmanns*, Verfahrenseinstellung; *Werner*, Einfluss; *Jung*, ZStW 93 (1981), S. 1147 (1147 ff.); ferner *Weber*, Genugtuungsinteresse.

[16] Vgl. *Füßer/Viertel*, NStZ 1999, 116 (116 ff.). Ferner *Hilger*, JR 1985, 93 (96); *Albrecht*, Jugendstrafrecht, S. 120 (zum Parallelproblem im Jugendstrafrecht); zum Sonderfall der Verweigerung der Zustimmung *Terbach*, Einstellungserzwingungsverfahren, S. 197 und *ders.*, NStZ 1998, 172 (174).

[17] Bejahend BKGG-*Ibler*, Art. 19 Abs. 4 Rn. 94a.

[18] Vgl. *Kalsbach*, Nachprüfung, S. 76 f.

[19] Vgl. *Heinz*, FS Brohm, S. 351 (365).

B. Gang der Untersuchung

Nachdem in der Einleitung die Thematik der Arbeit skizziert wurde, soll zunächst die Verfahrenseinstellung nach §§ 153 ff. StPO in das Spannungsverhältnis von Legalität und Opportunität eingeordnet werden. Während das Legalitätsprinzip den Verfolgungszwang beinhaltet, konstituiert das Opportunitätsprinzip mit den Einstellungsmöglichkeiten Abweichungen hiervon. Die sich hieraus ergebende Frage des Verhältnisses der beiden Prinzipien zueinander wird als Grundlage der weiteren Arbeit dargestellt.[20] Darauf folgend sollen kurz die inhaltlichen Voraussetzungen der Einstellungsnormen umrissen werden, bevor sich die Arbeit dem dem Beschuldigten bislang gewährten Rechtsschutz gegen die Einstellung zuwendet.[21]

An die Beschreibung des rechtlichen Status Quo schließt sich der Hauptteil der Arbeit an: Die Frage der Vereinbarkeit dieses Status Quo mit der Rechtsschutzgarantie des Art. 19 Abs. 4 GG.[22] Während der Beschuldigte unstreitig ‚jemand' im Sinne dieser Vorschrift ist, ist schon fraglich, ob Staatsanwaltschaft und Gericht Teil der öffentlichen Gewalt im Sinne des Art. 19 Abs. 4 GG sind. Vor allem die Einordnung der gerichtlichen Einstellung und der Zustimmung des Richters zur staatsanwaltschaftlichen Einstellung unter den Begriff der öffentlichen Gewalt ist schwierig. Hier ist es unerlässlich zu erörtern, ob der durch den Richter gewährte Rechtsschutz im Falle einer Einstellung ausreichend im Sinne der Rechtsschutzgarantie ist oder ob eine weitere Überprüfung geboten erscheint.

Die Rechtsverletzung des Beschuldigten wird für §§ 153, 153a einerseits und 154, 154a StPO andererseits wegen der bestehenden Ähnlichkeiten jeweils gemeinsam untersucht: Zuerst wird erörtert, ob die Einstellung zwangsläufig eine Schuldfeststellung impliziert, da dann möglicherweise ein Verstoß gegen die Unschuldsvermutung aus Art. 6 Abs. 2 EMRK vorläge. Bei §§ 153, 153a StPO ist sodann zu thematisieren, ob die Einstellung rechtsfehlerhaft ist, weil sie gegenüber einem Unschuldigen ergeht. Aus der fehlerhaften Einstellung könnte für den Beschuldigten nämlich ein Makel folgen, der zur Verletzung von Grundrechten führt. Von Interesse ist dabei auch, ob zwischen einer rein staatsanwalt-

---

[20] Vgl. C.I.
[21] Vgl. C.II., III.
[22] Vgl. D.

schaftlichen Einstellung und einer Einstellung mit Zustimmung des Gerichts oder des Beschuldigten differenziert werden muss.[23]

Anschließend an die §§ 153, 153a StPO werden die Unterschiede und Gemeinsamkeiten hinsichtlich der §§ 154, 154a StPO und die sich daraus ergebenden Konsequenzen für die Rechtsverletzung erörtert.[24]

Im Weiteren[25] stellt sich die Frage des Rechtswidrigkeitszusammenhanges. Danach muss die Rechtswidrigkeit gerade aus der Verletzung des subjektiv-öffentlichen Rechts folgen. Bevor ggf. ein Rechtsbehelf zu finden ist, muss kurz die Frage thematisiert werden, ob aus der Rechtsverletzung vielleicht sogar die Verfassungswidrigkeit der §§ 153 ff. StPO resultiert.

Weiter kommt eine Rechtsverletzung in Betracht, weil vor der Einstellung des Verfahrens dem Beschuldigten nach der gesetzgeberischen Konzeption kein rechtliches Gehör gewährt werden muss und dieser so seine Rechte nicht geltend machen kann. Auch die Speicherung der Einstellung könnte Rechte des Beschuldigten verletzen. Diese Aspekte werden separat erörtert, da sie nicht zu einer Überprüfung der gesamten Einstellungsverfügung führen.[26]

In einem Resümee wird neben der Darstellung der Ergebnisse der Untersuchung ein kurzer Blick auf die §§ 153b bis f und 154b bis e StPO geworfen und ein Ausblick auf die Realisierungschancen der Ergebnisse in der juristischen Praxis gewagt. Daran schließt sich die Zusammenfassung der wesentlichen Ergebnisse in Form von Thesen an.

---

[23] Vgl. D.III.2.
[24] Vgl. D.III.3.
[25] Vgl. D.IV., V., VI.
[26] Vgl. F.

C. Die Einstellungsnormen im Spannungsfeld von Legalität und Opportunität

In diesem Teil der Arbeit sollen zunächst die Prinzipien von Legalität und Opportunität, in deren Spannungsfeld sich das Thema dieser Arbeit in weiten Teilen bewegt, dargestellt werden (I.). Während die Einstellungsmöglichkeiten eine Ausprägung des Opportunitätsprinzips darstellen, ist der Rechtsschutz Ausfluss des Legalitätsprinzips. Dieses – auf den ersten Blick von Gegensätzen geprägte – Verhältnis beider Prinzipien soll dann Gegenstand einer genaueren Untersuchung sein. Anschließend sollen die Einstellungsmöglichkeiten (§§ 153, 153a, 154, 154a StPO) im Einzelnen kurz erläutert werden (II.), um den dem Beschuldigten aktuell gewährten Rechtsschutz untersuchen zu können (III.).

I. Legalität, Opportunität und deren Verhältnis zueinander

1. Das Legalitätsprinzip

Gemäß § 152 Abs. 2 StPO ist die Staatsanwaltschaft verpflichtet, wegen jeder Straftat einzuschreiten soweit ein Anfangsverdacht[27] besteht. Dieses sog. Legalitätsprinzip impliziert einen staatsanwaltschaftlichen Verfolgungszwang gegenüber jedermann und findet sich unverändert seit 1877 in § 152 Abs. 2 StPO.[28] Dennoch sollte das Legalitätsprinzip nicht völlig auf § 152 Abs. 2 StPO verkürzt werden, denn es umfasst neben der Einschreitenspflicht auch die – damit verbundene – Ermittlungspflicht hinsichtlich des Sachverhalts, die Entschließungspflicht, ob die öffentliche Klage zu erheben ist und die Regelung der Entscheidungszuständigkeit der Staatsanwaltschaft.[29]

Die traditionellen Ziele des Legalitätsprinzips sind die Gewährleistung der Gerechtigkeit unabhängig von der Person sowie eine größtmögliche Durchsetzung des materiellen Strafanspruchs. Diese Elemente des Legalitätsprinzips entspringen dem Rechtsstaatsprinzip.[30]

---

[27] Näher dazu *Eisenberg/Conen*, NJW 1998, 2241 (2243 ff.).

[28] Vgl. *Meyer-Goßner*, § 152 Rn. 2. Zur Entstehung vgl. *Brendle-Wetzel*, Legalitätsprinzip, S. 5 ff und den Überblick bei *Weigend*, Anklagepflicht, S. 25 ff.

[29] Vgl. *Bohnert*, Abschlußentscheidung, S. 86.

[30] Vgl. *Hassemer*, FS Staatsanwaltschaft Schleswig-Holstein, S. 529 (529); *Roxin*, Strafverfahrensrecht, S. 85.

Für das Legalitätsprinzip werden denn auch in erster Linie rechtsstaatliche Erwägungen (mit den Zielvorgaben des Art. 20 Abs. 3 GG: Rechtssicherheit und Einzelfallgerechtigkeit[31]) angeführt: Das BVerfG hat in diesem Zusammenhang grundlegend ausgeführt, dass der Rechtsstaat nur verwirklicht sein kann, wenn „sichergestellt ist, daß Straftäter im Rahmen der geltenden Gesetze verfolgt, abgeurteilt und einer gerechten Bestrafung zugeführt werden".[32] Der Rechtsstaat findet sich in vielen Facetten der Verfassung wieder[33], deren erste die Gleichheit vor dem Gesetz ist. Das heißt, dass jedermann, der gegen Strafrechtsnormen verstößt, unabhängig vom Ansehen seiner Person gleichermaßen verfolgt und bestraft werden muss. Diese – durch Art. 3 GG gebotene und – für die Gerechtigkeit des Strafrechts elementare Gleichbehandlung wird durch das Legalitätsprinzip erreicht.[34]

Das Legalitätsprinzip hat noch eine weitere Funktion.[35] Der Staatsanwaltschaft allein obliegt die Erhebung der öffentlichen Klage. Man kann dem Bürger indes nicht wegen des Gewaltmonopols des Staates die Selbstjustiz verwehren und dann seinem Straf- und Gerechtigkeitsbedürfnis nicht nachkommen. Bei Vorliegen eines hinreichenden Tatverdachtes (§ 170 Abs. 1 StPO) muss die Staatsanwaltschaft deswegen zur Anklage verpflichtet sein.[36] Das sichert das Legalitätsprinzip.[37]

Für die Notwendigkeit einer gesicherten strafrechtlichen Verfolgung werden weiter kriminalpolitische Erwägungen angeführt.[38] Würden die materiellen Strafvorschriften nur selten angewandt, so würden sie langfristig geschwächt,

---

[31] Vgl. *Kunig*, Rechtsstaatsprinzip, S. 225.
[32] BVerfGE 46, 214 (222).
[33] Vgl. *Hesse*, Verfassungsrecht, Rn. 192 ff.
[34] Vgl. BVerfGE 20, 162 (222).
[35] Nach *Rieß*, NStZ 1981, 2 (2 f.).
[36] Vgl. BGHSt 15, 155 (159). Aber auch das Strafbedürfnis der Bevölkerung ist nicht unbegrenzt. Vgl. dazu *Hassemer*, ZRP 2004, 93 (93).
[37] Zu den Problemen hinsichtlich der Gewaltenteilung (ohne Anklage keine Befassung des Richters mit dem Sachverhalt) vgl. *Hassemer,* FS Staatsanwaltschaft Schleswig-Holstein, S. 529 (531). Ferner *Kausch*, Staatsanwalt, S. 70 ff; *Weigend*, Anklagepflicht, S. 79; *Hirsch,* ZStW 92 (1980), S. 218 (230 f.). Vgl. aber auch *Roxin*, Strafverfahrensrecht, S. 85.
[38] *Walter*, ZStW 95 (1983), S. 32 (52 f.) stellt weiter auf das Sozialstaatsprinzip ab: das Gebot der Subsidiarität des Strafrechts, also die Verpflichtung, den Einsatz strafrechtlicher Sanktionen als ultima ratio zu verstehen, sichere dem Beschuldigten die „Vor- und Fürsorge der Gesellschaft". Nach seiner Auffassung ist Diversion ein Mittel des Sozialstaats, um „den aus persönlicher Schwäche oder Schuld oder / und aus gesellschaftlicher Benachteiligung Gescheiterten" die nötige Hilfe zukommen zu lassen. Die Wiedereingliederung straffälliger Mitbürger hat daher auch Verfassungsrang, dazu *Blau*, Jura 1987, 25 (34).

vor allem die, die am seltensten angewandt würden. Die Abschreckungswirkung und somit die Generalprävention ginge verloren, da eine Strafvorschrift, deren Übertretung regelmäßig nicht verfolgt wird, die Gefahr des Geahndet-Werdens verliert. Der Verstoß gegen sie kann folglich (zumindest de facto) als geduldet gelten. Das Unrechtsbewusstsein in der Bevölkerung verwässerte demzufolge.[39] Daher muss die Staatsanwaltschaft im Falle eines Anfangsverdachts ein Ermittlungsverfahren zur Klärung der Tat- und Täterumstände einleiten, wodurch der Verdächtige zum Beschuldigten wird.

2. Das Opportunitätsprinzip

Dem Legalitätsprinzip gegenüber steht das Opportunitätsprinzip, das auf den ersten Blick eine Durchbrechung des Legalitätsprinzips darstellt: Opportunität bedeutet die Befugnis, das Strafverfahren trotz bestehenden Tatverdachts vorzeitig ohne formelles Verfahren[40] zu beenden. Das Ermittlungs-, aber auch das restliche Strafverfahren kann demgemäß unter bestimmten Voraussetzungen nach §§ 153 ff. StPO eingestellt werden, auch wenn eine hohe Wahrscheinlichkeit für die Täterschaft des Beschuldigten spricht. Der Gesetzgeber muss jedoch auch im Rahmen der Opportunität Vorkehrungen treffen, dass jedes strafwürdige Unrecht verfolgt wird.[41]

---

[39] Vgl. *Pott*, Außerkraftsetzung, S. 159 f.; *Hamm*, NJW 1996, 2981 (2982). Zur Gegenauffassung vgl. *Vogler*, ZStW 90 (1978), S. 132 (151 f.). Ferner *Erb*, Legalität, S. 153 f., *Naucke*, FS Grünwald, S. 403 (403 ff.).

[40] Vgl. *Feltes/Janssen/Voß*, Erledigung, S. 886; einen statistischen Überblick bietet *Feltes*, KrimJ 1984, 50 (50 ff.). Das Opportunitätsprinzip taucht in jüngerer Zeit vermehrt im Zusammenhang mit dem Begriff der Diversion auf. Diversion nennt man dabei das Absehen von der Strafverfolgung zugunsten der Resozialisierung des Täters oder der Lösung des Konflikts, aus dem die Strafbarkeit entstanden ist. Die Grundidee der Diversion ist die, dass bei weniger gravierenden Verfehlungen nicht zwangsläufig die Notwendigkeit besteht, mit den scharfen Mitteln des Strafrechts zu reagieren. Diversion und Opportunität sind zwar begrifflich nicht identisch, können aber immer nur im Zusammenspiel gesehen werden. So betont die Diversion denn auch die Entlastung der Justiz, ihr Hauptaspekt ist aber ein starker sozialwissenschaftlicher Akzent. Man könnte also sagen, die Diversionsmodelle ziehen ihre Begründung vor allem aus kriminalpolitischen und hier vor allem spezialpräventiven Argumenten und sehen die Justizentlastung als positiven Nebeneffekt; die Opportunitätsmodelle haben ihre Wurzeln umgekehrt in justizökonomischen Aspekten (dazu sogleich im Text) und haben erst später die kriminalpolitischen Vorteile entdeckt. Im Ergebnis unterscheiden sich Opportunität und Diversion also unwesentlich bis gar nicht, nur der Begründungsansatz ist ein anderer, wenn die Übergänge auch fließend sind und immer mehr verschwimmen. Vgl. *Kuhlen*, Diversion, S. 1 ff.; ferner *Kerner*, Diversion, S. 1 (2).

[41] Vgl. *Erb*, Legalität, S. 121 f. Dem Legalitätsprinzip kann durch Rechtsschutzmöglichkeiten des Verletzten genügend zum Erfolg verholfen werden; dazu siehe *Weigend*, Anklagepflicht, S. 84. Die Opportunität kann aus Gründen des Übermaßverbotes sogar geboten sein; vgl. *Walter*, ZStW 95 (1983), S. 32 (50 ff.).

Grund für die Einführung der Opportunitätsvorschriften ist in erster Linie die Sorge um die Effektivität der Strafrechtspflege[42]: Wie gezeigt, ist die Staatsanwaltschaft durch den Anklagezwang gezwungen, jedem Tatverdacht nachzugehen und die Tat ggf. zur Anklage zu bringen. Es zeichnete sich bald ab, dass die Strafrechtspflege „unter der Vielzahl der Bagatellfälle Not zu leiden"[43] begann, da eine effiziente Verfolgung aller Taten mit den zur Verfügung stehenden Ressourcen nicht möglich war.[44] Daher wurden ab 1924 mit den Opportunitätsvorschriften der §§ 153 ff. StPO zahlreiche Ausnahmen vom Anklagezwang eingeführt.[45] Im Rahmen dieser sog. prozessualen Entkriminalisierung stellt die Staatsanwaltschaft heute pro Jahr ca. 27% aller Ermittlungsverfahren ein.[46]

Das Arbeitspensum der Staatsanwaltschaften und Strafgerichte ist nur durch Einstellungen aus Opportunitätsgründen überhaupt zu bewältigen. Denn nur so bleibt genügend Raum zur Verfolgung der schweren Kriminalität, die nicht im Bagatellbereich anzusiedeln ist.[47] Und das dient wiederum dem Rechtsstaat.

---

[42] Vgl. *Hassemer*, FS Staatsanwaltschaft Schleswig-Holstein, S. 529 (532).
[43] *Heinz*, FS Brohm, S. 351 (358).
[44] Zusätzlich ist fraglich, ob jede Tat, die einen Straftatbestand verwirklicht, wirklich der Verfolgung bedarf, vgl. *Naucke*, FS Grünwald, S. 403 (405 ff.). Allerdings soll hier nicht weiter darauf eingegangen werden, ob das Prozessrecht hierfür das geeignete Instrumentarium darstellt, oder ob nicht vielmehr die Entkriminalisierung der Bagatellkriminalität durch den Gesetzgeber im materiellen Strafrecht vorzunehmen wäre. Dies bejahend *Naucke*, FS Grünwald, S. 403 (418). So geschehen z.B. in Österreich: gemäß § 42 ÖStGB ist eine Tat nicht strafbar, wenn es sich um ein mit nicht mehr als drei Jahren Freiheitsstrafe bedrohtes Offizialdelikt handelt und kumulativ die Schuld des Täters gering ist, die Tat keine oder nur unbedeutende Folgen nach sich gezogen hat und eine Bestrafung nicht geboten ist, vgl. *Lorenzen*, FS Staatsanwaltschaft Schleswig-Holstein, S. 541 (549). *Hamm*, NJW 1996, 2981 (2982), geht sogar soweit, zu sagen, das Opportunitätsprinzip sei „nichts anderes als eine prozessuale Form der Entkriminalisierung als Ausgleich für eine hypertrophe Kriminalisierung im materiellen Strafrecht". *Baumann*, ZRP 1972, 273 (273 ff.) wiederum hält eine Verlagerung weniger sozialschädlicher Tatbestände ins OWiG für ratsam.
[45] Vgl. *Heinz*, FS Brohm, S. 351 (358). Diese stellen auch in der Praxis den größten Anteil der Opportunitätsvorschriften dar, vgl. *Vultejus*, ZRP 1999, 135 (136).
[46] Vgl. *Heinz*, FS Brohm, S. 351 (360): 26,6% aus Opportunitätsgründen (alle Opportunitätseinstellungen, das heißt inkl. JGG, AO usw.).
[47] Vgl. insgesamt *Hassemer*, FS Staatsanwaltschaft Schleswig-Holstein, 529 (535); *Hertwig*, Einstellung, S. 252; *Blau*, Jura 1987, 25 (34); kritisch *Woldenberg*, Diversion, S. 103. Teilweise wird sogar vorgeschlagen, die Polizei stärker an der Erledigung von Strafverfahren zu beteiligen, indem man ihr z.B. Kompetenzen zur Einstellung gemäß § 153a StPO überträgt. Mit den Vorteilen beschäftigt sich (am Beispiel Englands) *Jasch*, NJW 2004, 1077 (1077 ff.), der zugleich feststellt, dass weder das Legalitätsprinzip noch der Gewaltenteilungsgrundsatz ein solches Vorgehen erlauben würden.

Denn außerhalb des Bagatellbereichs kann somit jede Straftat effektiv verfolgt werden.[48]

Zugunsten des Opportunitätsprinzips wird weiter angeführt, dass dieses sogar eine bessere Gleichbehandlung gewährleisten kann als das Legalitätsprinzip. Denn es wird einzelfallorientiert entschieden, wenn Tat- und Täterumstände vorliegen, die eine Verfolgung im einen und Nichtverfolgung im anderen Fall „durchaus nicht willkürlich, sondern im Gegenteil sogar sachgerecht"[49] erscheinen lassen.[50] So z.B., wenn durch besondere Umstände eine Bestrafung – auch am untersten Strafrahmen – in einer Gesamtbetrachtung als unangemessen im Verhältnis zur Bestrafung eines anderen Täters erscheint.[51] Zu denken ist hier etwa an Fälle, in denen die Möglichkeit besteht, dass der Beschuldigte das Ende des Verfahrens aufgrund einer Krankheit nicht mehr erlebt.[52]

Das Ziel des Opportunitätsprinzips, die Aufrechterhaltung der effizienten Verfolgung gravierender Taten, führt dazu, dass das Opportunitätsprinzip nicht zwangsläufig als Durchbrechung des Legalitätsprinzips angesehen werden kann. Vielmehr kann es dessen gleichberechtigte Ergänzung sein.[53] Das erlaubt allerdings noch keine Aussage darüber, welches Prinzip im Fall der §§ 153 ff. StPO Vorrang genießt.

3. Das Verhältnis beider Prinzipien zueinander

Hier soll es nicht ausführlich um die seit langem diskutierte Frage der Verfassungsmäßigkeit der §§ 153 ff. StPO gehen.[54] Es soll nur untersucht werden, ob die Opportunität in Gestalt der §§ 153 ff. StPO der Legalität vorgehen kann. Hierbei wird zunächst nur auf den Regelfall der Einstellung abgestellt. In diesem Regelfall erfolgt die Einstellung gegenüber einem Beschuldigten, der die ihm zum Vorwurf gemachte Tat auch tatsächlich begangen hat. Erster und Hauptanknüpfungspunkt zur Beurteilung dieser Frage ist die Justizökonomie, derzufolge

---

[48] Zur Frage, ob sich aus diesem Aspekt eine verfassungsgemäße Beschränkung des Art. 19 Abs. 4 GG ableiten lässt, vgl. C.I.3.a. und D.VI.3.

[49] *Erb*, Legalität, S. 98.

[50] Vgl. *Erb*, Legalität, S. 98 f.

[51] Vgl. *Rieß*, NStZ 1981, 2 (6). Manche führen in diesem Zusammenhang neben der Verhältnismäßigkeit sogar die Menschenwürde für das Opportunitätsprinzip ins Feld: Eine uneingeschränkte Verfolgungspflicht kann unter Umständen gegen Art. 1 Abs. 1 GG verstoßen. Vgl. *Döhring*, Legalitätsprinzip, S. 60 ff. m.w.N.

[52] Vgl. *Döhring*, Legalitätsprinzip, S. 60 ff. m.w.N.

[53] Vgl. *Schulenberg*, JuS 2004, 765 (767); *Pott*, Außerkraftsetzung, S. 41 f.

[54] Vgl. dazu D.V.

auch die Justiz Sparzwängen unterliegt. Da mehr Ressourcen nicht zur Verfügung stehen, müssten die vorhandenen in idealer Weise ausgeschöpft werden. Dies geschehe durch die Opportunitätsnormen, da unbedeutende Taten nicht verfolgt würden und so genügend Ressourcen für die schwerwiegenden Fälle blieben.[55]

a. Justizökonomie

Die streng legalistisch geprägte Auffassung verneint die Möglichkeit der Beschränkung des Legalitätsprinzips aufgrund justizökonomischer Erwägungen. Die Justizökonomie sei kein geeignetes Kriterium zur Einschränkung des Legalitätsprinzips als Ausfluss des Rechtsstaats.[56] Die Zuteilung von Ressourcen müsse sich am Arbeitsanfall orientieren. Daher sei es der falsche Weg, nur so viel zu bearbeiten, wie die Ressourcen zulassen.[57]

Andererseits ist festzustellen, dass eine „von fiskalischen Einflüssen freie Sachbearbeitung"[58] nicht denkbar ist. Daher sind – notgedrungen – gewisse justizökonomische Einschränkungen des Legalitätsprinzips hinzunehmen. *Eser* geht sogar so weit, nicht nur der Realität ins Auge zu blicken, dass der Staat die Kapazitäten nicht entsprechend aufstocken werde, er hält diese Aufstockung sogar für „realistischerweise volkswirtschaftlich kaum tragbar"[59]. Die gewählte Formulierung in § 152 Abs. 2 StPO[60] verdeutlicht ferner, dass an die absolute Geltung des Legalitätsprinzips auch zur Zeit der Schaffung der StPO nicht gedacht wurde. Vielmehr sollte die Möglichkeit für Ausnahmen bestehen, wie sie in §§ 153 ff. StPO im Laufe der Zeit geschaffen wurden.

Abstrakt stellt die Justizökonomie daher eine zulässige Beschränkung des Legalitätsprinzips dar. Schließlich verfolgt sie keinen Selbstzweck. Vielmehr wird durch sie die Funktionsfähigkeit der Justiz sichergestellt. Alternative wäre eine drastische Erhöhung der der Justiz zur Verfügung stehenden Mittel. Dann könn-

---

[55] Vgl. *Hamm*, NJW 1996, 236 (237); *Kunz*, KrimJ 1984, 39 (42 f.).
[56] Vgl. *Hirsch*, ZStW 92 (1980), S. 218 (222).
[57] Ähnlich *Weigend*, Anklagepflicht, S. 46; ferner *Hamm*, NJW 1996, 236 (237); *Albrecht*, Strafrecht, S. 14.
[58] *Hamm*, NJW 1996, 236 (237).
[59] Vgl. *Eser*, Funktionswandel, S. 30; zu den Vorteilen preiswerter „ambulanter" Sanktionsalternativen *Voß*, Zusammentreffen, S. 95 (95 ff.). Ähnlich *Kunz*, KrimJ 1984, 39 (42 f.), der schon 1984 schrieb, die „Woge hitziger Diskussionen" bezüglich §§ 153 ff. StPO sei abgeflaut und angesichts der Akzeptanz der Vorschriften in der Praxis muteten „Zweifel an der Berechtigung [...] fast schon anachronistisch an".
[60] „..., soweit nicht gesetzlich ein anderes bestimmt ist."

te jeder einzelne Fall eingehend untersucht werden. In Zeiten knapper Mittel ist im Hinblick auf die Strafjustiz zwar ein erhöhtes Maß an Sensibilität zu fordern. Eine völlige Immunität gegenüber Effizienzgesichtspunkten ist aber abzulehnen. Es existieren schließlich auch andere, gleichermaßen bedeutende Staatsaufgaben, die ebenfalls ihren Beitrag zum Einsparvolumen leisten müssen.[61] Insofern sind justizökonomische Erwägungen in der Tat zwar systemfremd, die Realität sieht jedoch so aus, dass gewisse Abstriche hinzunehmen sind. Denn der Staat wird die Mittel nicht im ansonsten erforderlichen Maße erhöhen. In diesem Fall würde die Justiz selbst Konzentrationsstrategien entwickeln.[62]

Teilweise wird an dieser Stelle auch argumentiert, es entfalle die Erforderlichkeit solcher Einstellungen, da in der Möglichkeit der materiell-rechtlichen Entkriminalisierung ein milderes Mittel gesehen werden könne, das der Funktionsfähigkeit genauso gut diene. Demzufolge könnte eine Vorschrift in das materielle Strafrecht aufgenommen werden, wonach eine Strafbarkeit bestimmter Delikte unter näher zu bestimmenden Voraussetzungen gänzlich entfällt.[63] Als Beispiel für eine solche Vorgehensweise kann § 42 ÖStGB dienen.[64] Dieses Vorgehen hat den Vorteil, dass mangels Strafbarkeit keine Einstellung wegen Geringfügigkeit vonnöten ist. Das hat jedoch nicht zur Folge, dass eine Stigmatisierung entfällt. Denn es bedarf der positiven Feststellung, dass eine konkrete Tat unter § 42 ÖStGB fällt. Warum diese Feststellung im Ergebnis anders zu bewerten sein soll als die Einstellung nach § 153 StPO ist nicht ersichtlich. Die materiellrechtliche Entkriminalisierung mag „ehrlicher“ sein, sie zeitigt aber dieselben Folgen für den Beschuldigten wie die prozessuale Variante. Denn in beiden Fällen weiß das soziale Umfeld um die Tatbegehung. Und durch die materiellrechtliche Entkriminalisierung wird z.B. der Ladendiebstahl trotzdem nicht sa-

---

[61] Vgl. *Erb*, Legalität, S. 170 f. m.w.N..

[62] Vgl. *Erb*, Legalität, S. 174 ff.; *Naucke*, FS Grünwald, S. 403 (417).

[63] In der Realität wurden allerdings seit 1975 eher neue Tatbestände geschaffen. Dadurch wurde das Strafrecht von der ‚ultima ratio' zur ‚prima ratio', was für sich genommen schon problematisch ist. Vgl. dazu *Heinz*, FS Brohm, S. 351 (356).

[64] § 42 ÖStGB [Mangelnde Strafwürdigkeit der Tat] hat folgenden Wortlaut:
Ist die von Amts wegen zu verfolgende Tat nur mit Geldstrafe, mit nicht mehr als drei Jahren Freiheitsstrafe oder mit einer solchen Freiheitsstrafe und Geldstrafe bedroht, so ist die Tat nicht strafbar, wenn
1. die Schuld des Täters gering ist,
2. die Tat keine oder nur unbedeutende Folgen nach sich gezogen hat oder, sofern sich der Täter zumindest ernstlich darum bemüht hat, die Folgen der Tat im wesentlichen beseitigt, gutgemacht oder sonst ausgeglichen worden sind und
3. eine Bestrafung nicht geboten ist, um den Täter von strafbaren Handlungen abzuhalten oder der Begehung strafbarer Handlungen durch andere entgegenzuwirken.

lonfähig. Vielmehr behalten die Taten ihr Gepräge als strafwürdiges, nur ausnahmsweise nicht bestraftes Unrecht.

Deshalb ist im Regelfall von der Berechtigung des Justizökonomiegedankens auszugehen. Als Ausprägung der Opportunität in den §§ 153 ff. StPO führt er, begrenzt durch die Legalität, zu sinnvollen Ergebnissen. Daraus resultiert ein Verhältnis der sinnvollen Ergänzung[65] beider Prinzipien. Denn die Opportunität hilft, Ressourcen zur Verfolgung schwerer Kriminalität freizuhalten. Dadurch trägt sie wiederum zur Sicherung des Rechtsstaats bei. Und gerade mit der sich gegenseitig ergänzenden Kombination aus Legalitäts- und Opportunitätsprinzip ist dem Rechtsstaat am meisten gedient.

b. Kriminalpolitik

Weiter wird argumentiert, es sei auch kriminalpolitisch weitsichtig, eine Arbeitsersparnis bei den Strafverfolgungsorganen schon frühzeitig im Ermittlungsverfahren durch eine Einstellung zu verwirklichen und nicht erst am Ende des Hauptverfahrens.[66] Daher sei eine Einschränkung des Legalitätsprinzips sogar geboten. Denn die §§ 153 ff. StPO seien in generalpräventiver Hinsicht nützlich. Negative Generalprävention meint dabei die Abhaltung Dritter von gleichartigen strafbaren Handlungen. Die §§ 153 ff. StPO ermöglichten eine optimale Auswahl der Fälle, in denen eine Bestrafung des Täters zur Festigung des allgemeinen Rechtsbewusstseins oder zur Abschreckung weiterer Täter nötig sei.[67] Dahinter steht der Gedanke, dass die Effektivität strafrechtlicher Prävention weniger von der Anzahl der absolut verhängten Strafen abhängen soll. Vielmehr komme es darauf an, dass „der Staat *in den richtigen Fällen* mit strafrechtlichen Sanktionen reagiert, also (nur) dort, wo diese tatsächlich geeignet erscheinen, den erwünschten Einfluß auf die Allgemeinheit auszuüben.“[68] Unter der strikten Ägide des Legalitätsprinzips könne hingegen die unnachgiebige Verfolgung von Bagatellen leicht dazu führen, dass sie von der Allgemeinheit als Schikane aufgefasst werden. Das wiederum müsse nicht die Bereitschaft der Befolgung von Strafnormen erhöhen.[69]

Dem lässt sich natürlich entgegenhalten, dass durch die regelmäßige Nichtverfolgung bestimmter Delikte oder Deliktstypen die Abschreckungswirkung der

---

[65] Vgl. *Pott*, Außerkraftsetzung, S. 41 f.
[66] Vgl. *Hassemer,* FS Staatsanwaltschaft Schleswig-Holstein, S. 529 (534).
[67] So z.B. *Zipf,* FS Peters, S. 487 (496).
[68] *Erb*, Legalität, S. 151.
[69] Vgl. *Kunz*, Bagatellprinzip, S. 24 ff. Dazu auch *Popitz*, Präventivwirkung, S. 17 ff.

Strafdrohung verloren geht. Grund der Ausrichtung des persönlichen Handelns an Strafnormen ist nämlich in erster Linie die Angst vor der Bestrafung.[70]

Bedenken hinsichtlich der generalpräventiven Wirkung ergeben sich allerdings in die eine wie in die andere Richtung. Denn beide Ansichten lassen sich bestenfalls unzureichend empirisch belegen.[71] Folglich haben beide Begründungen den gleichen spekulativen Charakter. Die Behauptung des Einen ist so plausibel wie die Behauptung des Gegenteils: Folglich kann dieses Argument das Verhältnis sinnvoller Ergänzung von Legalität und Opportunität nicht umkehren.

Gleiches gilt für den zweiten Aspekt der Kriminalpolitik, die negative Spezialprävention: Darunter fallen solche Aspekte, die den Täter selbst in Zukunft von ähnlichen Taten abhalten sollen. Es wird argumentiert, dass die §§ 153 ff. StPO eine gute und angemessene ‚Dosierung' der strafrechtlichen Reaktion in Hinblick auf das Resozialisierungserfordernis erlaubten, das Teil der Spezialprävention ist. Durch die den §§ 153 ff. StPO immanenten Ermessens- und Beurteilungsspielräume komme – z.B. im Falle eines einmaligen und nicht schwerwiegenden Gesetzesverstoßes des Täters – ein Sanktionsverzicht in Betracht. Dieser Verzicht könne einer am Resozialisierungsgedanken orientierten Strafrechtspflege besser entsprechen als die unterschiedslose Verfolgung aller Straftaten ohne Rücksicht auf tat- und täterspezifische Besonderheiten.[72] Dem ist entgegenzuhalten, dass auch das materielle Strafrecht genügend Differenzierungsspielraum bietet, um eine angemessene Dosierung des Strafrechts zu gewährleisten.[73] Doch auch diese Aspekte sind beide in ihrer genauen Wirksamkeit auf das weitere Verhalten des Beschuldigten empirisch schwer nachweisbar. Daher kann auch die Spezialprävention nicht weiter zur Abgrenzung der beiden Prinzipien beitragen.

c. *Verhältnismäßigkeit*

Ein weiteres Argument, das zur Abgrenzung hilfreich sein kann ist, dass nur durch die §§ 153 ff. StPO dem Grundsatz der Verhältnismäßigkeit genüge getan werden kann.[74]

---

[70] Vgl. *Pott*, Außerkraftsetzung, S. 159 f.; *Weigend*, Anklagepflicht, S. 68 f.
[71] Vgl. *Erb*, Legalität, S. 153.
[72] Vgl. *Woldenberg*, Diversion, S. 171.
[73] Vgl. *Erb*, Legalität, S. 157. § 46 Abs. 2 StGB verlangt eine Berücksichtigung individueller Gegebenheiten im konkreten Einzelfall.
[74] Vgl. *Pott*, Außerkraftsetzung, S. 126 ff.

Gerade bei Bagatellen würde oftmals im Falle strikter Anwendung des materiellen Strafrechts das sich aus dem Schuldprinzip[75] ergebende Übermaßverbot verletzt. In Bezug auf gravierende Delikte wäre eine Bestrafung von Bagatellen mit einer zwar am unteren Strafrahmen befindlichen, aber doch verhältnismäßig hohen Strafe nicht verfassungsgemäß. Die gravierenden Delikte erhielten nämlich im Verhältnis zu den Bagatellen keine wesentlich höhere Strafe.[76] Paradebeispiel für eine solche Unverhältnismäßigkeit der vergleichsweise harten Bestrafung von Bagatellen ist § 29 BtMG. Hier wird bei Haschisch-Eigenkonsum der Verhältnismäßigkeitsgrundsatz nur durch regelmäßige Verfahrenseinstellungen eingehalten.[77] Daher sei regelmäßig zu überprüfen, ob eine Anwendung übermäßiger Strafvorschriften im Einzelfall den Verhältnismäßigkeitsgrundsatz verletzen würde und bejahenden falls der Weg der §§ 153 ff. StPO zu wählen.[78] Demzufolge sei das Opportunitätsprinzip in den §§ 153 ff. StPO eine durch das Verhältnismäßigkeitsprinzip gebotene Einschränkung des Legalitätsprinzips.

Abgesehen davon, dass demnach die strikte Einhaltung des Legalitätsprinzips verfassungswidrig wäre[79], kann dieses Argument hier nicht durchgreifen. Denn zwar gebietet das Übermaßverbot die Begrenzung unverhältnismäßiger Bestrafung und dieses Ergebnis kann über die Opportunitätsvorschriften der §§ 153 ff. StPO auf einfache Weise erreicht werden. Indes gebietet das Verhältnismäßigkeitsprinzip nicht zwangsläufig *deren* Anwendung. Die Opportunitätsvorschriften sind ein praktisches Mittel zur Korrektur unverhältnismäßiger Strafvorschriften. Das Problem resultiert aber einzig und allein aus den übermäßigen Strafvorschriften. Mit anderen Worten sind die §§ 153 ff. StPO hier nur Mittel zum Zweck, indem sie eine verfassungsorientierte Anwendung übermäßiger Strafvorschriften erlauben.

---

[75] Abgeleitet aus Art. 1 Abs. 1, 2 Abs. 1 und 20 Abs. 3 GG.

[76] Da das Übermaßverbot nie alleine existieren kann, ist hier vor allem der Bezug zu Art. 2 und 3 GG zu sehen. Denn die Konzentration auf die gravierenden Rechtsverstöße ist auch eine Forderung der Gerechtigkeit, vgl. *Kapahnke*, Opportunität, S. 144. Man kann indes auch gegenteiliger Auffassung sein. Nämlich dass Gleichheit dann gewährleistet ist, wenn jede Tat gleichermaßen verfolgt wird bzw. dass die Gerechtigkeit als Rechtsidee i.R.d. Opportunitätsvorschriften gar nicht vorkommt, vgl. *Pott*, Außerkraftsetzung, S. 135.

[77] Vgl. BVerfGE 90, 145 (189): § 29 Abs. 1 BtMG verletzt in solchen Fällen das Übermaßverbot; daher ist dieses Ergebnis über § 31a BtMG zu korrigieren, der letztlich spezialgesetzlich § 153 StPO entspricht. Vgl. auch *Lagodny*, Strafrecht, S. 455 f.; *Aulinger*, NStZ 1999, 111 (113).

[78] Vgl. *Kapahnke*, Opportunität, S. 72.

[79] Vgl. *Bohnert*, Abschlußentscheidung, S. 102. Die Verletzung des Übermaßverbotes durch einzelne Strafbarkeitsnormen kann einzig zu deren Verfassungswidrigkeit führen, nicht aber zu der des Legalitätsprinzips!

Dennoch lässt sich hieran das Verhältnis sinnvoller Ergänzung beider Prinzipien anschaulich darstellen: Das Legalitätsprinzip allein würde auch im Falle unverhältnismäßiger Strafvorschriften zur Anklage führen. Dies wäre umständlich und unpraktikabel, da die Unverhältnismäßigkeit der Strafvorschriften trotzdem auszugleichen wäre. Sinnvolle Ergebnisse lassen sich hier aus einer Kombination beider Prinzipien erzielen: Im Grundsatz ist die Staatsanwaltschaft zur Anklage verpflichtet. Ist jedoch allgemein anerkannt, dass ein Straftatbestand das Verhältnismäßigkeitsprinzip verletzt, so ist es unnötig, den Weg der Anklage zu gehen, zumal dies dem Beschuldigten nicht zugemutet werden braucht.[80] Prinzipiell gilt also das Legalitätsprinzip, es wird jedoch beschränkend durch das Opportunitätsprinzip ergänzt, wo dieses zu sachgerechten Ergebnissen führen kann.

Abschließend ist festzuhalten, dass im Regelfall der §§ 153 ff. StPO (gegenüber einem Beschuldigten, der die Tat begangen hat) die Prinzipien von Legalität und Opportunität in einem Verhältnis sinnvoller Ergänzung und Bedingung stehen.

d. Die Innovation der Arbeit

Die Innovation dieser Arbeit soll darin liegen, dass sie das Verhältnis von Opportunität und Legalität aus dem Blickwinkel der subjektiven Rechtsverletzung des unschuldigen Beschuldigten untersucht. Das sinnvolle Verhältnis beider Prinzipien verkehrt sich nämlich bei mancher Einstellung ins Gegenteil: Während im Fall eines schuldigen Bagatell-Delinquenten die Regelungen der Opportunität auf einer normativ höheren Ebene dem Rechtsstaat dienen, ist im Fall eines Unschuldigen, dessen Verfahren eingestellt wird, das Gegenteil der Fall. Die Anwendung der Opportunitätsvorschriften verletzt hier unter Umständen die Grundrechte eines zu Unrecht Beschuldigten. Hier kann durch eine Opportunitätseinstellung dem Rechtsstaat vielleicht mehr Schaden als Nutzen zugefügt werden.

Das Spannungsverhältnis zwischen Legalität und Opportunität bestimmt die vorliegende Untersuchung zum Rechtsschutz gegen Einstellungsverfügungen: Der Rechtsschutz einerseits ist Teil des Legalitätsprinzips, das eine Ausprägung des Rechtsstaats darstellt. Denn die Gewährung von Rechtsschutz ist Grundpfeiler eines jeden Rechtsstaats. Die Nichtgewährung von Rechtsschutz gegen Einstellungsverfügungen könnte andererseits mit der Justizökonomie gerechtfertigt werden, die Teil des Opportunitätsgedankens ist und ihre Ausprägung in §§ 153

[80] Am Beispiel des § 29 Abs. 1 BtMG veranschaulicht: Der erstmalige Besitz eines Gramms Marihuana wird regelmäßig nicht bestraft. Hier wäre jede Anklage eine unnötige Formsache.

ff. StPO findet. Je nach dem Verhältnis von Legalität und Opportunität bestimmt sich daher der Vorrang von Rechtsschutz einerseits oder Versagung des Rechtsschutzes aufgrund der Justizökonomie andererseits.

Bevor sich die Arbeit diesem Problem zuwendet, sollen jedoch die Opportunitätsvorschriften erläutert werden.

II. Die Einstellungsmöglichkeiten

Im Folgenden werden die Möglichkeiten der vorzeitigen Strafverfahrenseinstellung dargestellt. Wie oben bereits dargelegt wurde, verkörpern die am häufigsten angewandten und daher exemplarisch gewählten §§ 153, 153a, 154, 154a StPO eine Ausprägung des Opportunitätsprinzips, also eine vom Anklagezwang abweichende gesetzliche Bestimmung im Sinne des § 152 Abs. 2 StPO. Da der Rechtsschutz gegen die Anwendung dieser Normen Gegenstand der vorliegenden Arbeit ist, sollen deren Anwendungsvoraussetzungen zunächst skizziert werden.[81] Auch wird die Frage der Ermessenseinräumung durch die Vorschriften erörtert, da dies für die Kontrolldichte des ggf. zu gewährenden Rechtsschutzes später von Bedeutung ist.

1. § 153 StPO

Sozusagen als ‚Basisnorm' behandelt § 153 Abs. 1 StPO die Einstellung des Strafverfahrens durch die Staatsanwaltschaft wegen Geringfügigkeit. Voraussetzung hierfür ist gemäß § 153 Abs. 1 S. 1 StPO, dass das Verfahren ein Vergehen zum Gegenstand hat, dass die Schuld des Täters hypothetisch als gering anzusehen ist und dass kein öffentliches Interesse an der Verfolgung der Straftat besteht.[82] Grundsätzlich muss auch das für das Hauptverfahren zuständige Gericht der staatsanwaltschaftlichen Einstellung zustimmen.

Die Vorschrift des § 153 StPO gilt nur für Verfahren, die ein Vergehen im Sinne des § 12 Abs. 2 StGB zum Gegenstand haben. Für die Frage, wann die Schuld des Täters als gering anzusehen wäre, ist eine hypothetische Schuldbeurteilung[83] anzustellen. Bei dieser muss eine gewisse Wahrscheinlichkeit für die Schuld,

---

[81] Vgl. einführend auch *Naucke*, Jura 1979, 426 (429).
[82] Eine empirische Untersuchung zu den Einstellungen nach §§ 153 Abs. 1, 153a Abs. 1 StPO findet sich bei *Kunz*, Einstellung.
[83] Die Strafsache braucht also nicht weiter aufgeklärt zu werden, als für die Beurteilung nötig.

zumindest jedoch für die Unwahrscheinlichkeit eines Freispruchs im Falle eines durchgeführten Verfahrens sprechen.[84] Diese hypothetische Schuld ist dann als gering anzusehen, wenn sie mit einer gewissen Deutlichkeit unter dem Durchschnitt vergleichbarer Vergehen liegt, wobei es auf einen deliktsspezifischen, relativen Maßstab ankommt.[85]

Weiter darf kein öffentliches Strafverfolgungsinteresse der Einstellung nach § 153 Abs. 1 StPO entgegenstehen: Ein solches öffentliches Interesse an der Verfolgung kann sich sowohl aus spezial- wie aus generalpräventiven Erwägungen ergeben.[86] Auch kommen Belange der Allgemeinheit[87] in Betracht oder Gründe, die in der Person des Verletzten liegen, also z.B. dessen Stellung im öffentlichen Leben.[88]

Die Zustimmung des für die Hauptsache zuständigen Gerichts ist nur in den Fällen des Abs. 1 S. 2 entbehrlich: Nämlich wenn das Vergehen nicht mit einer im Mindestmaß erhöhten Strafe bedroht ist und die Folgen der Tat gering sind. Während die erste Voraussetzung einer zustimmungsfreien Einstellung eindeutig feststellbar ist[89], ist die zweite schwieriger zu handhaben: Geringe Tatfolge meint hier die klassischen Bagatellfälle, vor allem aus dem Bereich der Vermögensdelikte, aber auch z.B. bei §§ 229, 240 Abs. 1 und 3, 267 Abs. 1 und 2 StGB sowie § 21 StVG. Bei Vermögensdelikten ist wegen der gedanklichen Verknüpfung zu § 248a StGB die Wertgrenze bei ungefähr € 50,- zu ziehen.[90] In all diesen Fällen kann die Staatsanwaltschaft ohne gerichtliche Zustimmung das Verfahren selbst einstellen.

Wurde bereits Anklage erhoben, geht die Einstellungsbefugnis auf das zuständige Gericht über. Für eine Einstellung ist nun die Zustimmung der Staatsanwalt-

---

[84] Vgl. *Meyer-Goßner*, § 153 Rn. 3.

[85] Zu berücksichtigen sind also alle in § 46 Abs. 2 StGB genannten Gesichtspunkte, wenn auch nur in summarischer Weise. Vgl. *Meyer-Goßner*, § 153 Rn. 3 f.; SK-*Weßlau*, § 153 Rn. 16 ff.

[86] Vgl. LR-*Beulke*, § 153 Rn. 31.

[87] Als solcher kommt vor allem in Betracht, dass wegen außergewöhnlicher Tatfolgen ein starkes öffentliches Interesse besteht.

[88] Vgl. *Meyer-Goßner*, § 153 Rn. 7.

[89] Gemäß §§ 12 Abs. 2, 38 Abs. 2 StGB nicht über einem Jahr Freiheitsstrafe. Hinzuweisen ist indes darauf, dass bloße Strafzumessungsregeln nach h.M. nicht zu einer Erhöhung des Strafmindestmaßes führen; § 153 Abs. 1 S. 2 StPO ist also z.B. bei § 243 StGB anwendbar. Vgl. LR-*Beulke*, § 153 Rn. 50. A.A. *Eisele*, Regelbeispielsmethode, S. 374 f.

[90] Vgl. *Meyer-Goßner*, § 153 Rn. 15 ff. Dann ist ein Verfahren allerdings möglicherweise schon mangels Antrag nicht möglich.

schaft und grundsätzlich auch des Angeschuldigten bzw. Angeklagten erforderlich, § 153 Abs. 2 StPO. Ansonsten sind die Voraussetzungen dieselben wie in Abs. 1. Das Gericht entscheidet durch Beschluss.[91]

Bevor auf die Voraussetzungen der weiteren Opportunitätsnormen eingegangen wird, soll noch der Frage nachgegangen werden, ob es sich bei § 153 StPO um eine Ermessensvorschrift handelt.[92] Dieser Aspekt ist nämlich für die Kontrolldichte des ggf. zu gewährenden Rechtsschutzes von Bedeutung. Regelmäßig ergibt sich aus dem Wortlaut der Vorschrift (‚kann') ein Ermessen der Staatsanwaltschaft (bzw. des Generalbundesanwalts, des Gerichts usw.).[93] Es ist indes fraglich, ob das zuständige Organ auch in diesem strafprozessualen Fall in seiner Entscheidung frei ist, das Verfahren einzustellen. Dies wird nämlich teilweise bestritten.

Die Rechtsprechung[94] geht in Anlehnung an den Wortlaut teilweise von einer Ermessensvorschrift aus. Das wird gestützt durch die Verweisung des Gesetzgebers in §§ 467 Abs. 4, 472 Abs. 2 S. 1 StPO. Dort wird auf Vorschriften verwiesen, die Ermessen einräumen und nach allgemeiner Meinung beziehen sich diese Verweisungen auch auf § 153 StPO. Daraus werde ersichtlich, dass der Gesetzgeber selbst den § 153 StPO für eine Ermessensvorschrift hält. Somit spreche eine gesetzessystematische und am Wortlaut orientierte Auslegung für eine Ermessenseinräumung. Zuzugeben bleibe freilich, dass auch ein eingeräumtes Ermessen nicht nach Belieben ausgeübt werden dürfe. Vielmehr müsse es pflichtgemäß bzw. fehlerfrei ausgeübt werden.[95]

Eine nicht nur im Schrifttum weit verbreitete Ansicht verneint dagegen den Ermessenscharakter des § 153 StPO: Durch die Weite der unbestimmten Rechtsbegriffe auf Tatbestandsseite seien alle entscheidungserheblichen Aspekte schon abgedeckt und ein Spielraum auf der Rechtsfolgenseite sei nach Bejahung dieser Merkmale nicht mehr gegeben.[96] Der Strafzweck (vor allem der negativen Spe-

---

[91] Vgl. insgesamt AK-*Schöch*, § 153 Rn. 41 ff.

[92] Hier stellt sich natürlich die Frage, ob im Strafrecht die selben Grundsätze zum Ermessen gelten, wie z.B. im Verwaltungsrecht. Das ist für die §§ 153 ff. StPO grundsätzlich zu bejahen, vgl. auch *Döhring*, Legalitätsprinzip, S. 136 f. Im Strafrecht sind die Anforderungen an die Bestimmtheit einer Norm der Eingriffsqualität wegen zwar allgemein streng, allerdings stellen die §§ 153 ff. StPO in der Regel eine Begünstigung dar.

[93] Vgl. allgemein zum Ermessen *Maurer*, Verwaltungsrecht, S. 125.

[94] Vgl. nur BGHSt 27, 274 (275).

[95] Vgl. BVerfG, JZ 1998, 565 (567).

[96] Vgl. LR-*Beulke*, § 153 Rn. 38; *Paschmanns*, Verfahrenseinstellung, S. 177.

zialprävention[97]) falle im konkreten Einzelfall weg, wenn die Schuld des Täters gering sei und das öffentliche Interesse an der Strafverfolgung fehle. Es könne aber nicht richtig sein, das Strafverfahren trotz Vorliegen der Nichtverfolgungsvoraussetzungen durchzuführen, obwohl kein anerkannter Sanktionszweck erreicht werden kann. Demnach ‚sei' bei Vorliegen der Tatbestandsvoraussetzungen das Verfahren einzustellen.[98]

Letztgenannter Auffassung ist zu folgen: Fließen alle entscheidungserheblichen Aspekte bereits auf Tatbestandsebene ein, obwohl sie auch im Rahmen des Rechtsfolgeentscheidung eine Rolle spielen, bleibt kein Raum für eine Ermessensentscheidung. Die hypothetisch geringe Schuld und das fehlende öffentliche Verfolgungsinteresse sind bereits auf Tatbestandsseite einzubeziehen. Andere Bewertungen wären im Rahmen des Ermessens nicht mehr anzustellen. Insbesondere finden präventive Zwecke nicht erst beim Ermessen Berücksichtigung, sondern schon bei der Beurteilung des Vorliegens des öffentlichen Verfolgungsinteresses. Es existiert folglich nur eine richtige Handlungsalternative, eine Ermessensentscheidung ist also ausgeschlossen.[99]

2. § 153a StPO

§ 153a Abs. 1 StPO behandelt die Einstellung des Strafverfahrens durch die Staatsanwaltschaft unter Vereinbarung von Auflagen für den Beschuldigten. Neben der Zustimmung des zuständigen Gerichts und des Beschuldigten ist Bedingung, dass durch die Auflage das öffentliche Interesse an der Strafverfolgung beseitigt werden kann. Auch darf die Schwere der Schuld nicht entgegenstehen.

Mit § 153a StPO soll im Bereich der kleineren und mittleren Kriminalität eine Beschleunigung der Verfahren sowie eine Entlastung der Gerichte erreicht werden. Es finde eine „verurteilungslose Friedensstiftung [...] ohne Verzicht auf Sanktionen, aber ohne Strafe und Vorbestraftsein"[100] statt. In verfassungsrechtlicher Hinsicht handelt es sich um die wohl umstrittenste Opportunitätsvor-

---

[97] Vgl. *Wessels/Beulke*, Strafrecht AT, Rn. 12a.

[98] Vgl. BVerfGE 90, 145 (190); LR-*Beulke*, § 153 Rn. 38; AK-*Schöch*, § 153 Rn. 37; HK-*Krehl*, § 153 Rn. 12; *Döhring*, Legalitätsprinzip, S. 136 f. Anderer Ansicht wohl *Nelles/Velten*, NStZ 1994, 366 (368).

[99] Vgl. *Maurer*, Verwaltungsrecht, S. 142 f.; *Döhring*, Legalitätsprinzip, S. 137.

[100] *Meyer-Goßner*, § 153a Rn. 2.

schrift.[101] Darauf wird später noch genauer zurückzukommen sein, wenn es um die Rechtsverletzung geht.[102]

Die Einstellung gemäß § 153a Abs. 1 StPO ist wie bei § 153 StPO nur bei Vergehen nach § 12 StGB zulässig. Allerdings muss nach h.M. anders als bei § 153 StPO die Tat ermittelt sein und ein hinreichender Tatverdacht bestehen. Im Gegensatz zu § 153 StPO muss zunächst auch ein öffentliches Interesse an der Strafverfolgung bestehen. Dieses muss aber durch Auflagen oder Weisungen beseitigt werden können, so dass durch die Auflagen der Rechtsfrieden wiederhergestellt ist. Zuletzt darf die Schwere der Schuld einer Einstellung nicht entgegenstehen. Hierunter sind auch gewichtigere Fälle subsumierbar als bei § 153 StPO. Doch muss sich die Schuld stets noch im mittleren Bereich bewegen.[103]

Zusätzlich ist die Zustimmung des Beschuldigten nötig, da er sich mit gewissen Auflagen einverstanden erklären muss. Die gerichtliche Zustimmung ist in den Fällen des Abs. 1 S. 7 i.V.m. § 153 Abs. 1 S. 2 entbehrlich, also wenn das Vergehen nicht mit einer im Mindestmaß erhöhten Strafe bedroht ist und die Folgen der Tat gering sind.[104] Prozessual wird in zwei Etappen eingestellt: Zunächst vorläufig unter Anordnung der Auflagen und, wenn diese erfüllt sind, endgültig.

Mit der Klageerhebung durch die Staatsanwaltschaft geht die Einstellungsbefugnis auf das zuständige Gericht über, Abs. 2. Die Voraussetzungen entspre-

---

[101] Ein Großteil der i.R.d. § 153a StPO verhängten bzw. vereinbarten Auflagen besteht in einem Geldbetrag gemäß Nr. 2, vgl. *Rieß*, ZRP 1983, 93 (95). Daher wird dem § 153a StPO oft zum Vorwurf gemacht, es handle sich um ein Freikaufverfahren, das zur Kommerzialisierung der Strafrechtspflege führe. So erstmals *Schmidhäuser*, JZ 1973, 529 (529 ff.). Denn der vermögende und sozial angepasste Beschuldigte könne sich im Rahmen *seiner* Möglichkeiten – die ein weniger vermögender Beschuldigter eventuell nicht hat – von der Strafsanktion freikaufen, vgl. zu empirischen Erkenntnissen hinsichtlich der Einstellung nach § 153a StPO am Beispiel der Wirtschaftskriminalität *Kaiser/Meinberg*, NStZ 1984, 343 (343 ff.). Umgekehrt besteht für den, dem diese Möglichkeit nicht offen steht, die Gefahr einer schärferen Sanktionierung, vgl. dazu LR-*Beulke*, § 153a Rn. 12; *Naucke*, Gutachten, D 78. Hinzu kommt die vermehrte Anwendung der Norm in sog. beweisschwierigen Fällen. Darunter sind Fälle zu verstehen, in denen auf diese Weise der Beantwortung rechtlich komplizierter und brisanter Fragen ausgewichen werden kann, oder in denen die Beweislage und der Ausgang des Verfahrens als offen bezeichnet werden muss, vgl. dazu *Hellmann*, MDR 1989, 952 (952 ff.); *Dahs*, NStZ 1988, 153 (154 f.).

[102] Vgl. BVerfGE 22, 49 (73 ff.); zur vergleichbaren Problematik bei § 45 Abs. 2 JGG siehe *Mohren*, Erzieherische Maßnahmen, S. 82 ff. Ferner auch BGHSt 28, 69 (69) und BGHSt 28, 174 (176).

[103] Vgl. *Meyer-Goßner*, § 153a Rn. 7.

[104] Vgl. insgesamt *Meyer-Goßner*, § 153a Rn. 3 ff.

chen denen des Abs. 1, insbesondere ist die Zustimmung der Staatsanwaltschaft und des Angeschuldigten bzw. Angeklagten nötig.

Auch § 153a StPO könnte dem Wortlaut nach eine Ermessensentscheidung sein. Analog zu den Ausführungen bei § 153 StPO ist indes auch hier kein Ermessen eingeräumt. Fällt nämlich bereits auf Tatbestandsseite durch die Auflage das öffentliche Interesse an der Verfolgung weg und steht die Schwere der Schuld nicht entgegen, so ist einzustellen, da der Rechtsfrieden bereits wiederhergestellt ist und es somit keines Prozesses mehr bedarf.[105]

Der Einstellungsnorm des § 153a StPO wird teilweise zum Vorwurf gemacht, sie verstieße gegen das Bestimmtheitsgebot aus Art. 103 Abs. 2 GG bzw. § 1 StGB.[106] Dies wäre dann der Fall, wenn der Betroffene wegen der Weite der in Frage kommenden strafrechtlichen Reaktionen sein Handeln nicht an den Vorgaben des Strafrechts ausrichten könnte. Eine daraus ggf. resultierende Verfassungswidrigkeit der Norm ist indes aus mehreren Gründen abzulehnen: Einerseits ist schon fraglich, ob das Strafverfahrensrecht überhaupt von Art. 103 Abs. 2 GG erfasst wird.[107] Andererseits berührt § 153a StPO nicht die Straftatbestände als solche. Der Einzelne weiß um die materielle Strafbarkeit. Es wird nur der Kreis der Deliktsfolgen erweitert. Zwar gilt auch auf der Rechtsfolgenseite das Bestimmtheitsgebot, da die Rechtsfolge für den Betroffenen von essentieller Bedeutung ist. Allerdings gelten weniger strenge Anforderungen als an den Tatbestand.[108] Denn durch die Bestimmtheit des Tatbestands weiß der Betroffene um *eine* Konsequenz. Die Folge hingegen, also *welche* Konsequenz genau, darf nur nicht zu unbestimmt sein. Sie muss jedoch genügend Spielraum zur Berücksichtigung individueller Schuld lassen. Und dem genügt § 153a StPO.[109]

3. § 154 StPO

§ 154 StPO behandelt die Einstellung bei Mehrfachtätern, gegen die wegen mehrerer Taten ermittelt wird oder die wegen anderer Taten bereits verurteilt

---

[105] Vgl. *Döhring*, Legalitätsprinzip, S. 139; *Heinitz*, JZ 1963, 132 (133).
[106] Vgl. AK-*Schöch*, § 153a Rn. 4; SK-*Weßlau*, § 153a Rn. 16 f. Dieser Aspekt wird an dieser Stelle kurz thematisiert, weil er essentiell bzgl. § 153a StPO ist, der unschuldige Beschuldigte jedoch nicht wegen der etwaigen Unbestimmtheit, sondern wegen des an ihm haftenden Makels Rechtsschutz gegen die Einstellung begehrt.
[107] Vgl. Maunz/Dürig-*Schmidt-Aßmann*, Art. 103 Rn. 245; nur die prozessleitenden Vorschriften von der Anwendbarkeit ausklammern will *Pott*, Außerkraftsetzung, S. 146.
[108] Vgl. *Kausch*, Staatsanwalt, S. 159 f.; *Stree*, Deliktsfolgen, S. 23 f. m.w.N.; BGHSt 13, 190 (191).
[109] Vgl. *Kausch*, Staatsanwalt, S. 162 ff. m.w.N.

wurden. Die Vorschrift sieht vor, dass unwesentliche Nebenstraftaten eingestellt werden können. Hintergrund der Norm ist das Optimierungsgebot: Der Strafverfolgungsaufwand soll bei Mehrfachtätern so weit wie möglich reduziert werden, solange die Realisierung der Strafzwecke nicht gefährdet wird.[110]

Voraussetzung für die Anwendbarkeit des Abs. 1 Nr. 1 ist, dass dem Beschuldigten mehrere, prozessual selbständige Taten zur Last gelegt werden. Von diesen selbständigen Taten können einzelne eingestellt werden, wenn sie gegenüber der Sanktion einer anderen Tat sowieso nicht ins Gewicht fallen. Hierbei muss es sich nicht um Vergehen handeln, es kommen auch Verbrechen in Betracht.

Weiter ist ein hypothetischer Vergleich mit dem Verfahren anzustellen, in dem es um die andere Tat geht (sog. Bezugsverfahren): Einerseits ist festzustellen, welche Strafe oder Maßregel der Besserung und Sicherung im Bezugsverfahren rechtskräftig verhängt worden bzw., sofern das Verfahren noch läuft, zu erwarten ist. Andererseits ist in Rechnung zu stellen, welche Strafe oder Maßregel der Besserung und Sicherung im einzustellenden Verfahren zu erwarten ist. Nur wenn die zu erwartende Sanktion gegenüber der Bezugssanktion nicht beträchtlich ins Gewicht fällt, ist eine Einstellung statthaft. Dabei ist das Kriterium des „ins-Gewicht-fallens" anhand der konkreten Umstände des Einzelfalls zu ermitteln. Es ist nicht möglich, generelle Aussagen zu machen.[111]

Darüber hinaus (Abs. 1 Nr. 2), also auch wenn die zu erwartende Sanktion gegenüber der Bezugssanktion beträchtlich ins Gewicht fällt, kann von der Strafverfolgung abgesehen werden, wenn ein Urteil in angemessener Frist nicht zu erwarten ist. Da die Bestimmung einer angemessenen Frist immer auch ein wertendes Element enthält, sind allgemeingültige Aussagen über die Dauer nicht möglich. Zu sachgerechten Ergebnissen führen kann hier ein Vergleich mit ähnlichen Verfahren.[112] In der Regel ist die Verfahrensdauer unangemessen, wenn das andere Verfahren bereits abgeschlossen ist und durch das noch andauernde Verfahren nur eine geringe Aufstockung der strafrechtlichen Sanktion zu erwarten ist.[113] Allerdings kann nach Abs. 1 Nr. 2 nur eingestellt werden, wenn die Strafe oder Maßregel der Besserung und Sicherung des Bezugsverfahrens geeignet ist, auf den Täter einzuwirken und die Rechtsordnung zu verteidigen.[114]

---

[110] Vgl. BGHSt 41, 385 (391).
[111] Vgl. LR-*Beulke*, § 154 Rn. 18f.
[112] Vgl. SK-*Weßlau*, § 154 Rn. 21.
[113] Vgl. *Meyer-Goßner*, § 154 Rn. 10.
[114] Eine weitergehende Einwirkung auf den Täter ist erforderlich, wenn dies zu seiner Wiedereingliederung notwendig erscheint. Die Rechtsordnung bedarf der Verteidigung, wenn

In diesen Fällen kann die Staatsanwaltschaft ohne jegliche Zustimmung das Verfahren einstellen.

Gemäß Abs. 2 geht nach Erhebung der öffentlichen Klage die Einstellungsbefugnis wie bei §§ 153, 153a StPO auf das zuständige Gericht über. Neben den Voraussetzungen des Abs. 1 ist zusätzlich ein Antrag der Staatsanwaltschaft erforderlich.[115]

Auch hier spielt die Frage des Ermessens wieder eine Rolle. § 154 Abs. 1 StPO enthält mehrere unbestimmte Rechtsbegriffe und so wird teils angenommen, bei Bejahung der Tatbestandsvoraussetzungen seien – wie bei §§ 153, 153a StPO – alle abzuwägenden Kriterien bereits berücksichtigt, so dass einzig und allein noch eine Verfahrenseinstellung in Betracht komme.[116]

Dem ist folgendes entgegenzuhalten: Bei Abs. 1 Nr. 1 ist die Geringfügigkeit der einzustellenden Tat im Gegensatz zu § 153 Abs. 1 StPO relativ zu bestimmen, nämlich in Bezug zur anderen Tat. Danach können prinzipiell auch schwerere Delikte eingestellt werden, bei denen trotz Vorliegen der Voraussetzungen des § 154 Abs. 1 Nr. 1 StPO im Einzelfall die Durchführung des Verfahrens angebracht sein kann. Dies ergibt sich aus den Umständen des Einzelfalls, die auf Tatbestandsseite unberücksichtigt bleiben können. Daher muss die Staatsanwaltschaft hier einen Entscheidungsspielraum besitzen.[117] Im Rahmen des Abs. 1 Nr. 2 kann nichts anderes gelten, denn dort wird nur die Einwirkung auf den Täter und die Verteidigung der Rechtsordnung berücksichtigt. Zur Wiederherstellung des Rechtsfriedens muss indes dem materiellen Strafrecht insgesamt zum Durchbruch verholfen werden. Dazu zählt z.B. auch ein Abschreckungsmoment, das im Tatbestand gerade keine Berücksichtigung findet. Folglich muss auch hier gelten, dass die Staatsanwaltschaft bei Vorliegen der Tatbestandsvoraussetzungen *nicht* einstellen muss, damit diese Facetten berücksichtigt werden können.[118]

---

ohne die Sanktion künftige, ähnliche Rechtsverletzungen durch andere zu besorgen sind oder das Vertrauen der Bevölkerung in die funktionierende Strafverfolgung ansonsten Not leiden würde, vgl. *Meyer-Goßner*, § 154 Rn. 12 ff.

[115] § 154 Abs. 3 StPO enthält einen Wiederaufnahmegrund für den Fall, dass die strafrechtliche Sanktion des Bezugsverfahrens nachträglich wegfällt. In Abs. 4 ist die Wiederaufnahme geregelt, wenn die Bezugstat erst nach dem Einstellungsbeschluss abgeurteilt worden ist Hier ist die Wiederaufnahme binnen drei Monaten statthaft.

[116] Vgl. *G. Fezer*, Strafprozeßrecht, Fall 1, Rn. 50.

[117] Vgl. *Schroeder*, FS Peters, S. 411 (419); *Döhring*, Legalitätsprinzip, S. 146.

[118] Vgl. *Döhring*, Legalitätsprinzip, S. 147.

4. § 154a StPO

Im Gegensatz zu § 154 StPO, bei dem die Einstellung von Verfahren hinsichtlich ganzer Taten erfolgen kann, können bei § 154a StPO nur einzelne Teile einer Tat eingestellt werden. Erreicht wird dies mittels einer Beschränkung der Kognitionspflicht. Diese impliziert, dass das Urteil alle für die betreffende Tat in Betracht kommenden Strafvorschriften berücksichtigt.[119] § 154a StPO erlaubt hier, Straftatbestände, die nicht beträchtlich ins Gewicht fallen, außen vor zu lassen. Insofern stellt § 154a StPO einen Sonderfall innerhalb der §§ 153 bis 154e StPO dar.[120]

Abweichend von § 154 StPO muss als erste Voraussetzung für die Anwendung von § 154a StPO entweder ein einzeln abtrennbarer Teil einer (prozessualen) Tat vorliegen, der dann von der Verfolgung ausgenommen werden kann. Ein Teil ist dann einzeln abtrennbar, wenn dadurch das Gesamtgepräge der Tat nicht wesentlich verändert wird.[121] Als Beispiel können einzelne Teile einer Dauerstraftat eingestellt werden. Oder es handelt sich um einzelne von mehreren Gesetzesverletzungen, das heißt um einen Fall materiellrechtlicher Tateinheit. Darunter fällt z.B. eine einfache Sachbeschädigung während eines Einbruchdiebstahls. Hier ist sogar denkbar, dass die auszuscheidende Tat den höheren Strafrahmen enthält.

Nicht in Betracht kommt eine Stoffbeschränkung, wenn dadurch die Aufklärung von Umständen vermieden wird, die auch für die anderen verfolgten Straftaten von Bedeutung sind. Weiter darf die Sanktion des abzutrennenden Tatteils nicht beträchtlich ins Gewicht fallen (Abs. 1 S. 1 Nr. 1). Hier ist – wie bei § 154 StPO – auf den jeweiligen Einzelfall abzustellen. Nach Abs. 1 S. 1 Nr. 2 kann eine Stoffbeschränkung nicht nur im Hinblick auf dieselbe Tat, sondern auch auf die Rechtsfolgen anderer Taten erfolgen. Dies ist möglich, wenn im Vergleich zu den Bezugssanktionen zwar kein Rechtsfolgenverzicht zu rechtfertigen ist (§ 154 StPO also unanwendbar ist), aber dennoch eine vollständige Aufklärung und Aburteilung der neuen Tat nicht geboten erscheint.[122] Neben der Strafe aus der Bezugstat kann z.B. eine erneute Bestrafung ohne beträchtliches Gewicht

---

[119] Vgl. *Meyer-Goßner*, § 264 Rn. 10.

[120] Vgl. HK-*Krehl*, § 154a Rn. 1.; SK-*Weßlau*, § 154a Rn. 1.

[121] Vgl. KK-*Schoreit*, § 154a Rn. 5.

[122] Vgl. SK-*Weßlau*, § 154a Rn. 7. Neben der Strafe aus der Bezugstat kann z.B. eine erneute Bestrafung ohne beträchtliches Gewicht sein, wohingegen auf eine Entziehung der Fahrerlaubnis als Maßregel der Besserung und Sicherung wegen der Tatumstände nicht verzichtet werden kann.

sein, wohingegen auf eine Entziehung der Fahrerlaubnis als Maßregel der Besserung und Sicherung wegen der Tatumstände nicht verzichtet werden kann.

Abs. 1 S. 2 eröffnet außerdem folgende Einstellungsmöglichkeit: Fallen die Rechtsfolgen der zu bearbeitenden Tat im Vergleich zur Bezugstat beträchtlich ins Gewicht, so kann unter den Voraussetzungen des § 154 Abs. 1 Nr. 2 StPO[123] (wenn also ein Urteil in angemessener Zeit nicht zu erwarten ist) dennoch eingestellt werden. Der Unterschied zu § 154 StPO besteht darin, dass es sich um unselbständige Teile einer Tat oder einzelne Gesetzesverletzungen handelt. Der Hauptanwendungsbereich der Norm sind daher komplexe Großverfahren, die ohne die Möglichkeit der Stoffbeschränkung selten in angemessener Frist zu erledigen wären.[124] Die Befugnis zur Beschränkung des Verfahrensgegenstands steht der Staatsanwaltschaft ohne Zustimmung des Gerichts zu.

Mit Einreichung der Anklageschrift geht diese Befugnis auf das zuständige Gericht über (Abs. 2), das aber zur Stoffbeschränkung der Zustimmung der Staatsanwaltschaft bedarf. Abs. 3 regelt schließlich die gerichtliche Wiedereinbeziehung zuvor ausgeschiedener Verfahrensteile.[125]

Ermessenstechnisch gelten die obigen Ausführungen zu § 154 StPO entsprechend.

Hinsichtlich dieser Opportunitätsnormen soll im Weiteren untersucht werden, ob der Beschuldigte nach aktuell vorherrschender Rechtsauffassung Rechtsschutz gegen deren Anwendung erlangen kann.

III. Der Rechtsschutz des Beschuldigten gegen die Einstellung

Wie gezeigt, verkörpern die §§ 153 ff. StPO das Opportunitätsprinzip. Da ohne Opportunitätsvorschriften die Funktionsfähigkeit der Strafverfolgung leiden würde, verhelfen sie damit auch dem Legalitätsprinzip zum Durchbruch. Denn nur opportunitätsgeleitete Verfahrenseinstellungen machen einen verantwortungsvollen Einsatz der knappen Ressourcen der Justiz möglich, indem sie eine Konzentration der Strafverfolgungsorgane auf die Kriminalität erlauben, die sich

---

[123] Die nach der Stoffbeschränkung zu erwartende Strafe oder Maßregel der Besserung und Sicherung reicht zur Einwirkung auf den Täter und zur Verteidigung der Rechtsordnung aus und auf anderem Wege ist ein Urteil in angemessener Zeit nicht zu erwarten.
[124] Vgl. SK-*Weßlau*, § 154a Rn. 9.
[125] Vgl. *Schroeder*, FS Peters, S. 411 (419).

nicht in Bagatellen erschöpft. Für die Funktionsfähigkeit und Legitimität des Rechtsstaats ist aber genauso wichtig, dass das Legalitätsprinzip durch Rechtsschutzmöglichkeiten ausreichend gesichert wird. Denn auch durch diesen Rechtsschutz kann Einzelfallgerechtigkeit (als Maxime des Rechtsstaats) erreicht werden. Mit anderen Worten: der Rechtsschutz verhilft dem Legalitätsprinzip und damit dem Rechtsstaat zum Durchbruch. Im Kontext der vorliegenden Untersuchung ist daher zu erörtern, ob der zu Unrecht Beschuldigte aus Art. 19 Abs. 4 GG Rechtsschutz gegen die Einstellungsverfügung erlangen kann.

1. Die Rechtsschutzgarantie des Art. 19 Abs. 4 GG

Art. 19 Abs. 4 GG garantiert demjenigen, der durch die öffentliche Gewalt[126] in seinen Rechten verletzt wird, dass ihm der Rechtsweg offen steht.[127] Dieses prozessuale Grundrecht verbürgt gerichtlichen Individualrechtsschutz nicht nur bei Verletzung der Grundrechte, sondern darüber hinaus auch für alle subjektiven Rechte des Einzelnen (das heißt, alle rechtlich geschützten Individualinteressen).[128] Die Rechtsschutzgarantie greift jedoch nur dann, wenn der Einzelne substantiiert darlegen kann, durch die öffentliche Gewalt in einem *subjektiven* Recht rechtswidrig verletzt zu sein. Ein solches subjektives Recht liegt dann vor, wenn es auf einer Norm beruht, die – zumindest auch – den Individualinteressen zu dienen bestimmt ist. Ein subjektives Recht ist also nichts anderes als ein rechtlich geschütztes Individualinteresse. Art. 19 Abs. 4 GG schafft aber die Rechte, die er schützen will, nicht selbst, sondern setzt sie voraus. Die Grundrechte sind zweifelsfrei subjektive öffentliche Rechte.[129] Ob das einfache Recht ein subjektives Recht gewährt, ist anhand der Schutznormtheorie zu ermitteln.[130] Maßgeblich ist, soll dem Rechtssatz eine Schutznormwirkung zukommen, dass er den Schutz spezifischer Belange eines Individuums bezweckt. Nicht ausreichend ist, dass die Anwendung des Rechtssatzes den Dritten lediglich begünstigen würde. Vielmehr muss der Schutz des Dritten von der Norm geradezu gewollt sein; dem Dritten muss durch die Norm (vom Gesetzgeber) individualisierte Rechtsmacht eingeräumt werden, seine Interessen durchsetzen zu können. Ist

---

[126] Unter einem Akt der öffentlichen Gewalt ist jegliches staatliche Handeln durch eine (organisatorisch) im weitesten Sinne staatliche Stelle zu verstehen, die (funktionell) unter Ausnutzung hoheitlicher Macht tätig wird. Vgl. BKGG-*Ibler*, Art. 19 Abs. 4 Rn. 51. Dazu, ob die Staatsanwaltschaft oder das Gericht öffentliche Gewalt i.S.d. Art. 19 Abs. 4 GG ausüben, siehe D.II.

[127] Allgemein zur Rechtsschutzgarantie und deren Bedeutung *Schenke*, JZ 1988, 317 (317 ff.).

[128] Vgl. Maunz/Dürig-*Schmidt-Aßmann*, Art. 19 Abs. 4 Rn. 7 f.

[129] Vgl. Hdb. StaatsR, *Papier*, § 154 Rn. 39.

[130] Vgl. BKGG-*Ibler*, Art. 19 Abs. 4 Rn. 127 ff.; ferner auch zur Entwicklung AK-GG-*Ramsauer*, Art. 19 Abs. 4 Rn. 63 ff.

danach festgestellt, dass eine Norm grundsätzlich drittschützenden Charakter hat, ist weiter zu fragen, ob der konkret Betroffene auch in den Kreis der normativ Geschützten fällt und ob die Beeinträchtigung rechtswidrig ist. Hinzukommen muss ferner, dass der Verstoß gegen die Norm (objektive Rechtswidrigkeit) gerade auch in Bezug auf das subjektive Recht des Klägers rechtswidrig ist (sog. Rechtswidrigkeitszusammenhang). Vorliegend kommt als solches subjektives Recht in Betracht, dass der Unschuldige ein Recht hat, von Opportunitätseinstellungen verschont zu bleiben.[131]

Ggf. kann das prozessuale Grundrecht aus Art. 19 Abs. 4 GG mit einer Verfassungsbeschwerde durchgesetzt werden. Damit der Rechtsweg aufgrund Art. 19 Abs. 4 GG tatsächlich eröffnet ist, reicht es aus, dass die Rechtsverletzung nicht von vornherein ausgeschlossen werden kann. Die abschließende Beurteilung, ob tatsächlich eine Rechtsverletzung vorliegt, obliegt dem Rechtsschutzgericht.[132]

Über die Grundrechtsqualität hinaus enthält Art. 19 Abs. 4 GG eine institutionelle Garantie der Gerichtsbarkeit, die in der Lage sein muss, den verbürgten Rechtsschutz tatsächlich sowie effektiv und in angemessener Zeit zu gewähren.[133] Art. 19 Abs. 4 GG ist aber nicht ‚nur' Grundrecht und institutionelle Garantie, er impliziert eine objektive Wertentscheidung: Als allgemeine Rechtsschutzgewährleistung neben den spezielleren Rechtsweggarantien[134] steht Art. 19 Abs. 4 GG für eine gerichtsgeprägte Gewaltenteilung.[135] Die Rechtsschutzgarantie verfolgt indes nicht den Maßstab der totalen Kontrolle. Vielmehr liegt ihr eine Kontrolle am Maßstab und mit den Methoden des Rechts zugrunde, was Zweckmäßigkeit und politische Opportunität ausschließt. Letztlich kann aus Art. 19 Abs. 4 GG auch kein Verrechtlichungsgebot oder Totalvorbehalt des Gesetzes abgeleitet werden: Die Judikative soll die für die Exekutive kompetenzbe-

[131] Ausführlich dazu unten, D.III.
[132] Vgl. BKGG-*Ibler*, Art. 19 Abs. 4 Rn. 107.
[133] Vgl. *Lorenz*, Jura 1983, 393 (393); Hdb. StaatsR, *Papier*, § 154 Rn. 3.
[134] Dabei handelt es sich um die speziellen Rechtsweggarantien der Art. 14 Abs. 3 S. 4 und 34 S. 3 GG, die Richtervorbehalte der Art. 13 Abs. 2 bis 5 und 104 Abs. 2 bis 4 GG, die verfassungsgerichtlichen Kompetenzen nach Art. 93 GG und das von Art. 100 GG vorausgesetzte richterliche Prüfungsrecht.
[135] Vgl. Hdb. StaatsR, *Papier*, § 154 Rn. 4 ff.; Maunz/Dürig-*Schmidt-Aßmann*, Art. 19 Abs. 4 Rn. 10 ff. Beide weisen jedoch auf folgende Einschränkungen hin: Gerichte werden nicht zur universalen Kontrollinstanz, weil vom subjektiven Recht aus gedacht werden muss. Was in diesem Sinne kein subjektives Recht tangiert, ist gemäß Art. 19 Abs. 4 GG auch keiner Kontrolle zugänglich.

grenzenden Normen anwenden und sie so überwachen, nicht aber selbst Maßstäbe setzen.[136] Denn dies ist Aufgabe der Legislative.

2. Die Rechtsschutzmöglichkeiten des Beschuldigten und ihre Erfolgsaussichten

Die Arbeit wendet sich nun der Frage zu, ob der Beschuldigte heutzutage bereits Rechtsschutz gegen die Einstellungsverfügung erlangen kann. Dass Rechtsschutz für den Beschuldigten gegen die Einstellung eines Strafverfahrens aus Art. 19 Abs. 4 GG zu gewähren ist, wird von der h.M. verneint.[137] Ob dieser Auffassung gefolgt werden kann, soll im Folgenden anhand der einzelnen in Betracht kommenden Rechtsbehelfe untersucht werden.

a. Beschwerde nach § 304 StPO

aa. § 304 StPO gegen Einstellungsverfügungen der Staatsanwaltschaft

Bei Verfahrenseinstellungen durch die Staatsanwaltschaft scheidet die förmliche Beschwerde nach § 304 Abs. 1 StPO wegen des eindeutigen Wortlauts der Vorschrift aus: „Die Beschwerde ist gegen alle von den Gerichten im ersten Rechtszug oder im Berufungsverfahren erlassenen Beschlüsse und gegen die Verfügungen des Vorsitzenden, des Richters im Vorverfahren [...] zulässig, soweit das Gesetz sie nicht ausdrücklich einer Anfechtung entzieht." Folglich ist die Beschwerde nur gegen *richterliche* Entscheidungen statthaft. Dasselbe gilt für Verfahrenseinstellungen, bei denen die Zustimmung des Gerichts erforderlich ist. Nach h.M. ändert das Zustimmungserfordernis nämlich nichts am staatsanwaltschaftlichen Charakter der Einstellungsverfügung.[138] Der gerichtlichen Zustimmung zur staatsanwaltschaftlichen Einstellung mangelt es nämlich an der Außenwirkung. Erst die Verfügung der Staatsanwaltschaft hat Außenwirkung gegenüber dem Bürger, die Zustimmung entfaltet noch keine solche Wirkung.[139]

[136] Vgl. Hdb. StaatsR, *Papier*, § 154 Rn. 4 ff.; Maunz/Dürig-*Schmidt-Aßmann*, Art. 19 Abs. 4 Rn. 10 ff.

[137] Vgl. SK-*Weßlau*, § 153 Rn. 64; HK-*Krehl*, § 153 Rn. 25; *Meyer-Goßner*, § 153 Rn. 34, § 153a Rn. 57, § 154 Rn. 20, § 154a Rn. 23; BGHSt 10, 88 (88); OLG Celle, NStZ 1983, 328 (328); OLG Düsseldorf, MDR 1981, 338 (338); OLG München, DAR 1981, 24 (24); OLG Bamberg, StV 1981, 402 (402); OLG Hamm, NStZ 1984, 280 (280); OLG Karlsruhe, NStZ 1994, 142 (142); *Meyer-Goßner*, NStZ 1982, 353 (357).

[138] Vgl. *Meyer-Goßner*, § 153 Rn. 10; BGHSt 38, 381 (382); a.A. *Wagner*, ZStW 109 (1997), S. 545 (586 f.), der wegen der Bindung des Gerichts an die Einstellungsvoraussetzungen eine Beschwerdemöglichkeit bejaht. Vgl. auch LG Ellwangen, JZ 1980, 365 (365).

[139] Vgl. ferner zur Zustimmungserklärung des Gerichts D.II.3.c.

bb. § 304 StPO gegen gerichtliche Einstellungsverfügungen

Anders liegt der Fall, wenn die Einstellung durch das Gericht erfolgt. Hier kommt § 304 StPO als Rechtsbehelf in Betracht, denn gegen alle Beschlüsse, die im ersten Rechtszug oder im Berufungsverfahren ergehen sowie gegen alle Verfügungen des Vorsitzenden ist gerade die Beschwerde statthaftes Rechtsmittel. Gemäß §§ 153 Abs. 2 S. 3, 153a Abs. 2 S. 3 StPO ergeht die Einstellung per Gerichtsbeschluss. Ohne ausdrückliche Bestimmung hierzu wird das Verfahren gemäß §§ 154 Abs. 2, 154a Abs. 2 StPO ebenfalls durch Gerichtsbeschluss eingestellt.[140] Somit ist die Beschwerde *planmäßiges* und *passendes* Rechtsmittel gegen Einstellungsverfügungen der Gerichte.

Allerdings enthält § 304 Abs. 1 StPO am Ende einen Beschwerdeausschluss für alle dementsprechend gesetzlich normierten Fälle. Ein solcher Fall ist in §§ 153 Abs. 2 S. 4 und 153a Abs. 2 S. 4 StPO gegeben: Dort findet sich ein Ausschluss der Beschwerde gegen Einstellungsverfügungen.[141] Das heißt, dass im Regelfall kein Rechtsschutz im Wege der Beschwerde gegen den Einstellungsbeschluss nach §§ 153, 153a StPO zulässig ist. Nur wenn eine prozessuale Voraussetzung fehlt (und die Einstellungsverfügung sowieso rechtswidrig ist), also wenn z.B. das Verfahren ein Verbrechen zum Gegenstand hat oder eine erforderliche Zustimmung nicht oder nicht wirksam erklärt worden ist, soll die Beschwerde des Beschuldigten und der Staatsanwaltschaft entgegen dem Wortlaut der §§ 153 Abs. 2 S. 4 und 153a Abs. 2 S. 4 StPO gegen die Einstellung gemäß § 153 Abs. 2 und § 153a Abs. 2 StPO zulässig sein.[142]

Nicht anders stellt sich die Rechtslage im Fall der §§ 154, 154a StPO dar, obwohl diese keinen Ausschluss der Beschwerde vorsehen. Gleichwohl geht die h.M. davon aus, dass die Beschwerde gegen den Einstellungsbeschluss auch in diesen Fällen nicht zulässig ist. Begründet wird dies damit, dass der Beschuldigte durch die Einstellung keine Nachteile erleide und auch nicht in seinen Rechten verletzt sei.[143] Der Gesetzgeber wollte vielmehr den Rechtsschutz gegen die Einstellung einheitlich mit §§ 153, 153a StPO regeln. Nur der Privatkläger kann gegen eine gerichtliche Einstellungsverfügung im Privatklageverfahren die so-

[140] Vgl. *Meyer-Goßner*, § 154 Rn. 16; BGH, DAR 1997, 181 (181).
[141] Vgl. *Meyer-Goßner*, § 153 Rn. 34 und § 153a Rn. 57.
[142] Vgl. LR-*Beulke*, § 153 Rn. 82; LG Krefeld, NJW 1976, 815 (815); *Meyer-Goßner*, § 153 Rn. 34.
[143] Vgl. *Meyer-Goßner*, § 154 Rn. 20, § 154a Rn. 23; BGHSt 10, 88 (88); OLG Celle, NStZ 1983, 328 (328); OLG Düsseldorf, MDR 1981, 338 (338); OLG München, DAR 1981, 24 (24); OLG Bamberg, StV 1981, 402 (402); a.A. ist das OLG Zweibrücken, NJW 1996, 866 (866), das allerdings wenig Unterstützung erfährt.

fortige Beschwerde erheben (§ 383 Abs. 2 StPO), nicht aber der Beschuldigte.[144] Nur wenn die Unschuld des Angeklagten eindeutig feststeht, soll diesem die Beschwerde gemäß § 304 StPO offen stehen.[145] Das ist allerdings äußerst selten der Fall. Denn zumeist wäre zur Feststellung der eindeutigen Unschuld noch weitere Ermittlungsarbeit notwendig.

Die Konstellation eines (zumindest potentiell) unschuldig Beschuldigten wird hierbei vernachlässigt: Auch eine trotz tatsächlicher Unschuld des Beschuldigten ergangene Einstellungsverfügung ist nach der h.M. grundsätzlich keiner Überprüfung durch Beschwerde zugänglich. Der Beschuldigte kann indes möglicherweise in seinem subjektiv Recht verletzt sein, keine Opportunitätseinstellung erdulden zu müssen, wenn er unschuldig ist. Daher soll im Fortgang dieser Arbeit näher untersucht werden[146], ob diese Sichtweise verfassungsrechtlich tragfähig ist. Vor allem die Auffassung, der unschuldige Angeklagte sei nicht beschwert, ist kritisch zu hinterfragen.[147]

b. Antrag nach § 23 EGGVG

aa. § 23 EGGVG gegen staatsanwaltschaftliche Einstellungen

§ 23 EGGVG ist ein Auffangrechtsbehelf, mit dem Anordnungen, Verfügungen und sonstige Maßnahmen der Justizbehörden überprüfbar sind.[148] Beispiele hierfür sind das Vorgehen gegen die Verweigerung der Akteneinsicht oder die Anfechtung von Entscheidungen nach § 456a StPO bzw. Zwangsmaßnahmen nach § 457 StPO.[149] Da die Staatsanwaltschaft eine Justizbehörde ist, die bei funktionaler Betrachtungsweise unmittelbar der Strafrechtspflege dient[150] und die Einstellung eine Verfügung auf dem Gebiet der Strafrechtspflege, erscheint eine

---

[144] Im Übrigen dient sie auch nur dem Privatkläger, nicht aber dem Angeklagten. Vgl. *Naucke*, FS Grünwald, S. 403 (408).

[145] Vgl. BVerfG, NJW 1997, 46 (46 f.).

[146] Trotz der unterschiedlichen Art des Rechtsschutzausschlusses (direkt durch das Gesetz bzw. durch Auslegung durch die h.M.) soll die Untersuchung im folgenden einheitlich erfolgen. Schließlich ist das Ergebnis in beiden Varianten „kein Rechtsschutz".

[147] Dazu näher unter D.III. Die gesetzliche Normierung des Rechtsschutzausschlusses in §§ 153 Abs. 2 S. 4 und 153a Abs. 2 S. 4 StPO führt hier noch zu folgender Besonderheit: Wäre wegen Art. 19 Abs. 4 GG Rechtsschutz zwingend zu gewähren, so verstießen die den Rechtsschutzausschluss normierenden Paragraphen gegen Verfassungsrecht. Es wäre also nicht ‚nur' Rechtsschutz zu gewähren, sondern die §§ 153 Abs. 2 S. 4 sowie 153 Abs. 2 S. 4 StPO wären verfassungswidrig.

[148] Die soeben thematisierten §§ 153 Abs. 2 S. 4 und 153a Abs. 2 S. 4 StPO kommen hier nicht zum Tragen. Sie gelten nur für die gerichtliche Einstellung.

[149] Vgl. *Meyer-Goßner*, § 23 EGGVG Rn. 14 ff.

[150] Vgl. *Meyer-Goßner*, § 23 EGGVG Rn. 2.

Anfechtung staatsanwaltschaftlicher Einstellungsverfügungen möglich. Gemäß § 25 EGGVG entscheidet über den Rechtsbehelf ein Strafsenat des OLG.[151]

Obwohl § 23 EGGVG gegenüber anderen Rechtsbehelfen gemäß § 23 Abs. 3 EGGVG subsidiär ist, kommt er hier zunächst in Betracht, da die Möglichkeit der Beschwerde nach § 304 StPO in der diskutierten Fallkonstellation nicht besteht.[152] Die Diskussion um die Anwendbarkeit des Auffangrechtsbehelfs kreist allerdings um drei Problemfelder, anhand derer oftmals eine Rechtswegeröffnung im Falle staatsanwaltschaftlicher Einstellungsverfügungen abgelehnt wird. Das erste Argument, das vorgebracht wird, ist, dass es sich bei der Einstellungsverfügung nicht um einen angreifbaren Justizverwaltungsakt handle, sondern um eine nicht mit § 23 EGGVG angreifbare Prozesshandlung.[153] Unter einem nach § 23 Abs. 1 EGGVG kontrollierbaren Justizverwaltungsakt wird dabei jedes hoheitliche Handeln einer Justizbehörde zur Regelung einer einzelnen Angelegenheit auf einem der in § 23 Abs. 1 EGGVG genannten Gebiete verstanden, das geeignet ist, den Beschuldigten in seinen Rechten zu verletzen.[154] Eine Prozesshandlung zeichnet sich hingegen dadurch aus, dass es sich um eine Maßnahme der am Strafprozess Beteiligten handelt, die auf die Gestaltung des Verfahrens gerichtet ist, also die Einleitung, Durchführung oder Beendigung des Strafverfahrens betrifft. Da die Einstellung des Strafverfahrens dasselbe erheblich mitgestältet, es nämlich beendet, handelt es sich hierbei nach herrschender Ansicht um eine Prozesshandlung mit der Konsequenz, dass Rechtsschutz nicht zu gewähren ist.[155] Außerdem fehle es diesen Prozesshandlungen am für einen Justizverwaltungsakt nötigen Regelungscharakter, da das Ermittlungsverfahren kein

---

[151] Vgl. zum Streitstand bezüglich des Arguments, dadurch trete eine Verfahrenszersplitterung ein *Beckemper*, NStZ 1999, 221 (223 f.). Ganz von der Hand zu weisen ist dieses Argument nicht: Entsprechend dem Appell des BVerfG, NJW 1997, 2163 (2163 ff.), den schwer zu durchschauenden Rechtsschutz vor allem bei prozessualen Zwangsmaßnahmen durch die Fachgerichte in effektiver Weise zu gewährleisten, geht der Trend in der Rechtsprechung weg von der Zuständigkeit des OLG gemäß § 25 EGGVG hin zum Amtsrichter, vgl. KK-*Schoreit*, § 23 EGGVG Rn. 31. Allerdings ist die Zuständigkeit nun einmal gesetzlich vorgegeben.

[152] Bezüglich der noch zu untersuchenden weiteren Rechtsbehelfe ist fraglich, ob sie eine Subsidiarität des § 23 EGGVG begründen. Das kann aber dahingestellt bleiben, wenn aus anderen Gründen kein Rechtsschutz nach dieser Norm zu gewähren ist.

[153] Vgl. OLG Hamm, NStZ 1984, 280 (280); OLG Karlsruhe, NStZ 1994, 142 (142); *Meyer-Goßner*, NStZ 1982, 353 (357).

[154] Vgl. KK-*Schoreit*, § 23 EGGVG Rn. 21 m.w.N..

[155] Vgl. OLG Hamm, NStZ 1985, 472 (472).

selbständiges Verfahren sei und nicht unmittelbar in den verfassungsrechtlich geschützten Lebensbereich eines betroffenen Bürgers eingreife.[156]

Diese Auffassung erscheint nicht haltbar, denn bei der Einstellung liegt sehr wohl eine Regelung vor. Einstellungen lassen sich nämlich unter den Begriff der Verfügung subsumieren, da § 23 EGGVG im Gegensatz zur VwGO gerade nicht den Begriff des Verwaltungsakts verwendet, sondern die weiteren Begriffe der Anordnung, Verfügung oder sonstigen Maßnahme. Unter diese lassen sich auch Prozesshandlungen subsumieren.[157] Doch selbst wenn man vom engeren verwaltungsrechtlichen Verwaltungsaktsbegriff (danach ist ein Verwaltungsakt jede Verfügung, Entscheidung oder andere hoheitliche Maßnahme, die eine Behörde zur Regelung eines Einzelfalles auf dem Gebiet des öffentlichen Rechts trifft und die auf unmittelbare Rechtswirkung nach außen gerichtet ist, vgl. die Legaldefinition in § 35 VwVfG) ausginge, läge eine Regelung vor: Eine solche ist gegeben, wenn eine rechtsverbindliche Anordnung bzw. eine Willenserklärung vorliegt, die auf Setzung einer Rechtsfolge gerichtet ist.[158] Das mag bei manch einer Maßnahme im Rahmen des Ermittlungsverfahrens problematisch sein, da es sich oftmals um Vorbereitungs- oder Teilakte handelt, z.B. die Bestellung eines Pflichtverteidigers, die Möglichkeit zur Akteneinsicht und ähnliches.[159] Hier ist es – ähnlich § 44a VwGO – weniger problematisch, keinen Rechtsschutz zu gewähren.[160] Die Einstellungsverfügung enthält indes in der Rechtsfolge der Beendigung des Strafverfahrens die entsprechende rechtsverbindliche Anordnung. Daher hat sie Regelungscharakter.[161] Die Prozessbeendigung in erster Linie als Justizverwaltungsakt zu qualifizieren[162] erlaubt auch die Tatsache, dass „das Absehen von der Verfolgung [als] ein typischer Justizverwaltungsakt (Verwaltung von Kleinkriminalität)“[163] bezeichnet wird.

---

[156] Vgl. *Beulke*, Strafprozessrecht, Rn. 321; OLG Karlsruhe, NStZ 1982, 434 (434); *Meyer-Goßner*, § 23 EGGVG Rn. 9; OLG Hamm, NStZ 1984, 280 (280). Letztlich lehnt diese Auffassung also ein subjektives öffentliches Recht des Beschuldigten mangels Betroffenheit ab.

[157] Vgl. *Beckemper*, NStZ 1999, 221 (222) m.w.N..

[158] Vgl. *Maurer*, Verwaltungsrecht, S. 180.

[159] Zu solch unselbständigen Einzelmaßnahmen näher OLG Karlsruhe, NStZ 1982, 434 (434).

[160] Vgl. LR-*Böttcher*, § 23 EGGVG Rn. 57.

[161] Dies zeigt sich auch an einer Art Bestandskraft der Entscheidung: mit der Entscheidung tritt ein beschränkter Strafklageverbrauch ein, vgl. *Meyer-Goßner*, § 153 Rn. 37 f.

[162] So auch *Brößler/Terbach*, FS Schlüchter, S. 85 (95), die das „Argumentationsmuster „Prozeßhandlung ≠ Justizverwaltungsakt“ als unzulässige Rechtsschutzverweigerungsfigur“ verwerfen.

[163] *Naucke*, FS Grünwald, S. 403 (407); wie hier auch *Beckemper*, NStZ 1999, 221 (222).

In einem zweiten Argumentationsstrang wird behauptet, die Staatsanwaltschaft übe im Rahmen der Einstellung in Wahrheit judikative Tätigkeiten aus und solche fielen weder unter den Begriff des Justizverwaltungsakts, noch sei gegen sie Rechtsschutz aus Art. 19 Abs. 4 GG geboten. Denn nur Akte der öffentlichen Gewalt im Sinne der Rechtsschutzgarantie seien einer Kontrolle unterworfen und hierzu zähle die Judikative nicht. Staatsanwaltschaftliche Einstellungsverfügungen könnten deshalb keine Justizverwaltungsakte sein, weil sie wegen ihrer funktionalen Bedeutung und Zielrichtung für das Strafverfahren der Rechtsprechung zuzuordnen seien. Die Einstellung komme nämlich wegen ihrer verfahrensbeendenden Wirkung einem Urteil gleich. Dennoch handelt es sich bei der staatsanwaltschaftlichen Einstellung nicht um Rechtsprechungstätigkeit im engeren Sinne, da die Staatsanwaltschaft als Herrin des Vorverfahrens Betreiberin eines eigenständig betriebenen und selbständigen Verfahrens ist, das keinen Bezug zur Rechtsprechungstätigkeit aufweist. Vielmehr ist Zweck dieses Verfahrensabschnitts, die Rechtsprechung vorzubereiten bzw. zu ermöglichen. Hinzu kommt: Rechtsprechung wird durch Richter ausgeübt, vgl. Art. 92 GG, die gemäß Art. 97 GG unabhängig und nur dem Gesetz unterworfen sind. Beide essentiellen Voraussetzungen erfüllt die Staatsanwaltschaft nicht. Weder werden ihre Entscheidungen durch Richter getroffen, noch sind ihre Organe unabhängig. Somit ist eine Zuordnung der Staatsanwaltschaft zur Rechtsprechung (im engeren Sinne) nicht überzeugend. Folglich kann ein Ausschluss des § 23 EGGVG mit diesem Argument nicht begründet werden.

Obschon diese beiden erstgenannten Begründungsstränge nicht recht überzeugen können, ist Rechtsschutz gemäß § 23 EGGVG dennoch nicht zu gewähren.[164] Dem dritten Gesichtspunkt ist nämlich darin beizupflichten, dass das Rechtsschutzsystem der StPO abschließend ist. Nicht jede Lücke in der StPO soll zur Anwendung des subsidiären Rechtswegs nach § 23 EGGVG führen. Denn der Gesetzgeber hat innerhalb der StPO mit den in ihr vorgesehenen Rechtsbehelfen ein „ausgewogenes, den Interessen der am Strafverfahren Beteiligten weitgehend Rechnung tragendes und dem Grundsatz der Erforschung der materiellen Wahrheit dienendes System geschaffen, dessen organisatorischer Rahmen nicht durch systemfremde Rechtsbehelfe oder Rechtsmittel gesprengt werden soll“[165]. Dem entspricht auch der Zweck des § 23 EGGVG: Er will nur

[164] Gegen eine Eröffnung des Rechtswegs nach § 23 EGGVG wird weiter vorgebracht, dass es dem Beschuldigten, der sich gegen die Einstellung wendet, am Rechtsschutzbedürfnis fehle, da er nach der Einstellung nicht beschwert sei. Vgl. *Beckemper*, NStZ 1999, 221 (222 f.), die diese Ansicht im Ergebnis aber für nicht überzeugend hält. Dieser Frage soll unter D.III. ausführlich nachgegangen werden.
[165] OLG Hamm, NStZ 1984, 280 (280).

die Zuständigkeitsfrage regeln, nicht aber abschließend klären, welche Maßnahmen überprüfbar sind.[166] Demzufolge ist die Entscheidung des Gesetzgebers, dass bestimmte Handlungen im Ermittlungsverfahren nicht der richterlichen Überprüfung unterworfen sind, (zunächst) hinzunehmen.[167] Ob diese gesetzgeberische Auffassung mit der Rechtsschutzgarantie des Art. 19 Abs. 4 GG in Einklang steht, bleibt indes noch zu erörtern.[168]

Es ist also insgesamt davon auszugehen, dass die StPO ein abschließendes Gefüge von Rechtsbehelfen zur Verfügung stellt, so dass eine Überprüfung der Einstellungsentscheidung der Staatsanwaltschaft nach § 23 EGGVG nicht statthaft ist. Damit ist jedoch noch keine Aussage über die Anwendbarkeit des § 23 EGGVG gegen gerichtliche Einstellungsverfügungen getroffen. Diese Frage soll im folgenden Abschnitt erörtert werden.

bb. § 23 EGGVG als Rechtsmittel gegen Einstellungsverfügungen des Gerichts

Wie oben angedeutet, liegt einer der Streitpunkte bei der Frage der Anwendbarkeit des § 23 EGGVG in der Klassifikation der Einstellung als Justizverwaltungsakt oder als Prozesshandlung. Obwohl es sich bei gerichtlichen Einstellungen um Entscheidungen der Judikative handelt, kann die Einstufung der Einstellung als Justizverwaltungsakt nicht ohne weiteres unter Verweis auf die richterliche Qualität der Entscheidung abgelehnt werden. Dass auch die Judikative Justizverwaltungsakte erlassen kann, ist für die nicht-rechtsprechende Tätigkeit des Richters anerkannt, soweit die Voraussetzungen für einen Justizverwaltungsakt vorliegen.[169] Sitzungspolizeiliche Maßnahmen fallen z.B. unter diesen Begriff. Auch im Fall der Einstellung könnte man argumentieren, dass keine originäre Jurisdiktion vorliege, da die Einstellung keine einem Urteil vergleichbare Entscheidung sei. Allerdings gilt auch hier – wie bei Einstellungsverfügungen der Staatsanwaltschaft –, dass das Rechtsschutzsystem innerhalb der StPO als abschließend zu betrachten ist, zumal sonst die Wertungen der §§ 153 Abs. 2 S. 4 und 153a Abs. 2 S. 4 StPO umgangen würden. Folglich kann § 23 EGGVG nicht zur Anwendung gelangen.

---

[166] Vgl. BGHSt 16, 225 (230); *Meyer-Goßner*, § 23 EGGVG Rn. 1.

[167] Nicht einmal der Verletzte kann gegen solche Einstellungen vorgehen, § 172 Abs. 2 S. 3 StPO, vgl. dazu *Terbach*, NStZ 1998, 172 (172).

[168] Vgl. D.

[169] Vgl. *Meyer-Goßner*, § 23 EGGVG Rn. 2 m.w.N.

c. Parallele zum Rechtsschutz gegen Zwangsmaßnahmen?

Neben den nicht Platz greifenden § 304 StPO und § 23 EGGVG könnte man an die als Rechtsbehelf anerkannte Parallele zum Rechtsschutz gegen strafprozessuale Zwangsmaßnahmen denken. Dadurch bliebe der Rechtsschutz innerhalb der StPO abschließend. Eine Parallele zu § 98 Abs. 2 S. 2 StPO kommt nur bei staatsanwaltschaftlichen Einstellungen in Betracht. Bei einer Einstellung durch ein Gericht entfaltet der – ausgeschlossene – § 304 StPO gegenüber dem § 98 Abs. 2 S. 2 StPO eine Sperrwirkung.[170] Ansonsten würde die gesetzliche Wertung der §§ 153 Abs. 2 S. 4 und 153a Abs. 2 S. 4 StPO unterlaufen.

§ 98 Abs. 2 S. 2 StPO wird als Reaktion der Rechtsprechung auf die Entscheidung des BVerfG vom 30.04.1997 als analog anzuwendender Rechtsbehelf gegen alle nicht mit einem ausdrücklichen Rechtsbehelf versehenen Zwangsmaßnahmen im Ermittlungsverfahren ausgelegt.[171] Damit dieser Rechtsbehelf Anwendung finden könnte, müsste die Einstellung des Strafverfahrens eine strafprozessuale Zwangsmaßnahme darstellen.[172] Das erscheint nach herkömmlichem Verständnis von Zwangsmaßnahmen unwahrscheinlich. Unter Zwangsmaßnahmen versteht man die mit Zwang verbundenen Eingriffe des achten Abschnitts des ersten Buches der StPO wie Beschlagnahme, Überwachung und Durchsuchung. Die Einstellung stellt keine solche Zwangsmaßnahme dar. Folglich bliebe nur eine analoge Anwendung. Eine solche Analogie und folglich die Anwendung dieses Rechtsbehelfs auf den diskutierten Sachverhalt wird jedoch nicht vertreten.[173]

d. Weitere Rechtsbehelfe

Neben den ordentlichen Rechtsbehelfen gibt es noch weitere Rechtsbehelfe, um eine Überprüfung der Einstellungsverfügung zu erreichen. Diese führen indes alle nicht zu hinreichendem Rechtsschutz: Ein *Strafantrag* gegen den zuständigen Staatsanwalt bzw. Richter wegen Rechtsbeugung (§ 339 StGB) erscheint zur Kontrolle der Verfahrenseinstellung nur bedingt bis gar nicht geeignet. Denn für eine Strafbarkeit nach dieser Norm braucht es mehr als nur den Erlass einer objektiv falschen Einstellungsverfügung.[174]

---

[170] Vgl. *Eisele*, StV 1999, 298 (299 f.).

[171] Vgl. die grundlegende Entscheidung in BVerfG, NJW 1997, 2163 (2163 ff.); zusammenfassend zum aktuellen Rechtsstand *Laser*, NStZ 2001, 120 (120 ff.) und zuvor schon *Katholnigg*, NStZ 1990, 504 (504 ff.).

[172] Vgl. *Meyer-Goßner*, § 98 Rn. 23; *Beulke*, Strafprozessrecht, Rn. 323.

[173] Vgl. nur *Laser*, NStZ 2001, 120 (120 ff.). Näher zu diesem Punkt unter E.I.4.

[174] Ob die Einstellung falsch bzw. rechtsfehlerhaft ist, siehe unter D.III.1.a.

Der Weg einer sachlichen *Dienstaufsichtsbeschwerde* steht dem Beschuldigten offen. Über diese entscheidet, wenn der zuständige Staatsanwalt ihr nicht abhilft, der Generalstaatsanwalt. Das Problem der Dienstaufsichtsbeschwerde ist aber, dass die Kontrolle der Einstellung nicht durch ein unabhängiges Gericht erfolgt, sondern nur innerhalb der Exekutive. Daher ist ihr Erfolg fraglich. Vor allem genügt sie nicht den Anforderungen der Rechtsschutzgarantie des Art. 19 Abs. 4 GG, die eine Kontrolle durch ein unabhängiges Gericht verlangt.[175] Auch die Möglichkeit einer persönlichen Dienstaufsichtsbeschwerde stellt keine taugliche Kontrollmöglichkeit dar. Denn bei ihr wird nur geprüft, ob wegen des Verstoßes gegen Dienstpflichten disziplinarische Schritte gegen den zuständigen Staatsanwalt erforderlich sind. Wegen der Weite der §§ 153 ff. StPO wird dies wohl nur äußerst selten der Fall sein. Für den Richter hat die Dienstaufsicht wegen seiner Unabhängigkeit gar keine Bedeutung.

Der Weg zu den Verwaltungsgerichten nach *§ 40 Abs. 1 VwGO* ist gegen Einstellungsverfügungen ebenfalls verschlossen, da die Verwaltungsgerichte sich darauf berufen werden, dass für Maßnahmen im Rahmen eines Strafverfahrens die ordentlichen Gerichte gemäß § 13 GVG zuständig sind.[176]

Die ordentlichen Gerichte können nach dem oben Gesagten allenfalls im Wege der Amtshaftung nach *§ 839 BGB i.V.m. Art. 34 GG* angerufen werden. Das verlangt einen Vermögensschaden, der nachweisbar sein muss, was eine Amtshaftung gegen Einstellungen in vielen Fällen ausschließen dürfte. Die Amtshaftung ist außerdem „strafprozessual unspezifisch“[177].

Auch wenn der Beschuldigte *Verfassungsbeschwerde* erhebt, wird er keinen Erfolg haben. Das BVerfG wird, gestützt auf seine bisherige Rechtsprechung[178], derzufolge eine Beschwer nicht vorliegen soll, die Verfassungsbeschwerde nicht zur Entscheidung annehmen, vgl. § 93c Abs. 1 BVerfGG.[179]

e. Fazit

Somit bleibt als Zwischenergebnis festzuhalten, dass der Beschuldigte de lege lata keine Möglichkeit hat, eine gerichtliche Nachprüfung der Verfahrenseinstel-

---

[175] Vgl. C.III.1.
[176] Vgl. *Heinrich*, NStZ 1996, 110 (115).
[177] *Rieß*, FS Roxin, S. 1319 (1323).
[178] Vgl. nur BVerfG, NStZ 1984, 228 (228 f.).
[179] Vgl. insgesamt (teils zur vergleichbaren Problematik beim Verletzten) *Naucke*, FS Grünwald, S. 403 (408 f.); *Werner*, Einfluss, S. 86 ff.

lung zu erwirken. Er ist insoweit nach h.M. und gefestigter Rechtsprechung (rechts)schutzlos[180] und kann sein evtl. bestehendes Recht, als Unschuldiger nicht mit den Folgen einer bloßen Einstellung leben zu müssen, nicht durchsetzen.

---

[180] Vgl. nur BVerfG, NStZ 1984, 228 (228 f.) und *Meyer-Goßner*, § 23 EGGVG Rn. 9.

D. Vereinbarkeit der Rechtsschutzverweigerung mit Art. 19 Abs. 4 GG

Ausgehend von der vorherrschenden Auffassung in Rechtsprechung und Literatur, dass der Beschuldigte keine Möglichkeit hat, eine gerichtliche Überprüfung der Verfahrenseinstellung zu erreichen, stellt sich die zentrale Frage der Vereinbarkeit dieses Status Quo mit der Rechtsschutzgarantie des Art. 19 Abs. 4 GG. Ob Art. 19 Abs. 4 GG verletzt ist, wird im Folgenden anhand der Voraussetzungen der Rechtsschutzgarantie eingehend untersucht.

I. Der Betroffene als „Jemand"

„Jemand" im Sinne des Art. 19 Abs. 4 GG und damit Träger des Grundrechts ist jedes Subjekt, das Träger mindestens eines von der Rechtsweggarantie geschützten Rechtes sein kann. Darunter fallen alle natürlichen Personen, egal ob Deutsche, Ausländer oder Staatenlose.[181] Der Beschuldigte, dessen Strafverfahren von der Staatsanwaltschaft bzw. vom Gericht eingestellt wurde, ist stets eine natürliche Person und somit Grundrechtsträger des Art. 19 Abs. 4 GG.[182]

Weiter muss es sich bei der Einstellung des Verfahrens durch die Staatsanwaltschaft bzw. das Gericht um die Ausübung öffentlicher Gewalt im Sinne der Rechtsschutzgarantie handeln. Dies erfordert eine eingehende Analyse der jeweiligen Stellung im Staatsgefüge, die im folgenden Abschnitt geleistet werden soll.

II. Die Ausübung öffentlicher Gewalt

Sowohl Staatsanwaltschaft als auch Gericht müssten öffentliche Gewalt im Sinne der Rechtsschutzgarantie ausüben. Im Folgenden soll zunächst abstrakt untersucht werden, ob Staatsanwaltschaft und Gericht unter die öffentliche Gewalt

---

[181] Vgl. BKGG-*Ibler*, Art. 19 Abs. 4 Rn. 4 f., 6 ff.; AK-GG-*Ramsauer*, Art. 19 Abs. 4 Rn. 41 ff.

[182] Auf die Frage, ob und wie weit sich juristische Personen auf Art. 19 Abs. 4 GG berufen können, braucht hier nicht näher eingegangen zu werden, da ein Strafverfahren nicht gegen eine juristische Person geführt werden kann. Allgemein zu juristischen Personen und Art. 19 Abs. 4 GG vgl. BKGG-*Ibler*, Art. 19 Abs. 4 Rn. 6 ff.; AK-GG-*Ramsauer*, Art. 19 Abs. 4 Rn. 41 ff.

subsumierbar sind, bevor die Ergebnisse dann auf die Einstellung angewendet werden.

1. Die Staatsanwaltschaft als Träger öffentlicher Gewalt

Ob die Staatsanwaltschaft Teil der öffentlichen Gewalt im Sinne der Rechtsschutzgarantie ist, wird kontrovers diskutiert. Neben einer Auffassung, derzufolge nur Verwaltungsbehörden im engeren Sinne unter diesen Begriff fielen, geht es dabei vor allem um die Frage, ob die Rechtsprechung darunter fällt und ob die Staatsanwaltschaft Teil dieser rechtsprechenden Gewalt ist.

Früher wurde vereinzelt die Ansicht vertreten, öffentliche Gewalt im Sinne des Art. 19 Abs. 4 GG sei nur die hoheitliche Tätigkeit der Verwaltungsbehörden im engeren (technisch spezifischen) Sinne[183], wozu die Staatsanwaltschaft nicht gehöre. Wegen ihrer Tätigkeit im Rahmen der Strafrechtspflege sei sie nicht Teil der Verwaltung im engeren Sinne, sondern vielmehr ein Organ der Rechtspflege, da die Funktionen von Staatsanwaltschaft und Strafgericht voneinander abhingen und sich gegenseitig bedingten.[184] Demzufolge übe die Staatsanwaltschaft keine öffentliche Gewalt aus.

Diese Ansicht wird heute nicht mehr vertreten. Mittlerweile kann es als herrschende Auffassung gelten, dass die öffentliche Gewalt im Sinne des Art. 19 Abs. 4 GG jede hoheitliche Tätigkeit erfasst. Strittig ist insoweit nur, ob auch die Rechtsprechung darunter fällt und, daran anknüpfend, ob die Staatsanwaltschaft zur Rechtsprechung gezählt werden muss.[185]

Für eine Einordnung der Staatsanwaltschaft in die Exekutive spricht zunächst der formelle Rechtsprechungsbegriff. Danach liegt ein Akt der Rechtsprechung nur dann vor, wenn die Entscheidung allein nach sachlichen Gesichtspunkten durch einen unabhängigen, nicht an der Sache beteiligten und weisungsunabhängigen Richter gefällt wurde.[186] Die Staatsanwaltschaft genügt diesen Anforderungen nicht, denn die Staatsanwälte treffen ihre Entscheidungen weisungsgebunden (vgl. §§ 146, 147 GVG). Demnach fällt ihre Tätigkeit auch nicht unter

---

[183] Vgl. *Friesenhahn*, DV 1948/49, 478 (478 ff.); *Klein*, VVDStRL 8, 67 (78 ff.).
[184] Vgl. *Kalsbach*, Nachprüfung, S. 8 f.
[185] Vgl. *Göbel*, NJW 1961, 856 (857 f.); *Görcke*, ZStW 73 (1961), S. 561 (561 ff.); *Wagner*, NJW 1963, 8 (9).
[186] Vgl. nur BVerwGE 5, 69 (72).

den Begriff der Rechtsprechung.[187] Dies ergibt sich auch aus Art. 92 GG, wonach die rechtsprechende Gewalt allein den Richtern anvertraut ist, sodass die Staatsanwaltschaft nicht zur Rechtsprechung gehören kann.[188] Folgt man dieser Linie, so bliebe konsequenterweise nur der Schluss möglich, die Staatsanwaltschaft müsse Teil der Exekutive sein.[189]

Gegen eine Einordnung in die Exekutive spricht, dass die Staatsanwaltschaft ein Organ der Rechtspflege ist.[190] Organe der Rechtspflege als Teil der Exekutive aufzufassen, erscheint jedoch fragwürdig. Dass die Staatsanwaltschaft Rechtspflegefunktion hat, folgt aus ihrem Tätigkeitsfeld der Rechtsverwirklichung und Rechtsdurchsetzung.[191] Aber auch die Prägung unseres Strafrechtspflegesystems durch den Dualismus aus Strafverfolgung durch die Staatsanwaltschaft und Rechtsfindung durch das Gericht lässt keinen Zweifel an der Rechtspflegefunktion der Staatsanwaltschaft.[192] Denn Strafrechtspflege funktioniert nur im Zusammenspiel aus Anklage und Verurteilung. Daher ist es angebracht, die Staatsanwaltschaft als ein dem Gericht gleichwertiges Organ der Strafrechtspflege, mithin der Judikative einzuordnen.[193] Denn die Staatsanwaltschaft gehört ihrer Stellung in der Rechtspflege wegen nicht zur Exekutive. Zwar ist die Staatsanwaltschaft nicht Teil der Rechtsprechung im engeren Sinne, weil diese nur den Richtern anvertraut ist. Doch ist anerkannt, dass die Judikative als dritte Staatsgewalt nicht nur aus der Rechtsprechung im engeren Sinne besteht, sondern dass noch weitere Teile dazugehören. Dies ist z.B. der Richter selbst, wenn er nicht in seiner rechtsprechenden Funktion tätig wird[194], die Justizverwaltung[195], aber auch die Staatsanwaltschaft.[196] Es ginge indes zu weit, daraus eine Gleichset-

---

[187] So explizit auch für Entscheidungen, die das Verfahren als Ganzes betreffen, z.B. Einstellungen nach § 153 StPO, *Schmidt*, MDR 1964, 629 (631).

[188] Vgl. BVerfGE 9, 223 (228 f.); *Kalsbach*, Nachprüfung, S. 9 ff.

[189] So auch BVerfG, NJW 2001, 1121 (1123). *Paschmanns*, Verfahrenseinstellung, S. 49, argumentiert sogar, dass nur so ein Wiederaufleben des Inquisitionsprozesses verhindert werden könne. Denn ansonsten wären ermittelnde und aburteilende Tätigkeit in der Hand der Judikative. Diese Machtkonzentration sollte durch den Dualismus von Staatsanwaltschaft und Gericht mit strikter Aufgabentrennung gerade verhindert werden. Dieses Argument kann aber nicht überzeugen, da es ein rein formales ist. Auch wenn man die Staatsanwaltschaft zur Judikative zählt, so bleibt sie doch vom Gericht unabhängig.

[190] Vgl. nur BGHSt 24, 170 (170).

[191] Vgl. ergänzend zur Entstehungsgeschichte *Kalsbach*, Nachprüfung, S. 8 m.w.N..

[192] Vgl. *Schaefer*, NJW 2001, 1396 (1396 f.); *Kalsbach*, Nachprüfung, S. 9.

[193] Vgl. BGHSt 24, 170 (170).

[194] Vgl. BKGG-*Ibler*, Art. 19 Abs. 4 Rn. 89.

[195] Vgl. Maunz/Dürig-*Schmidt-Aßmann*, Art. 19 Abs. 4 Rn. 102.

[196] Hier irrt also *Meyer-Goßner*, Vor § 141 GVG Rn. 5 f., der davon ausgeht, die Staatsanwaltschaft sei Teil der Exekutive, weil sie keine Rechtsprechung ausübe und weil ihre Entscheidungen nicht der materiellen Rechtskraft fähig seien. Zwar sind diese Annahmen richtig,

zung der Staatsanwaltschaft mit einem Richter ableiten zu wollen.[197] Zwar verfolgen Staatsanwaltschaft und Gericht beide das Ziel der Rechtsdurchsetzung, aber die Staatsanwaltschaft ist kein Richter im Sinne des Art. 92 GG. Ihr fehlt es an der für die Rechtsprechung entscheidenden Unabhängigkeit. Damit lässt sich festhalten: Die Staatsanwaltschaft ist zwar Teil der Judikative, ihre Handlungen sind aber keine Rechtsprechung im engeren Sinne.

Auch die h.M. klammert nicht alle judikativen Akte aus dem Anwendungsbereich des Art. 19 Abs. 4 GG aus, sondern nur solche der rechtsprechenden Gewalt im engeren Sinne. Diese extensive Auslegung ergibt sich aus dem Schutzzweck des Art. 19 Abs. 4 GG: Dieser besteht in der Gewährung umfassenden, lückenlosen Rechtsschutzes, der auch dann geboten ist, wenn der Richter außerhalb seiner Unabhängigkeit Entscheidungen trifft. Da der Staatsanwalt in keiner seiner Entscheidungen unabhängig ist, sondern weisungsgebunden, muss auch hier Rechtsschutz gewährt werden.

2. Das Gericht – ein Teil der öffentlichen Gewalt?

Damit dem Beschuldigten Rechtsschutz gegen die gerichtliche Einstellung und ggf. gegen die Zustimmung des Gerichts zur staatsanwaltschaftlichen Einstellung zustehen würde, müsste auch der Richter unter den Begriff der öffentlichen Gewalt fallen. Dass die Judikative und damit auch der Richter als eine der drei Staatsgewalten Teil der öffentlichen Gewalt im herkömmlichen Sinne ist, ist grundsätzlich anerkannt. Allerdings existieren zur Frage, ob das Gericht öffentliche Gewalt im Sinne der Rechtsschutzgarantie ausübt, zwei konträre Ansichten. Der ersten Auffassung zufolge gewähre Art. 19 Abs. 4 GG nur Rechtsschutz durch den Richter, nicht aber gegen ihn.[198] Eine Ausnahme, wird teilweise argumentiert, sei nur zu machen, wenn der Richter unzureichenden Rechtsschutz gewährt habe. Dem gegenüber steht die Einschätzung, dass grundsätzlich auch gegen richterliche Entscheidungen ein Rechtsweg eröffnet sein müsse, soweit der Richter Rechte verletze.

Die erste Auffassung bedient sich folgender Aspekte: Habe ein Gericht einmal umfassenden und lückenlosen Rechtsschutz ermöglicht, so garantiere Art. 19 Abs. 4 GG keine weitere Instanz. Denn es sei verfassungsrechtlich nicht gebo-

---

der daraus gezogene Schluss ist aber – wie soeben im Text aufgezeigt wurde – nicht überzeugend. So auch *Schaefer*, NJW 2001, 1396 (1396 f.).

197 Vgl. die Nachweise bei *Kalsbach*, Nachprüfung, S. 12; *Meyer-Goßner*, Vor § 141 GVG Rn. 5 f.

198 Vgl. *Pieroth/Schlink*, Grundrechte, Rn. 1009.

ten, die erstinstanzliche Entscheidung auf Rechtsverstöße hin zu kontrollieren. Im Sinne von Rechtssicherheit und Rechtsfrieden müsse vielmehr auf eine endgültige Entscheidung hingewirkt werden. Daher nehme „das verfassungsrechtlich gewährleistete Rechtsschutzsystem bei der Überprüfung eines Verhaltens ein verbleibendes Risiko falscher Rechtsanwendung durch das Gericht in Kauf"[199]. Dies sei hinnehmbar, da der Rechtsstaat Vorkehrungen dafür treffe, dass Rechtsanwendungsfehler möglichst unterblieben[200] und dass die Entscheidung willkürfrei und nach objektiven Maßstäben ergehe. Des Weiteren bestünde bei einem Rechtsschutz gegen den Richter das Risiko eines Rechtsschutzes ad infinitum.[201] Das bedeutet, dass es nach h.M. keinen Rechtsschutz gegen richterliche Entscheidungen geben muss.[202]

Eine Ausnahme von diesem Dogma macht die h.M. nur dann, wenn der Richter unzureichenden Rechtsschutz gewährt hat. Das kann z.B. der Fall sein, wenn der Richter aufgrund eines Richtervorbehaltes, wie z.B. Beschlagnahme oder Durchsuchung, eine Entscheidung trifft. Hier sind die Verfahrensgarantien wie z.B. das Recht auf rechtliches Gehör regelmäßig nämlich stark verkürzt.[203] Folglich ist hier eine Überprüfung der gerichtlichen Entscheidung geboten. Das BVerfG geht allerdings davon aus, dass diese Ausweitung des Anwendungsbereichs nicht auf Art. 19 Abs. 4 GG zu gründen sei, sondern auf den allgemeinen Justizgewährleistungsanspruch. Art. 19 Abs. 4 GG sichere nicht den Rechtsschutz gegenüber dem Richter aufgrund behaupteter Verfahrensgrundrechtsverletzungen. Art. 19 Abs. 4 GG garantiere Rechtsschutz nur in seinem Rahmen.[204] Es bestehe daher keine Notwendigkeit, die Rechtsschutzgarantie dort auszuweiten, wo zwar Rechtsschutz rechtsstaatlich geboten sei, der allgemeine Justizgewährleistungsanspruch aber eingreife.[205] Diese Ansicht überzeugt nicht. Zwar führt auch dieser Weg letztlich dazu, dass Rechtsschutz gewährt wird. Die Lösung über den allgemeinen Justizgewährleistungsanspruch erscheint aber als „Umweg". Denn der allgemeine Justizgewährleistungsanspruch wurde aus dem Rechtsstaatsprinzip i.V.m. den Grundrechten entwickelt, um als Grundlage des Rechtsschutzes in zivilrechtlichen Streitigkeiten zu dienen. Er wurde zwar im

---

199 BVerfG, NJW 2003, 1924 (1924).

200 Angeführt wird hier die Unabhängigkeit der Richter und die Verfahrensgrundrechte; vgl. BVerfG, NJW 2003, 1924 (1924).

201 Vgl. dazu Hdb. StaatsR, *Papier*, § 154 Rn. 37; BVerfG, NJW 2003, 1924 (1925); *Jarass/Pieroth*, Art. 19 Rn. 31.

202 Kritisch und grundlegend hierzu *Voßkuhle*, Rechtsschutz, S. 158 ff., 176 ff.; ferner BK-*Huber*, Art. 19 Rn. 444 ff.; Von Münch/Kunig-*Krebs*, Art. 19 Rn. 57.

203 Vgl. hierzu BKGG-*Ibler*, Art. 19 Abs. 4 Rn. 91.

204 Vgl. BVerfG, NJW 2003, 1924 (1926).

205 Vgl. BVerfG, NJW 2003, 1924 (1925 f.).

Laufe der Zeit ausgeweitet. Einer Ausdehnung auf klare staatliche Eingriffe bedarf es aber nicht. Denn hier kann Art. 19 Abs. 4 GG Rechtsschutz bieten.[206] Weiteres Argument für den Weg über Art. 19 Abs. 4 GG ist der funktionale Zusammenhang zwischen Rechtsschutzgarantie und rechtlichem Gehör. Während nämlich Art. 19 Abs. 4 GG den Zugang zum Verfahren sichert, soll Art. 103 Abs. 1 GG einen angemessenen, effektiven Ablauf des Verfahrens gewährleisten. Denn wer vor Gericht steht, soll auch wirklich Gehör finden. Insofern kann die eine Garantie nicht effektiv ohne die andere bestehen. Wird gegen die Garantie rechtlichen Gehörs verstoßen, wird die Möglichkeit vereitelt, eine Rechtsverletzung vor Gericht effektiv geltend zu machen.[207] Dadurch genügt der Rechtsschutz nicht den Anforderungen des Art. 19 Abs. 4 GG, mit der Konsequenz, dass weiterer, umfassender Rechtsschutz zu gewähren ist, der es dann erlaubt, Rechtsverletzungen effektiv unter Zuhilfenahme aller Verfahrensgarantien zu bekämpfen.

Wenn es der Richter folglich versäumt, rechtliches Gehör zu gewähren (z.B. weil dies dem Zweck der Maßnahme zuwiderliefe), so ist staatlicherseits unzureichender Rechtsschutz gewährt, weshalb kraft Art. 19 Abs. 4 GG der Rechtsweg offen stehen muss.[208] Ebenso muss zusätzlicher Rechtsschutz durch den Richter gewährt werden, wenn sonstige Verfahrensgrundrechte verletzt wurden, z.B. der Anspruch auf ein faires Verfahren.[209] Aber auch soweit der Richter Verfahrensgrundrechte beachtet hat, ist fraglich, ob das Dogma der h.M. (kein Rechtsschutz gegen den Richter) mit Art. 19 Abs. 4 GG vereinbar ist.

Historisch betrachtet war es zwar das Ziel des Art. 19 Abs. 4 GG, den Einzelnen vor einer Missachtung des Rechts durch den Staat zu schützen. Fraglich ist aber, ob deshalb ein Rechtsschutz gegen richterliche Einstellungsverfügungen von vorneherein ausgeschlossen ist: Anknüpfend an § 182 der Paulskirchen-Verfassung und Art. 107 Weimarer Reichsverfassung war im Herrenchiemseer Entwurf zum GG zunächst ein Art. 138 enthalten, nach dem gerichtliche Hilfe beanspruchen kann, „wer sich durch eine Anordnung oder durch die Untätigkeit einer Verwaltungsbehörde in seinen Rechten verletzt oder mit einer ihm nicht obliegenden Pflicht beschwert glaubt". Hiernach war eindeutig nur eine Kontrolle der Exekutive vorgesehen. In dieser Enge erfuhr der Entwurf während der Be-

---

[206] Ebenfalls kritisch *Voßkuhle*, NJW 2003, 2193 (2196).
[207] Vgl. BVerfG, NJW 2003, 1924 (1926).
[208] Vgl. dazu *Voßkuhle*, NJW 2003, 2193 (2193 ff.) und BKGG-*Ibler*, Art. 19 Abs. 4 Rn. 90 ff., jeweils m.w.N..
[209] Vgl. *Voßkuhle*, NJW 2003, 2193 (2197).

ratungen aber erhebliche Kritik.[210] Art. 19 Abs. 4 GG wurde weiter formuliert. Die explizite Begrenzung auf die Verwaltung wurde fallen gelassen. Das BVerfG[211] meint deshalb, die historische Genese der Rechtsschutzgarantie ließe Raum für unterschiedliche Auslegungen: Möglich wäre eine Ausweitung auf alle öffentliche Gewalt, nahe liegend sei aber eine Begriffserweiterung, die nicht gleich die Judikative mit umfasse. Mehr spricht indes für eine gewollte Ausweitung auf jegliche staatliche Gewalt. Denn sonst ließe sich nicht erklären, dass der Konvent auf die Beschränkung auf die Exekutive verzichtete. Zusätzlich ist die weitere Argumentation des BVerfG, Sinn und Zweck bestünden vor allem darin, die Selbstherrlichkeit der Verwaltung gegenüber dem Bürger zu beseitigen, so dass die beschränkende Auslegung des Begriffs der öffentlichen Gewalt gerechtfertigt sei[212], wenig überzeugend. Denn der Schutz vor der Verwaltung schließt einen Schutz vor dem Richter nicht aus.[213]

Für die Einbeziehung von Gerichten in den Begriff der öffentlichen Gewalt spricht auch der Standort der Rechtsschutzgarantie. Entgegen dem Herrenchiemseer Entwurf findet sich Art. 19 Abs. 4 GG im Grundrechtsteil des Grundgesetzes. Dadurch sollte der Norm Nachdruck verliehen und ihre Bedeutung hervorgehoben werden. Deswegen ist der Schutzbereich nach allgemeiner Grundrechtsdogmatik[214] im Zweifel möglichst weit zu fassen. Der Begriff der öffentlichen Gewalt kann daher nicht per se die Judikative ausschließen. Denn sie ist ebenfalls durch Art. 1 Abs. 3 und 20 Abs. 3 GG an das Grundgesetz gebunden.[215] Der Auffassung der Rechtsprechung und eines Teils des Schrifttums, die die Rechtsprechung nicht unter die öffentliche Gewalt fasst, kann daher „in ihrer Absolutheit“[216] nicht gefolgt werden.

Nur so wird man auch der Schutzfunktion des Art. 19 Abs. 4 GG gerecht: Dieser will jedermann Rechtsschutz gewähren, wenn dieser möglicherweise in subjektiven Rechten verletzt ist. Und eine gerichtliche Entscheidung kann den Betroffenen zum Teil gravierender treffen als manch exekutiver Akt. Man denke hier z.B. an eine gerichtlich angeordnete Zwangsmaßnahme einerseits und an eine versagte Befreiung im Baurecht andererseits. Der Rechtsschutz würde unzutreffend verkürzt, verharmloste man hier den Eingriffscharakter einer richterlichen

---

[210] Vgl. *Voßkuhle*, Rechtsschutz, S. 151 ff.; BVerfG, NJW 2003, 1924 (1925).
[211] Vgl. BVerfG, NJW 2003, 1924 (1925).
[212] Vgl. BVerfG, NJW 2003, 1924 (1925).
[213] Vgl. BKGG-*Ibler*, Art. 19 Abs. 4 Rn. 91.
[214] Vgl. *Pieroth/Schlink*, Grundrechte, Rn. 77.
[215] Vgl. BKGG-*Ibler*, Art. 19 Abs. 4 Rn. 91.
[216] BKGG-*Ibler*, Art. 19 Abs. 4 Rn. 92.

Entscheidung. Aus diesem Grund gewährt auch die StPO teilweise Rechtsschutz gegen den Richter, § 304 StPO. Auch ist nicht ersichtlich, wieso der Einzelne angesichts des umfassenden grundgesetzlichen Kontrollsystems eine richterliche Fehlentscheidung ohne jede Abwehrmöglichkeit hinnehmen muss.[217] Der die Entscheidung treffende Richter wird im Gegenteil noch genauer prüfen, wenn er kontrolliert wird. Die Kontrolle ist damit Gegenstück und Ergänzung der richterlichen Unabhängigkeit, denn beide verfolgen den Zweck der „Sicherstellung der Sachrichtigkeit und Rationalität der Entscheidungsfindung"[218]. Rechtsschutz durch und vor dem Richter schließen sich also keineswegs gegenseitig aus.

Hierfür spricht auch, dass es nicht einleuchtet, bei einer Verletzung eines Verfahrensgrundrechts Rechtsschutz zu gewähren, nicht aber wenn ein sonstiges Grundrecht verletzt wird.[219] Wieso soll der Verstoß gegen Art. 103 Abs. 1 GG[220] anders zu bewerten sein als der Verstoß gegen Art. 2 Abs. 1 GG durch eine inhaltlich fehlerhafte Rechtsanwendung? Diese Unterscheidung findet keine tragfähige Stütze im Grundgesetz.

Nur wenn es nicht um erstmaligen Rechtsschutz geht, mag weiterer Rechtsschutz entbehrlich sein.[221] Liegt aber eine erstmalige Rechtsverletzung in der gerichtlichen Erstentscheidung, dann kann dies um des Rechtsfriedens willen nicht hingenommen werden. Vielmehr erfordert der Rechtsfrieden gerade eine Überprüfung der Entscheidung. Denn der Rechtsfrieden wäre durch eine falsche und rechtsverletzende Entscheidung erheblich gestört.

Folglich ist gegen gerichtliche Erstentscheidungen, auch wenn sie judikative Akte sind, soweit sie Rechte verletzen, grundsätzlich Rechtsschutz zu gewähren.[222]

---

217 So auch *Voßkuhle*, Rechtsschutz, S. 340.

218 *Voßkuhle*, Rechtsschutz, S. 344.

219 So auch *Voßkuhle*, NJW 2003, 2193 (2197 f.) bezüglich BVerfG, NJW 2003, 1924. Näher zu diesem Punkt unter D.III.

220 Ausführlich dazu zu Beginn dieses Kapitels, D.II.2.

221 Hier hat die Ansicht *Voßkuhles*, Rechtsschutz, S. 344, wohl einige Vorzüge: Dieser überlässt dem erstentscheidenden Richter die Tatfrage, hält allerdings bezüglich der Rechtsfrage eine Revisionsinstanz für zwingend geboten. Danach enthielte Art. 19 Abs. 4 GG neben dem primären Rechtsschutzanspruch einen sekundären Kontrollanspruch.

222 Zur Zustimmung des Gerichts D.II.2.a.

3. Anwendung der gewonnenen Erkenntnisse auf die Einstellungsverfügung und die Zustimmung

Die so gewonnen Erkenntnisse zur Einordnung von Staatsanwaltschaft und Gericht zur öffentlichen Gewalt sollen nun auf die Einstellungsverfügung übertragen werden.

a. Die staatsanwaltschaftliche Einstellungsverfügung

Die staatsanwaltschaftliche Einstellungsverfügung stellt einen Akt der öffentlichen Gewalt im Sinne des Art. 19 Abs. 4 GG dar.[223] Einstellungsverfügungen sind – wie alle Akte der Staatsanwaltschaft – zwar Handlungen der Judikative. Wie oben allgemein festgestellt, handelt es sich aber auch bei Einstellungsverfügungen nur um Akte der Judikative im weiteren Sinne. Denn auch hinsichtlich der Einstellung ist der Staatsanwalt nicht unabhängig, sondern weisungsgebunden. Folglich fallen sie als Akte der öffentlichen Gewalt in den Schutzbereich des Art. 19 Abs. 4 GG und unterliegen damit der gerichtlichen Kontrolle in einem eigenen Verfahren.[224] Das gilt jedenfalls für Einstellungsverfügungen, die ohne gerichtliche Zustimmung ergehen.

b. Die Einstellungsverfügung durch das Gericht

Auch die Einstellungsverfügung durch das Gericht fällt unter den Begriff der öffentlichen Gewalt. Dieses Ergebnis müsste sogar von der h.M. getragen werden, wenn der Richter dem Betroffenen vor der Einstellung kein rechtliches Gehör gewährt.[225] Denn dann ist der Rechtsschutz nur unzureichend und genügt nicht den Anforderungen der Rechtsschutzgarantie. Diese Konstellation dürfte regelmäßig im Fall der §§ 154 Abs. 2, 154a Abs. 2 StPO eintreten, da zu diesen Einstellungen keine Zustimmung seitens des Betroffenen vonnöten ist. Andernfalls erfüllt die Aufforderung, die Zustimmung zu erteilen, die Anforderungen an die Gewährung rechtlichen Gehörs, soweit der Betroffene dann auch tatsächlich angehört wird.[226]

---

[223] Vgl. D.II.1.

[224] Vgl. BVerfG, NJW 2003, 1924 (1925); BKGG-*Ibler*, Art. 19 Abs. 4 Rn. 94; Maunz/Dürig-*Schmidt-Aßmann*, Art. 19 Abs. 4 Rn. 103; *Amelung*, Rechtsschutz, S. 25; BGH, GA 1981, 223 (225); *Rieß*, NStZ 1982, 435 (435 f.); *Bohnert*, Abschlußentscheidung, S. 371 f.; *Kalsbach*, S. 14 und D.II.2.

[225] Vgl. dazu *Meyer-Mews*, NJW 2004, 716 (716). Diese Frage wurde noch nie relevant, da stets kategorisch die Rechtsverletzung abgelehnt wurde. Dazu und damit zum potentiell belastenden Charakter der Einstellungsverfügung unter D.III.

[226] Vertiefend hierzu F.III.

Gewährt der Richter hingegen rechtliches Gehör und beachtet auch die sonstigen Verfahrensgarantien, so ist der hier favorisierten Auffassung zufolge trotzdem Rechtsschutz zu gewähren, wenn der Richter Rechte des Betroffenen verletzt. Denn eine Einstellung muss vom Betroffenen nicht hingenommen werden, wenn sie seine subjektiven Recht verletzt.[227] Dies widerspräche der Intention der Rechtsschutzgarantie.[228] Während dies bei Revision und Berufung anders sein mag, da Art. 19 Abs. 4 GG aus Gründen der Rechtssicherheit keinen Instanzenzug gewährleistet[229], muss zumindest gegen die erstmalige Rechtsverletzung Rechtsschutz möglich sein. Denn auch die von der Gegenauffassung hervorgehobene Gefahr eines Rechtsschutzes ad infinitum besteht dann nicht. Es geht gerade nur um die erst- und einmalige Kontrolle einer (wenn auch gerichtlichen) Entscheidung. So hat auch das BVerfG festgestellt: „Ob es Streitigkeiten gibt, für die aus rechtsstaatlichen Gründen die Überprüfung durch eine weitere gerichtliche Instanz vorzusehen ist, bedarf […] keiner Entscheidung. Das Risiko eines Rechtswegs ohne Ende besteht […] nicht."[230]

c. Staatsanwaltschaftliche Einstellungsverfügung mit gerichtlicher Zustimmung

Nachdem Staatsanwaltschaft und Gericht der öffentlichen Gewalt im Sinne des Art. 19 Abs. 4 GG zugeordnet wurden, bleibt offen, ob auch solche staatsanwaltschaftliche Einstellungsverfügungen der gerichtlichen Kontrolle bedürfen, denen das Gericht zuvor zugestimmt hat.[231] Man könnte nämlich erwägen, dass die staatsanwaltschaftliche Einstellung durch die richterliche Zustimmung zu einer richterlichen Entscheidung wird bzw. die Zustimmung der von Art. 19 Abs. 4 GG geforderte Rechtsschutz ist und es deshalb keines weiteren Rechtsschutzes bedürfte.

Die bloße Zustimmung des Richters macht die Einstellung aber nicht zu einer richterlichen Entscheidung. Vielmehr bleibt die Entscheidung eine solche der Staatsanwaltschaft.[232] Das Gericht übernimmt zwar Mitverantwortung bei der Abwägung zwischen Verfolgungszwang nach dem Legalitätsprinzip und Ein-

---

[227] Vgl. dazu im Einzelnen D.III.
[228] Vgl. im Einzelnen D.II.2.
[229] Vgl. *Pieroth/Schlink*, Grundrechte, Rn. 1009.
[230] BVerfG, NJW 2003, 1924 (1924); vgl. ferner *Voßkuhle*, NJW 2003, 2193 (2198).
[231] Das sind hier die §§ 153 Abs. 1 S. 1, 153a Abs. 1 S. 1. Der umgekehrte Fall, die staatsanwaltschaftliche Zustimmung zur gerichtlichen Einstellung, verändert den Charakter der Einstellung nicht: Diese bleibt eine gerichtliche, gegen die aus den soeben genannten Gründen Rechtsschutz prinzipiell statthaft ist.
[232] Vgl. *Meyer-Goßner*, § 153 Rn. 10; KMR-*Plöd*, § 153 Rn. 14.

stellung nach dem Opportunitätsprinzip.[233] Dies führt aber nicht dazu, dass Initiative und Federführung bezüglich der Einstellung auf das Gericht übergehen. Diese verbleiben bei der Staatsanwaltschaft. Der Einordnung als staatsanwaltschaftliche Einstellung entspricht auch das äußere Erscheinungsbild der Einstellungsverfügung. Der Beschuldigte erlangt von der Einstellung nur durch die Staatsanwaltschaft Kenntnis. Zudem erlässt diese in formeller Hinsicht die Verfügung und vor allem hat die Zustimmungserklärung des Gerichts keine Bindungswirkung für die Staatsanwaltschaft. Diese ist trotz Zustimmung nicht gehindert, Anklage zu erheben.[234] Trotz richterlicher Kontrolle ist die Einstellungsverfügung folglich eine staatsanwaltschaftliche Entscheidung.

Die richterliche Zustimmung belässt der Einstellung aber nicht nur ihren Charakter als staatsanwaltschaftliche Einstellung, sie ändert auch nichts daran, dass gemäß Art. 19 Abs. 4 GG Rechtsschutz zu gewähren ist. Daran kann angesichts der obigen Ausführungen zum Rechtsschutz auch gegen den Richter kein Zweifel bestehen.[235] Der Auffassung, die bloße Zustimmung des Richters genüge bereits den Rechtsschutzerfordernissen[236], kann nicht zugestimmt werden. Die richterliche Mitwirkung kann schon deshalb keine ausreichende *Kontrolle* im Sinne einer nachfolgenden Überprüfung der staatsanwaltschaftlichen Einstellungsverfügung darstellen, weil diese zu diesem Zeitpunkt noch nicht endgültig vorliegt, sondern erst nach der richterlichen Zustimmung ergeht.[237]

Das Gericht handelt zwar – wie bei Richtervorbehalten[238] – in richterlicher Unabhängigkeit, aber nicht in der sonst „typischen Funktion als Instanz [...] der unbeteiligten Streitentscheidung“[239]. Bei der Zustimmung zur – formell staatsanwaltschaftlichen – Einstellung ist die Gewährung rechtlichen Gehörs, genau wie regelmäßig bei den Richtervorbehalten, nicht vorgesehen. Somit kann im Ergebnis kein Unterschied zwischen Richtervorbehalten und der Zustimmung zur Verfahrenseinstellung bestehen: In beiden Fällen muss wegen des fehlenden

---

[233] Sinn und Zweck des Zustimmungserfordernisses liegen darin, dass die Ausnahme vom Legalitätsprinzip durch das Gericht mitverantwortet werden soll, zumal dem Verletzten keine Rechtsschutzmöglichkeiten offen stehen. Vgl. *Meyer-Goßner*, § 153 Rn. 10.
[234] Vgl. HK-*Krehl*, § 153 Rn. 11.
[235] Vgl. oben bei D.II.2. Vielmehr drängt sich dadurch ein Erst-Recht-Schluss auf.
[236] So aber *Kalsbach*, Nachprüfung, S. 19; *Schlüchter*, Strafverfahren, Rn. 79.5; ferner im Ergebnis auch BVerfG, NStZ 2002, 211 (211 f.).
[237] Vgl. *Bohnert*, Abschlußentscheidung, S. 355.
[238] Vgl. dazu oben D.II.2. und BKGG-*Ibler*, Art. 19 Abs. 4 Rn. 91; so im Ergebnis auch *Wagner*, ZStW 109 (1997), S. 545 (591).
[239] BVerfG, NJW 2003, 1924 (1925).

rechtlichen Gehörs eine Rechtsschutzmöglichkeit eröffnet sein. Dies bejahen in ähnlich gelagerten Fällen auch die Literatur und das BVerfG.[240]

Doch auch wenn rechtliches Gehör gewährt wird, ist Rechtsschutz im Falle einer Rechtsverletzung[241] geboten: Nach empirischen Betrachtungen hat die Zustimmung des Gerichts zu einer Einstellung sowieso fast nur den „Charakter einer Gegenzeichnungsprozedur"[242]. Dies resultiert zum einen aus dem stetig angestiegenen Arbeitsanfall eines Richters. Zum anderen haben Richter in der Regel nicht mehr Unterlagen zur Verfügung um die Zustimmungsmöglichkeit zu beurteilen als die Staatsanwaltschaft. Vielmehr bekommen sie die Unterlagen von dieser. Weitere Ermittlungen anregen wird der Richter angesichts einer Einstellung aber selten, denn eine Minimierung des Arbeitsaufwandes ließe sich dann durch die Opportunitätsvorschriften – entgegen ihres Ziels – nicht mehr erreichen.[243] Die bloße Gegenzeichnungsfunktion des Richters, der fast nie die Zustimmung verweigert[244], wird vielmehr noch dadurch untermauert, dass nur eine Ablehnung begründet zu werden braucht, nicht aber eine Zustimmungserklärung.[245]

Außerdem führt der Richter keine Sachverhaltsermittlung durch. Dies ist aber wesentliche Voraussetzung für Rechtsschutz, der den Anforderungen des Art. 19 Abs. 4 GG genügt und ergibt sich im Strafrecht aus der genauen Regelung der Beweiserhebung in der StPO und dem geltenden Amtsermittlungsgrundsatz. Da

---

240 Ziel der Richtervorbehalte ist es, bestimmte gravierende Eingriffe nicht der Exekutive alleine zu überlassen; die Besonderheit ist hier die Möglichkeit spezifischer verfahrensrechtlicher Regelungen, so häufig der Ausschluss rechtlichen Gehörs, vgl. BVerfG, NJW 2003, 1924 (1925). Und selbst wenn man der Idee folgen wollte, Art. 103 Abs. 1 GG finde bei der hier zu behandelnden Zustimmung keine Anwendung, weil er nur vor Gerichten im *ordentlichen* Gerichtsverfahren Geltung beansprucht (was der h.M. widerspricht, die Art. 103 Abs. 1 GG auf alle staatlichen Gerichte i.S.d. Art. 92 GG anwendet, vgl. Hdb. StaatsR, *Knemeyer*, § 155 Rn. 25; Maunz/Dürig-*Schmidt-Aßmann*, Art. 103 Rn. 49 ff.), so bliebe das Ergebnis dasselbe: Denn der Anspruch auf rechtliches Gehör ergäbe sich dann aus dem Rechtsstaatsprinzip, dessen elementarer Bestandteil das Recht auf ein faires Verfahren ist, vgl. Hdb. StaatsR, *Knemeyer*, § 155 Rn. 40; vertiefend zum „fair-trial" *Heubel*, fair-trial. Denn dieses fair-trial-Prinzip erfordert gerade vor Entscheidungen, die die Rechte des Bürgers betreffen (also auch der Einstellung des Verfahrens), dass diesem Gelegenheit gegeben wird, seine Sicht einzubringen und Einfluss auf das Ergebnis des Verfahrens nehmen zu können.

241 Dazu unter D.III.

242 *Heinz*, FS Brohm, S. 351 (372).

243 Zur Entscheidung basierend auf unvollständiger Tatsachengrundlage aufgrund unzureichender Information durch die Behörde vgl. *Amelung*, Rechtsschutz, S. 54.

244 Vgl. *Blankenburg/Sessar/Steffen*, Staatsanwaltschaft, S. 113, 245, 316; *Kunz*, KrimJ 1979, 48 (48); *Kausch*, Staatsanwalt, S. 70; *Bohnert*, Abschlußentscheidung, S. 356.

245 Vgl. SK-*Weßlau*, § 153 Rn. 31.

Art. 92 GG auch die Sachverhaltsermittlung durch einen unabhängigen Richter gewährleistet[246], was bei der Zustimmung nicht vorgesehen ist[247], wird durch die richterliche Zustimmung keine Rechtsprechung im Sinne des Art. 92 GG ausgeübt.[248] Folglich genügt der durch die Zustimmung gewährte Rechtsschutz nicht den Anforderungen des Art. 19 Abs. 4 GG.[249] Trotz Zustimmung ist gemäß Art. 19 Abs. 4 GG gegen die Einstellung Rechtsschutz zu gewähren, wenn im Weiteren eine Rechtsverletzung gegeben ist. Diese Frage ist nun zu erörtern.

III. Die Rechtsverletzung

Bisher kam das BVerfG noch nie dazu, die im vorigen Abschnitt behandelte Frage des Vorliegens öffentlicher Gewalt in einem Fall der §§ 153 ff. StPO entscheiden zu müssen, da es stets zuvor kategorisch die Rechtsverletzung und deshalb den Rechtsschutz gegen Einstellungsverfügungen von Staatsanwaltschaft und Gericht abgelehnt hat.[250] Diese Ansicht wird im Folgenden einer kritischen Prüfung unterzogen.

Hierbei soll der Übersichtlichkeit wegen zunächst nur auf die möglicherweise bei Einstellungen nach §§ 153 und 153a StPO verletzten Rechte des Beschuldigten Bezug genommen werden. Andere ggf. bei Einstellungen nach §§ 154, 154a StPO verletzte Rechte, sowie Unterschiede und Gemeinsamkeiten zur Einstellung nach §§ 153, 153a StPO werden separat unter einem eigenen Abschnitt behandelt. Innerhalb dieses Kapitels wird die Rechtsverletzung vertieft am Beispiel der staatsanwaltschaftlichen Einstellung analysiert. Hinsichtlich der Rechtsverletzung bei gerichtlichen Einstellungen beschränkt sich die Arbeit darauf, Unterschiede aufzuzeigen. Die Rechtsverletzung bei Einstellungen, die Zustimmungserfordernissen unterliegen, wird am Ende dieses Abschnitts untersucht.

Manche Gegner verneinen allgemein eine Kontrollierbarkeit staatsanwaltschaftlicher und gerichtlicher Einstellungsverfügungen mit der Begründung, Art. 19 Abs. 4 GG gewähre nicht selbst Rechte, sondern setze diese voraus. Das ist zwar

---

[246] Vgl. Maunz/Dürig-*Herzog*, Art. 92 Rn. 67.
[247] Vgl. *Bohnert*, Abschlußentscheidung, S. 356.
[248] Vgl. *Kausch*, Staatsanwalt, S. 68.
[249] Rechtsschutz gegen die Zustimmung ist dennoch nicht geboten. Erst die Verfügung der Staatsanwaltschaft greift unmittelbar in den Rechtskreis des Beschuldigten ein. Einem Rechtsbehelf gegen die Zustimmungserklärung mangelt es daher am Rechtsschutzbedürfnis.
[250] Vgl. BVerfG, NStZ 1984, 228 (228 f.).

richtig. Gleichwohl überzeugt es nicht, deshalb keinen Rechtsschutz zu gewähren, denn ob bestehende Rechte verletzt sind, bedarf gerade einer Prüfung.[251]

Ebenfalls vorab ist klarzustellen, dass die Rechtsverletzung bei Einstellungen nicht schon aufgrund der strafprozessualen Besonderheit der sog. *Schwellentheorie* verneint werden kann.[252] Mit Hilfe dieser Theorie können auch grundrechtsbeeinträchtigende Maßnahmen im Rahmen des Ermittlungsverfahrens durch die allgemeinen Aufgabenzuweisungsklauseln der §§ 161 und 163 StPO gerechtfertigt sein, solange sie unter der Schwelle der in der StPO geregelten Zwangsmaßnahmen liegen.[253] Abgesehen davon, dass der Literatur darin zuzustimmen ist, dass die Abgrenzung zwischen leichteren Eingriffen und Zwangsmaßnahmen vollkommen willkürlich ist[254], kann die Einstellung des Strafverfahrens nicht mehr als Ermittlungsmaßnahme klassifiziert werden. Denn es geht nicht mehr um Ermittlung, sondern um die Abschlussverfügung. Daher ist nun die Rechtsverletzung bei den §§ 153 und 153a StPO zu untersuchen.

1. Rechtsverletzung bei Einstellung nach §§ 153, 153a StPO

Als verletzte Rechte kommen bei Einstellungen nach §§ 153, 153a StPO neben der Unschuldsvermutung (Art. 6 Abs. 2 EMRK bzw. Art. 2 Abs. 1 i.V.m. Art. 20 Abs. 3 GG) und einem einfachgesetzlichen Drittschutz die Art. 12 Abs. 1, 14 Abs. 1, 3 Abs. 1, 1 Abs. 1, 2 Abs. 1 i.V.m. 1 Abs. 1 GG in Betracht. Die Verletzung dieser Rechte wird im Folgenden eingehend untersucht. Dabei wird in erster Linie auf § 153 StPO abgestellt. Die Ausführungen beanspruchen für § 153a StPO jedoch in gleicher Weise Geltung.

a. Der Makel als Grundlage der Rechtsverletzung

Für die möglicherweise verletzten Rechte[255] ist der beim Beschuldigten durch die Einstellung entstandene Makel die Grundlage der Rechtsverletzung. Deshalb ist dieser zunächst zu erläutern.

---

[251] Vgl. insgesamt dazu *Havekost*, DAR 1977, 289 (290) - zur vergleichbaren Problematik der Feststellung des besonderen öffentlichen Interesses bei Körperverletzungen.

[252] Vgl. *Chirino Sánchez*, Informationelle Selbstbestimmung, S. 188; *Beulke*, Strafprozessrecht, Rn. 104; insgesamt dazu *Meyer-Goßner*, § 161 Rn. 1 ff.

[253] Vgl. *Beulke*, Strafprozessrecht, Rn. 104.

[254] Vgl. dazu *Chirino Sánchez*, Informationelle Selbstbestimmung, S. 188 m.w.N..

[255] Vgl. D.III.1.b. bis h.

Besteht nach einer Straftat ein Anfangsverdacht[256] gegenüber einer Person, so leitet die Staatsanwaltschaft als Ermittlungsbehörde wegen des Legalitätsprinzips ein Ermittlungsverfahren ein. Stellt die Staatsanwaltschaft das Ermittlungsverfahren sodann mangels hinreichenden Tatverdachts wieder ein (§ 170 Abs. 2 StPO), so entfällt auch der zunächst entstandene Makel der Beschuldigtenstellung.[257] Denn dem staatsanwaltschaftlichen Einstellungsbescheid nach § 170 Abs. 2 StPO kommt rehabilitierende Wirkung zu. Die Feststellung der Unschuld muss nämlich gemäß Nr. 88 RiStBV in den Bescheid aufgenommen werden. Diese rehabilitierende Wirkung ergibt sich auch daraus, dass der (ehemals) Beschuldigte sagen kann: „Das Verfahren gegen mich wurde eingestellt, weil sich der zunächst gegen mich bestehende Tatverdacht nicht erhärtet hat". Zwar wird auch dann nach § 170 Abs. 2 StPO eingestellt, wenn die Tat ‚bloß' nicht nachweisbar ist, jedoch macht dies im Ergebnis kaum einen Unterschied. An obigem Beispiel erläutert: Erfährt der Vorgesetzte von dieser Art der Einstellung, so kann er davon ausgehen, dass die Ermittlungsbehörden zunächst nur einem Irrtum unterlegen sind, den sie nun korrigiert haben. Demzufolge bleibt am Beschuldigten dann auch kein Makel hängen.

Wird das Ermittlungsverfahren hingegen von der Staatsanwaltschaft wegen geringer Schuld des Täters und fehlendem öffentlichen Interesse an der Verfolgung gemäß § 153 Abs. 1 StPO aus Opportunitätsgründen eingestellt, so wird damit die Schuldfrage offen gelassen.[258] Gleiches geschieht im Falle der Einstellung gemäß § 153a Abs. 1 StPO.

Über diese Einstellung wird zwar jeder Beschuldigte, der die Tat tatsächlich begangen hat, froh sein. Denn er ist dann noch einmal mit einem ‚blauen Auge' davon gekommen. Wie aber steht es um den Beschuldigten, der die Tat nicht begangen hat. Bei diesem wird ebenfalls die Schuldfrage offen gelassen, obwohl eigentlich *gar keine* Schuld vorliegt. Er hat die Tat nämlich nicht begangen. Hier hätte die Staatsanwaltschaft eigentlich (bei vollständiger Ermittlung und Kenntnis aller Umstände) gemäß § 170 Abs. 2 StPO einstellen müssen.[259] Gleiches gilt für das Gericht: Hier wäre ein Freispruch bzw. eine Ablehnung der Eröffnung des Hauptverfahrens vorrangig.

---

[256] Als Steigerung der bloßen Vermutung beinhaltet der Anfangsverdacht begründete Verdachtsmomente. Zu den Verdachtsgraden vgl. *Beulke*, Strafprozessrecht, Rn. 114.
[257] Vgl. *Meyer*, FS Schäfer, S. 119 (124).
[258] Vgl. ausführlich D.III.1.b.
[259] Vgl. *Meyer-Goßner*, § 170 Rn. 1, 6.

Die Einstellung aus Opportunitätsgründen führt beim unschuldigen Beschuldigten dazu, dass diesem die Richtigstellung des Tatvorwurfs vorenthalten wird. Folglich bleibt ihm eine Rehabilitation verwehrt. Daraus könnte ein Makel an der Person des unschuldigen Beschuldigten resultieren: In einem sozialen Gefüge aus Freunden, Geschäftspartnern und der medialen Öffentlichkeit kann sich aus deren Vernetzung ein Ansehensverlust, ggf. mit vermögensrechtlichen Konsequenzen für den Beschuldigten ergeben, wenn der Verdacht im Raum steht, dass der Beschuldigte eine strafbare Handlung begangen hat und dies trotz staatsanwaltschaftlicher Ermittlungen nicht widerlegt wurde. Erlangt das soziale Umfeld nämlich Kenntnis von den Vorwürfen, kann dies die Wahrnehmung des Betroffenen im sozialen Umfeld in erheblicher Weise negativ beeinflussen.

Hinzu kommt noch das subjektive Empfinden des Beschuldigten. Die psychische Belastung, zu Unrecht verfolgt zu werden und keine Möglichkeit zu haben, die Angelegenheit sowohl juristisch als auch in der Öffentlichkeit richtig stellen zu können, ist nicht von der Hand zu weisen.[260]

Allerdings birgt schon die Einleitung des Ermittlungsverfahrens und die Kenntnisnahme der Öffentlichkeit hiervon das Risiko der Vorverurteilung.[261] Dadurch kann das Ansehen des Beschuldigten bereits erheblich beschädigt sein. Je nach den konkreten Sachverhaltsumständen kann die Vorverurteilung sogar schon mit den polizeilichen Vorfeldermittlungen einsetzen. Vor diesem Hintergrund erscheint es aber fraglich, ob durch die Einstellung überhaupt noch ein Makel entstehen kann. Ist nämlich z.B. der gute Ruf durch das Ermittlungsverfahren und die damit einhergehende Vorverurteilung erst einmal beeinträchtigt, kann dann die opportunitätsgeleitete Einstellung den Makel überhaupt noch begründen oder zumindest vertiefen?

Hier ist zu differenzieren: Besteht ein Anfangsverdacht, so muss die Staatsanwaltschaft wegen des Legalitätsprinzips ein Ermittlungsverfahren einleiten. Der dadurch entstandene Makel ist gerechtfertigt. Die dadurch beeinträchtigten Rechte des Betroffenen müssen hier stets gegenüber dem rechtsstaatlichen Interesse an lückenloser Verfolgung aller Delikte zurücktreten.[262] Staatsanwaltschaft und Gericht müssen sich während des gesamten Strafverfahrens an die Unschuldsvermutung halten. Für beide ist, solange das Verfahren im Gange ist, der Betroffene zwar verdächtig, aber nicht definitiv schuldig.

---

[260] Vgl. *Rieß*, FS Roxin, S. 1319 (1325); *Nelles/Velten*, NStZ 1994, 366 (369).
[261] Vgl. auch *Herret*, Verfahrensbeendigung, S. 71.
[262] Vgl. *Bottke*, StV 1986, 120 (121); *Rieß*, FS Rebmann, S. 381 (397 f.).

Kommt es in diesem Zusammenhang zu einer Vorverurteilung des Beschuldigten, so ist diese von den Justizbehörden weder intendiert noch zu verantworten. Denn diese wollen zunächst nur den Sachverhalt erforschen. Ob die Vorverurteilung dabei im schlimmsten Falle aufgrund medialer Berichterstattung erfolgt, oder, weil auf anderem Wege Dritte vom Strafverfahren und den konkreten Vorwürfen Kenntnis erlangen (nicht durch eine Indiskretion), ist irrelevant. Auch sonstige Reaktionen des sozialen Umfelds, die die Person des Beschuldigten beschädigen, können Staatsanwaltschaft und Gericht nicht zugerechnet werden. Das Ermittlungsverfahren ist hier zwar der Stein des Anstoßes. Es ist aber wegen des Legalitätsprinzips gerechtfertigt, wenn ein Anfangsverdacht bestand.[263] Die Ermittlungen durch die Staatsanwaltschaft sind dann rechtsstaatlich geboten. Es gibt aber Fälle staatsanwaltschaftlicher Ermittlungen, bei denen sich die eigentlich erstrebte Bewährung des Rechtsstaats ins Gegenteil verkehrt.

Abgestellt werden muss hier auf die Fehleranfälligkeit staatlichen Handelns. Nur daraus kann eine Rechtsverletzung ableitbar sein. Ein ebensolcher Fehler liegt nicht in der Eröffnung des Verfahrens. Der Fehler liegt in der Einstellung: Ist der Beschuldigte in realiter unschuldig, so ist die Einstellung nach §§ 153, 153a StPO fehlerhaft. Zwar folgt sie den Voraussetzungen der Norm, ergeht aber auf unzureichender und fehlerhafter Tatsachengrundlage. Denn es besteht überhaupt keine Schuld. Aus dieser rechtsfehlerhaften Einstellung resultiert dann auch der Makel, denn der unschuldige Beschuldigte wird nicht rehabilitiert. Durch die Einstellung bleibt nämlich der Verdacht im Raum stehen, der Beschuldigte habe eine Straftat begangen. Die Diskriminierungen, die das Strafverfahren dem Betroffenen auferlegt, werden durch die Einstellung gemäß §§ 153, 153a StPO nicht vollständig beseitigt. Und obschon die Rehabilitation des Beschuldigten nicht den Hauptzweck des Verfahrens darstellt[264], darf er trotzdem am Ende eines Strafverfahrens nicht beschwert sein, wenn die Unschuldsvermutung nicht widerlegt wurde.[265] Dieser Makel beinhaltet die Gefahr einer Rechtsverletzung beim Beschuldigten und ist den Justizorganen zurechenbar. Während nämlich die Einleitung eines Ermittlungsverfahrens zum Zwecke der Sachverhaltsklärung legitim ist, ist die Einstellung nach §§ 153, 153a StPO gegenüber einem Unschuldigen fehlerhaft, da eigentlich § 170 Abs. 2 StPO vorrangig anzuwenden ist, da dieser zu einer Rehabilitation führt.[266]

---

[263] Vgl. C.I.

[264] Sehr wohl aber zumindest einen Nebenzweck, vgl. *Meyer-Goßner*, Einl. Rn. 8.

[265] Vgl. *Herret*, Verfahrensbeendigung, S. 72.

[266] Vgl. *Vogler*, ZStW 89 (1977), S. 761 (785). Zum gestuften Anwendungsverhältnis der §§ 153 und 170 Abs. 2 StPO vgl. auch EGMR, EuGRZ 1982, 297 (299) (Nr. 14, 2. Absatz; dort zur vergleichbaren Situation in Österreich).

Dem unschuldigen Beschuldigten wäre folglich durch einen Freispruch am ehesten gedient. Denn der unschuldige Beschuldigte hat Anspruch auf eine negative Erledigung des Verdachts, welche durch einen Freispruch erfolgt.[267] Die bloße Einstellung hingegen ist „eine den Verdacht unerledigt lassende, ja teilweise sogar [...] eine den Verdacht aufrechterhaltende Verfahrensbeendigung“[268]. Deutlicher wird dieser Aspekt noch, wenn man sich dem Prozesszweck „Herstellung von Rechtsfrieden“ widmet. Der Freispruch[269] beseitigt den Konflikt als eigentlich gar nicht existent. Die Einstellung gemäß §§ 153, 153a StPO bringt dagegen nur zum Ausdruck, dass es wegen des Bagatellcharakters der möglicherweise begangenen Tat der weiteren Durchführung eines Strafverfahrens nicht mehr bedarf.[270] Bei § 153a StPO kommt noch hinzu, dass das öffentliche Verfolgungsinteresse auf andere Weise beseitigt werden kann.[271] Der Rechtsfrieden muss also nicht wiederhergestellt werden. Vielmehr wäre weiteres Prozedieren zu viel Aufwand in Bezug zum Wert der Sicherung des Rechtsstaats im konkreten Fall.[272] Belegt werden kann die Minderwertigkeit der Einstellung gegenüber dem Freispruch ferner zwar nicht unmittelbar mit Vorschriften der StPO, sie ergibt sich aber mittelbar aus dem Gesamtzusammenhang; so werden z.B. die Verfahrenskosten im Falle eines Freispruchs regelmäßig der Staatskasse auferlegt, bei einer Einstellung aus Opportunitätsgründen hingegen wird die Entscheidung über Auslagenersatz und Entschädigung gemäß § 467 Abs. 4 StPO und § 3 StrEG ins Ermessen des Gerichts gestellt. Diese infolge der Einstellung mangelnde Klärung des Tatvorwurfs führt zu einer negativen Beeinflussung der Sozialstellung des Beschuldigten. Denn der Tatverdacht ist eben gerade nicht rechts- und öffentlichkeitswirksam beseitigt worden.[273] Dies hat *Filthaut* für das

[267] Vgl. zu den Gründen D.III.1.b. bis h. Ob der Beschuldigte auch ein Recht darauf hat, dass der Staat die Ermittlung zu Ende bringt, so dass nach § 170 Abs. 2 StPO verfahren werden kann, vgl. D.VI.3.

[268] *Kühl*, Unschuldsvermutung, S. 89 f.

[269] Und ähnlich die Einstellung gemäß § 170 Abs. 2 StPO, der ja der Beleg der Unschuld beigefügt wird, vgl. Nr. 88 RiStBV. Auf der Grundlage der Argumentation dieser Arbeit könnte überlegt werden, ob darauf sogar ein Anspruch des Beschuldigten aus materiellem Recht besteht.

[270] Die Gegenansicht führt hier oftmals BGHSt 7, 153 (153) (zum früher existierenden Freispruch zweiter Klasse), als Beleg für die fehlende Beschwer an. Dies verbietet sich jedoch aus zwei Gründen: Erstens handelt es sich dort trotzdem um einen gerichtlichen Freispruch, der wohl kaum der Verfahrenseinstellung vergleichbar ist. Und zweitens handelt die Entscheidung von „nicht erwiesener Schuld“, und dem ist allenfalls § 170 Abs. 2 StPO vergleichbar, ganz abgesehen davon, dass dieser sog. Freispruch zweiter Klasse wegen der Fraglichkeit der Vereinbarkeit mit der Unschuldsvermutung schon lange nicht mehr existiert.

[271] Siehe dazu C.II.2.

[272] Vgl. *Volk*, Prozeßvoraussetzungen, S. 245 f., 259; *Kühl*, Unschuldsvermutung, S. 90 f.

[273] Vgl. *Filthaut*, Freispruch, S. 201. Ferner auch *Haberstroh*, NStZ 1984, 289 (291). Zum Vorrang der anderen Einstellungsvarianten vgl. *Kühl*, Unschuldsvermutung, S. 106 m.w.N..

Verhältnis von Freispruch und Einstellung gemäß § 170 Abs. 2 StPO empirisch belegt. Mindestens genauso muss dieses Ergebnis dann aber für opportunitätsgeleitete Einstellungen gelten, da ein eindeutiges Rangverhältnis besteht: Der Freispruch beseitigt den Tatvorwurf, die Einstellung nach § 170 Abs. 2 StPO lässt zwar vielleicht leichte Zweifel bestehen, ist aber doch deutlich eher als § 153 StPO geeignet, den Tatvorwurf zu entkräften. Dies zeigt sich z.B. an der Möglichkeit der Nr. 88 RiStBV, die den zu Unrecht erhobenen Vorwurf zumindest in gewisser Weise zu bereinigen geeignet ist; jedenfalls mehr, als dies im Falle des § 153 StPO der Fall ist.

Die Tatsache, dass der Makel konstitutiv durch die Einstellung begründet wird, lässt sich ferner folgendermaßen belegen: Es sind Fallkonstellationen vorstellbar, in denen das Ermittlungsverfahren noch nicht zu einer Vorverurteilung des Beschuldigten führt. Dies ist in Fällen denkbar, in denen Dritte eine gefestigte Vertrauensbeziehung zum Beschuldigten unterhalten.[274] Diese Vertrauensbeziehung gestaltet sich einer in den Sozialwissenschaften weit verbreiteten Ansicht zufolge wie folgt:[275] Vertrauen bestehe aus einer Vergangenheits- und einer Zukunftskomponente. Die Vergangenheitskomponente führe hier dazu, dass Vertrauen entsteht und gefestigt wird. Deshalb erfolge mit der Einstellung keine Abwendung vom Beschuldigten, weil man glaubt den Beschuldigten besser zu kennen. Man könne sein Bild von ihm nicht mit einer strafbaren Handlung in Verbindung bringen. Die Zukunftskomponente lasse den Vertrauenden während des Verfahrens mehr auf die Erledigung des Verdachts hoffen, als dass er sich einer Vorverurteilung hingibt. In ihr komme der Hoffnungsaspekt des Vertrauens zum Ausdruck.

Erfolgt dann eine Einstellung anstatt nach § 170 Abs. 2 StPO nach §§ 153, 153a StPO, wird das zuvor entgegengebrachte Vertrauen enttäuscht. Die Einstellung beseitigt den Verdacht nämlich nicht erwartungsgemäß, sondern bekräftigt ihn. Dadurch kommt beim Vertrauenden der Gedanke auf, dass das Vertrauen wohl ungerechtfertigt war. Denn die Justizbehörden könnten im Falle der Unschuld den Verdacht gegenüber dem Beschuldigten nicht im Raum stehen lassen. Die Ursache für dieses enttäuschte Vertrauen hat die Justizbehörde gesetzt. Mithin ist sie auch für den Makel verantwortlich. Daran zeigt sich, dass die Einstellung selbst sogar erst zur Beeinträchtigung der Sozialstellung führen kann. Jedenfalls

---

[274] So z.B. in engen Freundschaften, zwischen Arzt und Patient, Bankier und Kunde oder Rechtsanwalt und Mandant.
[275] Vgl. zum interpersonalen Vertrauen *Koller*, Psychologie, S. 13 ff.

ist sie der erste fehlerhafte Akt der Justizbehörden und begründet somit den Makel.

Im Fall des § 153a StPO kommt erschwerend hinzu, dass der Makel durch die *Auflage* verstärkt wird. Wie erläutert, gründet der Makel auf dem Eindruck, der im sozialen Umfeld des Betroffenen entsteht. Durch die Auflage muss nach außen hin zwangsläufig der Eindruck entstehen, der Beschuldigte habe die Tat begangen. Warum sonst sollte der Beschuldigte mit einer Sanktion belegt werden? Dieser Eindruck wird dadurch erhärtet, dass im weit überwiegenden Anteil der Auflagen (ca. 95 %[276]) ein Geldbetrag nach § 153a Abs. 1 Nr. 2 StPO auferlegt wird. Der juristische Laie indes wird zumeist nicht in der Lage sein, zwischen Geldbetrag und wirklicher Geldstrafe zu differenzieren, zumal sich die Höhe des Betrages an einer zu erwartenden Geldstrafe orientieren soll.[277]

Das BVerfG ist hier der Auffassung, eine gerichtliche Entscheidung führe nicht zu einer weiteren Rehabilitierung als eine Einstellung. Außerdem könne die Fortsetzung des Strafverfahrens nur mit dem Ziel des Nachweises der Unschuld niemand verlangen.[278] Dem kann so nicht gefolgt werden. In der Konstellation, die der Entscheidung des BVerfG zugrunde liegt[279], mag diese Auffassung nachvollziehbar sein. Das Verfahren wurde dort gemäß § 170 Abs. 2 StPO eingestellt. Im Unterschied zu §§ 153, 153a StPO wird bei § 170 Abs. 2 StPO allerdings die Schuldfrage nicht offen gelassen. Wird aber – wie bei §§ 153, 153a StPO – die Schuldfrage offen gelassen, so muss eine Kontrollmöglichkeit gegeben sein. Diese ist dann geeignet, eine Rehabilitierung zu ermöglichen.

Zusammenfassend ist festzuhalten: Da der Beschuldigte in Wahrheit keine Straftat begangen hat, wäre er vom ursprünglich erhobenen Vorwurf zu rehabilitieren gewesen. Die Einstellung nach §§ 153, 153a StPO ist folglich rechtsfehlerhaft. Sie beseitigt nämlich den Tatverdacht nicht. Da dem unschuldigen Beschuldigten weiter der Makel anhaftet, eine strafbare Handlung begangen zu haben, kann aus diesem Makel eine Rechtsverletzung resultieren.[280]

---

[276] Vgl. *Rieß*, ZRP 1983, 93 (95).
[277] Zum Erfordernis der Zustimmung des Beschuldigten D.III.2.b.
[278] Vgl. BVerfG, NStZ 1984, 228 (229).
[279] Dort begehrte ein Beschuldigter, dessen Verfahren nach § 170 Abs. 2 StPO eingestellt wurde, die Fortsetzung des Verfahrens mit dem Ziel, einen Freispruch zu erlangen.
[280] Vgl. ferner G.III. zum Argument von *Paulus,* NStZ 1990, 600 (600), der Beschuldigte empfinde nicht Schuldzuweisungen, sondern nur Kosten als belastend.

Sollte diese Rechtsverletzung in der nun folgenden Prüfung zu bejahen sein, so wäre aus dem bestehenden Makel ein Recht, von einer Einstellung aus Opportunitätsgründen verschont zu bleiben, wenn man unschuldig ist, zu folgern.

b. Unschuldsvermutung

Die Verfahrenseinstellung gemäß §§ 153, 153a StPO könnte gegen die Unschuldsvermutung verstoßen.[281] Nach einer kurzen Charakterisierung derselben wird neben speziellen Ausprägungen der Unschuldsvermutung vor allem zu erörtern sein, ob die Einstellungsverfügung eine antizipierte Schuldfeststellung beinhaltet.

aa. Wesen und Ursprung der Unschuldsvermutung

Die Unschuldsvermutung findet sich in einigen Landesverfassungen und in der EMRK, aber nicht im positiven Recht unter den Justizgrundrechten des Grundgesetzes wieder.[282] Ihre Geltung ist für unsere Rechtsordnung trotzdem unstrittig, da ihr kraft Ratifikationsgesetz zu Art. 6 Abs. 2 EMRK zumindest der Rang eines einfachen Bundesgesetzes zukommt.[283] Vom BVerfG wird die Unschuldsvermutung in ständiger Rechtsprechung aus dem Rechtsstaatsprinzip, Art. 20 Abs. 3 GG, abgeleitet[284], die Literatur findet teilweise andere Wurzeln: Z.B. wird die Unschuldsvermutung aus der Menschenwürde, Art. 1 Abs. 1 GG, aus dem allgemeinen Persönlichkeitsrecht, Art. 2 Abs. 1 i.V.m. Art. 1 Abs. 1 GG, als eine allgemeine Regel des Völkerrechts gemäß Art. 25 GG, aus dem Verhältnismäßigkeitsprinzip, Art. 20 Abs. 3 GG, aus dem Gesetzlichkeitsprinzip des Art. 103 Abs. 2 GG, aus dem Schuldprinzip, Art. 1 Abs. 1, 2 Abs. 1, 20 Abs. 3 GG oder als unausgesprochenes Prinzip der StPO hergeleitet.[285] Dennoch müssen sich die Begründungsstränge nicht gegenseitig ausschließen, da z.B. eine Verortung beim Rechtsstaatsprinzip eine gleichzeitige Konkretisierung der Menschenwürde nicht ausschließt.[286]

---

[281] Vgl. insgesamt *Vogler*, ZStW 89 (1977), S. 761 (784 f.).

[282] Vgl. dazu die Nachweise bei *Stuckenberg*, Unschuldsvermutung, S. 46.

[283] Vgl. *Eisele*, JR 2004, 12 (13); *Kühl*, NJW 1984, 1264 (1265). Daran, dass sie auch im Ermittlungsverfahren Geltung beansprucht, besteht kein Zweifel (mehr); vgl. *Rzepka*, Fairness, S. 53; ferner EGMR, EuGRZ 1982, 297 (301).

[284] Vgl. BVerfGE 22, 254 (265). Für diese Auffassung sprechen die inhaltliche Nähe zu den Justizgrundrechten und ihre staatsbändigende Wirkung, so SK-*Paeffgen*, Vor § 112 Rn. 26.

[285] Vgl. hierzu *Stuckenberg*, Unschuldsvermutung, S. 48 ff. m.w.N..

[286] Vgl. *Stuckenberg*, Unschuldsvermutung, S. 49. Ferner *Kühl*, NJW 1984, 1264 (1265). Durch die dem Art. 6 Abs. 2 EMRK parallele verfassungsrechtliche Unschuldsvermutung erübrigen sich hier Probleme des Verhältnisses von EMRK und StPO; vgl. ansonsten *Eisele*, JR 2004, 12 (13 ff.).

Inhaltlich gilt der einer Straftat Beschuldigte „bis zum gesetzlichen Nachweis seiner Schuld“ (so die Formulierung in Art. 6 Abs. 2 EMRK) als unschuldig. Rechtsprechung und Literatur leiten daraus hauptsächlich zwei Schutzfunktionen für den Beschuldigten ab.[287] Dies ist zum einen der Schutz vor ungerechtfertigter Verurteilung im Strafverfahren, also die Gewährleistung des Verbots der Verdachtsstrafe und der Geltung von Verfahrensmaximen, die der Bildung einer falschen Überzeugung von der Schuld des Beschuldigten entgegenwirken. Dazu zählen Aspekte wie die Unvoreingenommenheit des Richters, der Anklageprozess und das Prinzip der freien Beweiswürdigung.[288]

Zum anderen wird der Verdächtige durch die Unschuldsvermutung vor Eingriffen ohne rechtskräftige Verurteilung in seine, durch strafrechtliche Maßnahmen bedrohte Rechte bewahrt. Entsprechend verbietet sich jede Schuldantizipation. Das heißt, es ist verboten, vor rechtskräftiger Feststellung der Schuld Maßnahmen wie Strafen zu verhängen, die einen Schuldnachweis voraussetzen. Gleichzeitig sind alle Maßnahmen zu unterlassen, die eine vorweggenommene, implizite Schuldfeststellung beinhalten.[289] Darunter fallen alle Handlungen von Seiten des Staates, die in faktischer oder sonstiger Weise Schuld feststellen, bevor diese auf dem gesetzlich vorgeschriebenen Weg nachgewiesen ist. Ergänzend sei darauf hingewiesen, dass die Unschuldsvermutung selbstverständlich nicht erst vor Gericht Geltung beansprucht, sondern während des ganzen Strafverfahrens, sie mithin auch die Staatsanwaltschaft bindet.[290]

Die Einstellungsverfügung stellt nun zwar keine Verurteilung im Sinne der erstgenannten Alternative dar. Sie könnte aber gegen das Verbot der Schuldantizipation verstoßen. Die Zahl der Präzisierungsversuche zu Schuldfeststellung und Schuldantizipation ist nahezu grenzenlos.[291] Diese Arbeit beschränkt sich daher auf die Aspekte, die für die Untersuchung der Rechtsverletzung durch die Einstellungsverfügung von Bedeutung sind. Zunächst wird sich die Arbeit den speziellen Aspekten bzw. Präzisierungsversuchen der Unschuldsvermutung zuwenden, bevor dann die generelle Frage der Schuldantizipation untersucht wird.

---

[287] Vgl. dazu *Frister*, Schuldprinzip, S. 84 f. m.w.N..
[288] Vgl. *Frister*, Schuldprinzip, S. 84.
[289] Vgl. *Stuckenberg*, Unschuldsvermutung, S. 67 f.
[290] Vgl. *Kuhlen*, Diversion, S. 32; *Kondziela*, MschrKrim 1989, 177 (180).
[291] Vgl. hierzu die ausführliche Übersicht bei *Stuckenberg*, Unschuldsvermutung, S. 67 ff.

bb. Spezielle Ausprägungen der Unschuldsvermutung

(1) Die Garantie der *Exklusivität der verfahrensmäßigen Schuldfeststellung* könnte bei der Einstellung des Verfahrens gemäß §§ 153, 153a StPO eine Rechtsverletzung begründen. Nach dieser Garantie soll eine Straftat als solche erst mit Abschluss des ordnungsgemäß geführten Prozesses entstehen. Sie ist danach kein unabhängiges Ereignis, das neben und vor dem Prozess bereits existiert und in diesem lediglich nachgezeichnet wird. Vor Prozessabschluss existiert nur eine neutrale Handlung. Der Prozess ist nämlich Entstehungsbedingung der Strafbarkeit.[292] Demnach dürfte von strafrechtlicher Schuld (so sie denn festgestellt würde) überhaupt nur dann gesprochen werden, wenn diese rechtskräftig festgestellt ist. Diese Auffassung wird allerdings zu Recht als Überdehnung der Unschuldsvermutung aufgefasst.[293] Zweck der Unschuldsvermutung kann es nach Sinn und Zweck des Strafverfahrens nicht sein, bis zur Rechtskraft alle Maßnahmen zu blockieren, die an den Verdacht eines strafbaren Verhaltens anknüpfen und sich daher für den Täter negativ auswirken könnten. Gewisse Eingriffe zu Ermittlungszwecken müssen möglich sein. Ferner entstünde – kommt es zu keinem Urteil – so eine Sperrwirkung für Zivilverfahren, da das Strafverfahren die einzige Möglichkeit darstellen würde, die Straftat als Grundlage der zivilrechtlichen Ansprüche entstehen zu lassen. Demzufolge ist die Auffassung von der Garantie der Exklusivität der verfahrensmäßigen Schuldfeststellung abzulehnen. Daher ist es unerheblich, dass die Einstellungsverfügung keine rechtskräftige Feststellung der Schuld beinhaltet, weil der Prozess nicht zu Ende geführt wird.

(2) Das *Verbot strafähnlicher Eingriffe* ohne vorhergehenden Schuldspruch ist weitgehend anerkannt.[294] Relevant wird dieses Verbot bei der Frage nach einer Rechtsverletzung durch die Einstellung nach *§ 153a StPO*. Die dort vorgesehene Auflage könnte gegen das Verbot strafähnlicher Eingriffe verstoßen, nach dem ohne gesetzlichen Nachweis der Schuld weder Strafen noch strafähnliche Eingriffe verhängt werden dürfen. Zunächst sei festgehalten: Ein gesetzlicher Nachweis der Schuld im Sinne der Unschuldsvermutung wird nicht erbracht[295], da er nicht Voraussetzung des § 153a StPO ist, das heißt die Auflage trifft zumindest potentiell Unschuldige.[296] Gegen potentiell Unschuldige (und erst recht

[292] So *Marxen*, Straftatsystem, S. 344 f., 364 f.
[293] Vgl. BGHSt 34, 209 (209 ff.); ferner *Stuckenberg*, Unschuldsvermutung, S. 69.
[294] Vgl. nur BVerfGE 9, 137 (144); BVerfGE 82, 106 (117). Zu den Unterschieden hinsichtlich der konkreten Voraussetzungen vgl. die Übersicht bei *Stuckenberg*, Unschuldsvermutung, S. 70 ff.
[295] Vgl. D.III.1.b.cc.
[296] Vgl. *Dencker*, JZ 1973, 144 (150). Ausführlich dazu D.III.1.b.cc.

gegen wirklich Unschuldige) sind Sanktionen jedweder Art nicht zulässig.[297] Also ist zu klären, ob die Auflagen[298] im Rahmen des § 153a StPO strafähnliche Sanktionen darstellen. Hierzu werden zwei konträre Ansichten vertreten:

Die erste Ansicht argumentiert, Auflagen seien Auflagen und demzufolge keine Strafen.[299] Denn ihnen fehle das soziale Unwerturteil und sie seien auch nicht zwangsweise durchsetzbar. Vielmehr handle es sich um Genugtuungsleistungen für das begangene Unrecht, denen der Betroffene zugestimmt habe und die er jederzeit auch nach der Zustimmung noch unterlassen könne. Daraus wird gefolgert, dass es sich nicht um strafähnliche Sanktionen handeln könne.[300]

Dem ist entgegenzuhalten, dass die Auflagen des § 153a StPO größtenteils[301] die Charakteristika von Strafe erfüllen. Denn es handelt sich um Maßnahmen, mit denen auf Taten reagiert wird, die *materielles Unrecht* darstellen.[302] Dieser Punkt ist der ganz wesentliche Unterschied: Zwar mag die Auflage in ihrer Ausgestaltung nicht nur der Kriminalstrafe, sondern auch der Geldbuße des OWiG nahe stehen, rechtspolitisch liegt ihr aber durch die Reaktion auf materielle Strafbarkeit eine andere Wertung zugrunde als der Reaktion auf bloße Ordnungswidrigkeiten.[303] Zusätzlich erfüllt fast jede Auflage einen Strafzweck.[304] Die Auflagen sollen die (zwar nicht rechtlich festgestellte, aber doch wahrscheinliche) Schuld des Täters ausgleichen. Dies kommt besonders deutlich in der Gesetzesbegründung zum Ausdruck. Unverhohlen ist dort von einer „Sanktion“ die Rede und davon, dass „auch bei geringer Schuld des Täters das öffentliche Interesse an der Strafverfolgung einer Einstellung entgegenstehen kann, wenn es nicht zu verantworten ist, den Beschuldigten gänzlich ohne Reaktion

---

297 Vgl. *Kondziela*, MschrKrim 1989, 177 (182).

298 Man könnte auch fragen, ob die Einstellung, die einen Makel hinterlässt, eine Sanktion ist. Das ist jedoch abzulehnen. Eine als *folgenlos* konzipierte Einstellung stellt gerade keine Sanktion dar. Denn der Makel allein ist keine Sanktion im Sinne eines strafähnlichen Eingriffs. Vgl. aber D.III.1.b.cc.

299 Vgl. BGHSt 28, 174 (176).

300 Vgl. BGHSt 28, 174 (176); *Meyer-Goßner*, § 153a Rn. 12; ferner die weiteren Nachweise bei *Stuckenberg*, Unschuldsvermutung, Fn. 602 bis 604.

301 Zu den Einzelheiten sogleich ausführlich.

302 So auch *Kausch*, Staatsanwalt, S. 65: „Eigentliche Rechtsfolge des § 153a ist nicht die Einstellung des Verfahrens, sondern das Verhängen von Strafzwecken dienenden Sanktionen“.

303 Vgl. *Kausch*, Staatsanwalt, S. 101 f.

304 Im *Creifelds*, Rechtswörterbuch, S. 1271, heißt es dazu: „Die Strafe soll die Schuld des Täters ausgleichen und ihm die Möglichkeit zur Sühne geben; sie soll die verletzte Rechtsordnung wahren und den Rechtsfrieden wiederherstellen.“

auf die ihm vorgeworfene Tat davonkommen zu lassen"[305]. Diese Wortwahl in der Gesetzesbegründung bringt den Willen und die Beweggründe des Gesetzgebers zum Ausdruck.

Wenn die Auflagen indes als Reaktion auf eine strafrechtliche Tat konzipiert sind, sind sie auch eine Sanktion, mit der natürlich die Möglichkeit des Täters zur Sühne einhergeht. Denn Geldbetrag, gemeinnützige Leistungen und die weiteren Auflagen sind geeignet, durch die zu vollbringende Handlung bzw. Leistung zur Sühne des Täters zu führen. Schließlich führen sie ihm die Folgen seiner Straftat vor Augen. Dass dadurch weiter die Rechtsordnung bewahrt werden soll, ist ebenfalls deutlich. Denn gerade durch die Auflage soll das Strafverfolgungsinteresse beseitigt werden.[306] Entfällt dieses aufgrund der Erfüllung der Auflage, so ist die Rechtsordnung gewahrt. Die letzte Voraussetzung einer Sanktion ist, dass durch sie der Prävention gedient wird. Maßgeblicher Zweck des Strafrechts ist nämlich gerade auch die Abschreckung des Täters und weiterer potentieller Täter. Die verschiedenen Auflagen können sowohl der Generalprävention als auch der Spezialprävention dienen. Geldbetrag, sonstige Leistungen, Aufbauseminare sind alle geeignet, sowohl dem Täter einen Denkzettel zu verpassen, der ihn in Zukunft von derlei Tun abhält, als auch der Allgemeinheit die Folgen einer Straftat aufzuzeigen. Somit erfüllt (fast) jede Auflage die Charakteristika von Strafe.

Einzig die Auflagen des § 153a Abs. 1 S. 2 Nr. 4 und 5 StPO, Unterhaltsverpflichtungen nachzukommen bzw. sich um einen Täter-Opfer-Ausgleich zu bemühen, erfüllen weniger Strafzwecke, als dass sie die Erfüllung zivilrechtlicher Unterhaltspflichten bzw. die Wiedergutmachung des bewirkten Schadens sicherstellen wollen. Schließlich geht die zu erbringende Geldleistung nicht über die bestehende Unterhaltspflicht bzw. den eingetretenen Schaden hinaus. Der Beschuldigte kommt vielmehr nur für den sowieso geschuldeten Betrag auf. Der Zweck liegt also in erster Linie in der Sicherung des Lebensunterhaltes eines Unterhaltsberechtigten bzw. der Wiedergutmachung des Schadens. Ist dieser Zweck erfüllt, soll es auf eine Strafe nicht mehr ankommen. Hier liegt folglich keine rechtsverletzende strafähnliche Sanktion vor.[307]

Wie trotz Vorliegens der Charakteristika von Strafe (mit Ausnahme der Nr. 4 und 5) der pönale Charakter des § 153a StPO geleugnet werden kann, ist hier-

---

[305] BT-Drucks. 7/550, S. 298.
[306] Vgl. *Meyer-Goßner*, § 153a Rn. 3.
[307] Vgl. *Kausch*, Staatsanwalt, S. 84 f.

nach schwer verständlich.[308] Auch der teilweise angeführte Bagatellcharakter der Tat kann hieran nichts ändern: Warum ist eine Sanktion in Reaktion auf eine Bagatelle keine Strafe? Das bezweifelt bei ggf. erfolgender Verurteilung im selben Fall auch niemand. Denn (trotz der vergleichsweise geringen Eingriffsintensität) ist eine Geldstrafe in Höhe desselben Betrages wie eine Geldauflage auch eine Strafe.[309] Auch dass rein formell keine Kriminalstrafe vorliegt, weil die Straf*gewalt* nicht zum Einsatz kommt, ist zwar richtig. Es genügt indes schon eine – hier gegebene – sanktionsähnliche Maßnahme.[310]

Allerdings vermag die zur Auflage nötige Zustimmung des Beschuldigten dieses Ergebnis vielleicht zu ändern: Zwar kann die Zustimmung keinen Verzicht auf die Unschuldsvermutung darstellen. Der Einzelne kann nämlich nicht auf die verfahrensgemäße Schuldfeststellung verzichten.[311] Jedoch könnte der Eingriff direkt über die Einwilligung legitimiert werden. Eine frei widerrufliche Einwilligung in einen Grundrechtseingriff ist nämlich durchaus möglich, da dann nicht auf das Grundrecht im Ganzen verzichtet wird.[312] Der Beschuldigte kann hier seine Einwilligung jederzeit widerrufen, indem er die Auflage nicht erfüllt. Diese ist nicht zwangsweise durchsetzbar. Voraussetzung für die rechtfertigende Wirkung ist jedoch, dass die Einwilligung freiwillig erfolgt. Ob die Einwilligung hier als freiwillig zu bezeichnen ist, ist umstritten. Diese Frage soll daher ausführlich nach der Untersuchung der weiteren Rechtsverletzungen für alle Zustimmungen untersucht werden.[313]

Daher stellt die Einstellung nach § 153a StPO wegen des Verbots strafähnlicher Sanktionen einen Eingriff in die Rechte des Beschuldigten aus Art. 2 GG dar, wenn eine Legitimation nicht gelingen kann. Ausgenommen hiervon sind die Nr. 4 und 5, da diese schon keinen Strafzweck verfolgen.

(3) Ein weiterer Präzisierungsversuch betrifft das *Verbot der Verwertung des Tatverdachts*. Teilweise wird argumentiert, der Tatverdacht dürfe keinerlei Verwendung in Gestalt irgendwelcher Konsequenzen finden. Es dürfe also nicht

---

308 Ebenso *Dencker*, JZ 1973, 144 (150); *Schmidhäuser*, JZ 1973, 529 (534, 536); *Kondziela*, MschrKrim 1989, 177 (182); dagegen *Meyer-Goßner*, § 153a Rn. 12 m.w.N..

309 Vgl. *Kondziela*, MschrKrim 1989, 177 (183); das Vorbestraftsein im einen Fall genügt nicht zur Begründung der Differenzierung.

310 Vgl. AK-*Schöch*, § 153a Rn. 4; kritisch SK-*Weßlau*, § 153a Rn. 8.

311 Vgl. *Frister*, Schuldprinzip, S. 94, auch zu den mit einem Grundrechtsverzicht mit Bindungswirkung für die Zukunft verknüpften Problemen.

312 Vgl. *Frister*, Schuldprinzip, S. 94 f. m.w.N.

313 Siehe dazu D.III.2.b. Vgl. insgesamt *Frister*, Schuldprinzip, S. 94 - 97. Ferner auch *Haberstroh*, NStZ 1984, 289 (294); OLG Frankfurt, NJW 1980, 2031 (2031).

an einen bestimmten Tatverdachtsgrad die Möglichkeit eines Eingriffs geknüpft werden, da dieser Tatverdacht ja erst bewiesen werden soll. Darunter sollen alle Maßnahmen fallen, die an einen bestehenden Tatverdacht anknüpfen, also z.B. Zwangsmaßnahmen im Rahmen einer Ermittlung.

Die §§ 153, 153a StPO knüpfen in ihren Voraussetzungen an den Tatverdacht an. Die Schuld muss hypothetisch bestehen. Aus dieser Tatverdachtsbewertung und der daran anknüpfenden Möglichkeit der Einstellung könnte eine Rechtsverletzung abzuleiten sein. Allerdings kann dieser Ansatz vernünftigerweise nur so weit gehen, dass alle staatlichen Stellen grundsätzlich von der Unschuld des Täters auszugehen haben. Keineswegs verbietet die Unschuldsvermutung den Strafverfolgungsorganen, den Grad des Tatverdachts verfahrensbezogen zu beurteilen. Ansonsten könnte ein Strafverfahren gar nicht stattfinden.[314] Denn gewisse verfahrenssichernde und präventive Zwangsmaßnahmen, wie z.B. die Untersuchungshaft, sind im Strafverfahren unerlässlich. Sie müssen ihrerseits wiederum an den Grad des Tatverdachts geknüpft werden, um verhältnismäßig zu sein. Die Unschuldsvermutung kann hier daher nicht weiter gehen als das Verhältnismäßigkeitsprinzip. Es verbieten sich folglich nur willkürliche Zwangsmaßnahmen. Ein weitergehendes Maßprinzip für strafprozessuale Verfolgungsmaßnahmen enthält aber weder die Unschuldsvermutung noch das Verhältnismäßigkeitsprinzip. Sie dürfen nur nicht qualitativ oder quantitativ in Strafe umschlagen.[315] Das Verbot der Verwertung des Tatverdachts ist folglich durch die Einstellung nicht verletzt.

cc. Unzulässige Schuldantizipation

Da die speziellen Ausprägungen nur teilweise eine Verletzung der Unschuldsvermutung beim Beschuldigten zu begründen vermochten, ist nun nach der Schuldantizipation zu fragen. Hierfür müssen zwei Voraussetzungen gegeben sein: Einerseits muss mit der Verfahrenseinstellung die Feststellung verbunden sein, dass der Betroffene der ihm zur Last gelegten Straftat(en) schuldig ist. Andererseits muss es sich dabei um eine Antizipation der Schuld handeln, sie muss also vor der ordnungsgemäßen Feststellung erfolgen.[316]

---

[314] Vgl. BVerfGE 82, 106 (115 f.) und *Stuckenberg*, Unschuldsvermutung, S. 74 f. m.w.N.

[315] Vgl. *Stuckenberg*, Unschuldsvermutung, S. 74.

[316] Vgl. *Kuhlen*, Diversion, S. 33. Das bloße „in-der-Schwebe-lassen" des Tatverdachts genügt indes nicht. Anders als die evtl. aus dem Makel folgenden verletzten Rechte, schützt die Unschuldsvermutung nur vor Schuld*feststellungen*. Sie gibt indes ein Recht, freigesprochen zu werden, wenn man nicht verurteilt wird. Vgl. *Kühl*, Unschuldsvermutung, S. 85 ff.; *Stuckenberg*, Unschuldsvermutung, S. 116 f.

(1.) Ist die Einstellung eine Vorwegnahme der Schuldfeststellung?
Eine solche Vorwegnahme läge dann vor, wenn die Schuldfeststellung (orientiert am Wortlaut des Art. 6 Abs. 2 EMRK) vor dem gesetzlichen Nachweis der Schuld erfolgte. Ob die Verfahrenseinstellung eine solche Vorwegnahme beinhalten kann hängt davon ab, wie man die Einstellung dogmatisch einordnet. Hierzu bestehen im Wesentlichen zwei Alternativen[317]:

Zunächst kann man die Verfahrenseinstellung aus dem Blickwinkel der Lehre vom *vorzeitigen Verfahrensabbruch* sehen. Dieser Ansicht zufolge soll der gesetzliche Nachweis der Schuld einzig durch das verfahrensbeendende richterliche Urteil erbracht werden können.[318] Die Einstellung nach §§ 153, 153a StPO muss hingegen als Möglichkeit gesehen werden, das Strafverfahren durch Abbruch vorzeitig zu beenden. Wegen des vorzeitigen Abbruchs kann indes kein gesetzlicher Nachweis der Schuld erfolgen. Deshalb greift die Einstellung dem (dem Urteil vorbehaltenen) Schuldspruch vor. Sie verstößt gegen die Unschuldsvermutung.

Die Gegenauffassung lässt sich als Lehre vom *eigenen Verfahrenstyp* bezeichnen. Diese Auffassung sieht die Einstellung nicht als vorzeitigen Abbruch des regulären Strafverfahrens, sondern als Entscheidung sui generis.[319] Das Verfahren werde dadurch gleich einer richterlichen Entscheidung zum Abschluss gebracht. Demzufolge läge eine Sachentscheidung vor, die in einer Verfahrensalternative ergangen ist und die keine Schuldantizipation darstellen könne. Die Einstellung sei vom Status her z.B. dem beschleunigten Verfahren vergleichbar (§§ 417 ff. StPO), das in einem Verfahren sui generis zum gesetzlichen Nachweis der Schuld führt.

Die Entscheidung zwischen beiden Alternativen kann hier nur zugunsten der Lehre vom vorzeitigen Verfahrensabbruch fallen. Der Abschluss nach §§ 153, 153a StPO ist dem der §§ 417 ff. StPO nicht vergleichbar. Denn beim beschleunigten Verfahren existieren zwar auch nur reduzierte Verfahrensgarantien, aber deren Grundbestand ist gewahrt. Bei einer Einstellung hingegen braucht nicht einmal rechtliches Gehör gewährt zu werden. Hinzu kommt noch, dass – zumindest im Falle der §§ 153 Abs. 1 und 153a Abs. 1 StPO – eine richterliche, unabhängige Entscheidung der eines Staatsanwalts gegenübersteht.

---

[317] Vgl. hierzu insgesamt *Kuhlen*, Diversion, S. 33 ff.
[318] Vgl. *Kuhlen*, Diversion, S. 33 f., 41.
[319] Vgl. erstmals *Naucke*, Gutachten, D 28 ff.

Vom Wortlaut her ist zwar nicht eindeutig, was die EMRK selbst unter einem ‚gesetzlichen Nachweis der Schuld' versteht. Gerade deswegen soll die Ausfüllung dieses Begriffs weitestgehend innerstaatlichen Regelungen vorbehalten bleiben.[320] Daher gilt dieselbe Beurteilung wie im Falle der verfassungsrechtlichen Unschuldsvermutung. Deshalb muss ein rechtsstaatliches und prozessordnungsgemäßes Verfahren der Schuldfeststellung und Strafbemessung vorausgehen.[321] Schließlich ist nach Auffassung des BVerfG die Unschuldsvermutung Ausfluss des Rechtsstaatsprinzips. Diesem Erfordernis ist nach absolut h.M. jedoch nur dann Genüge getan, wenn ein vollständiges Hauptverfahren bis zum letzten Wort des Angeklagten und bis zur Schuldspruchreife durchgeführt wurde.[322] Das trägt selbstverständlich dem Art. 6 Abs. 2 EMRK ausreichend Rechnung. Es übersteigt sogar dessen Mindestanforderungen, die in einer Grundsicherung gewisser Verfahrensgarantien zu sehen sind.[323] Die genannten Voraussetzungen sind hingegen im Falle der zweitgenannten Ansicht nicht erfüllt. Denn ein reguläres Hauptverfahren bis zur Schuldspruchreife wird hier nicht durchgeführt.

Auch der Gesetzeswortlaut stützt dieses Ergebnis: Von der Strafverfolgung *abzusehen* bedeutet gerade nicht, dass man das betreffende Verfahren zu Ende führt. Vielmehr bricht man es ab. Nichts anderes bedeutet vom begrifflichen Verständnis her auch der Oberbegriff der Verfahrens*einstellung*. Dieser suggeriert gerade kein Zu-Ende-Führen, sondern einen Abbruch. Für diese Auffassung spricht auch die Systematik der StPO: Verfahrensarten sui generis sind in den §§ 407 bis 444 StPO geregelt. Die §§ 153, 153a StPO finden sich dagegen im Buch über das Verfahren im ersten Rechtszug wieder und dort im Zusammenhang mit der Akkusationspflicht. Nur so ist auch die Änderung des Wortlauts in § 153 Abs. 1 S. 1 StPO erklärbar. Dort war früher von ‚Schuld als gering anzusehen ist' die Rede, was eindeutig eine Schuldfeststellung implizierte. Heute steht dort anstatt ‚ist' ein ‚wäre'. Dies macht nur vor dem Hintergrund Sinn, dass die h.M. seither nicht mehr von einer Schuldfeststellung ausgeht.[324] Läge indes infolge der zweiten Ansicht keine Antizipation vor, wäre diese Gesetzesänderung unnötig gewesen.[325]

---

[320] Vgl. *Kühl*, JR 1978, 94 (96).
[321] Vgl. BVerfGE 82, 106 (114 f.).
[322] Vgl. *Kühl*, JR 1978, 94 (96); BVerfGE 82, 106 (115 f.). Auch das beschleunigte Verfahren ist ein solches vollständiges Verfahren. Manche Garantie mag zwar verkürzt sein, im Gegensatz zur bloßen Einstellung besteht sie aber zumindest.
[323] Vgl. *Kühl*, JR 1978, 94 (96).
[324] Vgl. unten bei D.III.1.b.cc.(3.).
[325] Vgl. *Kuhlen*, Diversion, S. 34; ferner BT-Drucks. 7/550, S. 298.

Daher kann nur die Lehre vom vorzeitigen Verfahrensabbruch tragfähig sein. Denn nur sie entspricht dem Gesetz und der Unschuldsvermutung. Damit die Unschuldsvermutung wirklich verletzt ist, muss weiter eine Schuldfeststellung vorliegen.

(2.) Selbständige Schuldfeststellung

Bei der Feststellung der Schuld können zwei Alternativen unterschieden werden: Finden sich in einem Einstellungsbeschluss der Staatsanwaltschaft bzw. des Gerichts explizite Schuldzuweisungen oder -feststellungen, so ist hierin eine selbständige Rechtsverletzung zu sehen.[326] Es genügt sogar, wenn die Schuldzuweisung in den Gründen[327] enthalten ist. Sie muss sich nicht im Tenor wieder finden. Denn ein derartiger staatlicher Spruch zur Schuldfrage ist von einigem Gewicht, auch wenn er dem Betroffenen z.B. in einem späteren Verfahren nicht vorgehalten werden kann.

Diese explizite Schuldzuweisung stellt eine Verletzung der Unschuldsvermutung dar. Dadurch wird dem Betroffenen strafrechtliche Schuld attestiert, obschon das Verfahren eingestellt, dem Tatverdacht also nicht weiter nachgegangen wurde. Auch das gesetzlich vorgeschriebene Verfahren zur Schuldfeststellung wurde nicht durchgeführt. In einem solchen Fall verwundert es nicht weiter, dass dieses Ergebnis praktisch einhellig von Literatur und Rechtsprechung getragen wird.[328]

(3.) Wird eine Schuldfeststellung vorgenommen?

In der zweiten Alternative, der „normalen" Einstellung, wird keine explizite Schuldfeststellung vorgenommen. Vielmehr wird nur die Norm in formal korrekter Weise angewandt. Ob daraus eine (zumindest faktische) Schuldfeststellung abgeleitet werden kann, ist umstritten.[329]

Hinsichtlich des früheren Wortlauts des § 153 StPO („wenn die Schuld gering *ist*"), waren allergrößte Zweifel über die Vereinbarkeit mit der Unschuldsvermu-

---

[326] Vgl. nur BVerfGE 82, 106 (116).

[327] Eine Begründung ist zwar nicht zwingend vorgeschrieben, gerade im Hinblick auf Annexentscheidungen aber auch nicht selten.

[328] Vgl. nur BVerfGE 82, 106 (116); BVerfG, NStZ 1990, 598 (598 ff.); *Meyer*, FS Tröndle, S. 61 (71).

[329] Die folgenden Überlegungen gelten ergänzend auch für den Beschuldigten, der die Tat tatsächlich begangen hat. Zwar wird ihm nichts Falsches unterstellt. Da die Unschuldsvermutung durch die Einstellung nicht formell ordnungsgemäß widerlegt wird, steht jedoch auch er noch unter dem Schutz der Unschuldsvermutung.

tung angebracht. Danach war nämlich die Bewertung der Schuld als gering Voraussetzung für die Einstellung. Der Nachweis der Schuld war also erforderlich. Diesen kann die Staatsanwaltschaft aber nicht verfahrensgemäß erbringen. Auch vom Gericht kann der Nachweis der Schuld vor der ordnungsgemäßen Beendigung des Verfahrens nicht erbracht werden. Von einer Vereinbarkeit mit der Unschuldsvermutung konnte also kaum die Rede sein.[330] Dies kommt auch aus den Begründungen für die Gesetzesänderung zum Ausdruck: Durch den geänderten Wortlaut („wenn die Schuld des Täters als gering anzusehen *wäre*") sei keine Schuldfeststellung mehr vonnöten. Deshalb sei eine Kollision mit der Unschuldsvermutung ausgeschlossen.[331] Dem hat sich auch die h.M. angeschlossen. Die heutige Formulierung sei – auch bei § 153a StPO – unbedenklich, da die Schuldfrage bewusst offen gelassen werde.[332] Durch das Wort „wäre" erübrige sich eine die Unschuldsvermutung widerlegende Schuldfeststellung. Denn es genüge, wenn die Schuld hypothetisch festgestellt werde. „Wäre die Schuld des Beschuldigten nachgewiesen, so müßte sie als eine geringe bewertet werden können. Mit anderen Worten: die etwaige Schuld des Beschuldigten muß in der Prognose jedenfalls gering sein."[333] Daher geht die h.M. davon aus, eine Schuldfeststellung werde nicht getroffen.[334]

---

330 Vgl. *Stuckenberg*, Unschuldsvermutung, S. 118.

331 Vgl. BT-Drucks. 7/550, S. 298. Dem hält *Paulus*, NStZ 1990, 600 (600) entgegen, dass die Wortlautänderung nur den Anwendungsbereich der Vorschrift auf Fälle bloß wahrscheinlichen Verschuldens erweitere.

332 Vgl. *Stuckenberg*, Unschuldsvermutung, S. 119; BVerfGE 82, 106 (118). Dieses bewusste Offenlassen kann unabhängig vom Ergebnis bei der Unschuldsvermutung einen Eingriff in weitere Rechte darstellen, vgl. D.III.1.c. bis h.

333 *Kühl*, Unschuldsvermutung, S. 109, wobei für den Angeschuldigten bzw. Angeklagten in entsprechender Anwendung nichts anderes gilt; vgl. auch *Meyer-Goßner*, § 153 Rn. 3.

334 Teilweise wird bei § 153a StPO auch argumentiert, ein Verstoß gegen die Unschuldsvermutung liege nicht vor, da der Beschuldigte die Schuldfeststellung legitimiert habe, vgl. schon D.III.1.b.bb. und D.III.2.b. Die Zustimmung des Beschuldigten sei nämlich so zu verstehen, dass dieser sich mit der Feststellung der Schuld außerhalb des Hauptverfahrens in einem abgekürzten Verfahren einverstanden erklärt. So *Miehe*, ZStW 104 (1992), S. 132 (136). Dieses abgekürzte Verfahren soll die Einstellung gemäß § 153a StPO sein. Zur Begründung wird auf die Parallelen zum Strafbefehlsverfahren verwiesen, die in der ebenfalls freiwilligen Unterwerfung unter eine Sanktion gesehen werden. Vgl. *Hellmann*, MDR 1989, 952 (955). Dem kann indes nicht gefolgt werden. Das Strafbefehlsverfahren ist – trotz oberflächlicher Parallelen zur Einstellung gemäß § 153a StPO – ein gerichtliches Verfahren, das geeignet ist, die Unschuldsvermutung zu widerlegen. Vgl. *Frister*, Schuldprinzip, S. 96; *Stuckenberg*, Unschuldsvermutung, S. 120, Fn. 601; a.A. *Kondziela*, MschrKrim 1989, (177) 188. Die Einstellung gemäß § 153a StPO kann dies hingegen nicht leisten, da sie weder ein gerichtliches Verfahren darstellt, noch mit ausreichenden Verfahrensgarantien ausgestattet ist.

Etwas anderes könnte sich nur daraus ergeben, dass der Tatverdacht weiter fortbesteht. Ansonsten wäre eine Einstellung gemäß § 170 Abs. 2 StPO[335] bzw. die Ablehnung der Eröffnung des Hauptverfahrens oder ein Freispruch vorrangig. Grundlage der hypothetischen Schuldfeststellung ist folglich ein weiter bestehender Tatverdacht.[336] Es muss eine gewisse Wahrscheinlichkeit für die Schuld des Beschuldigten sprechen, „jedenfalls die Unwahrscheinlichkeit eines Freispruchs“[337] gegeben sein.[338] Durch die erforderliche Wahrscheinlichkeit der bestehenden Schuld bzw. der Unwahrscheinlichkeit eines Freispruchs, wird argumentiert, werde eine Wertung zugunsten der existierenden Schuld getroffen. Denn qualitativ bestehe kein Unterschied oder zumindest nur eine hauchdünne Differenz zwischen der definitiv festgestellten Schuld und der definitiv festgestellten wahrscheinlichen Schuld.[339] Von einer effektiven Geltung der Unschuldsvermutung könne daher keine Rede mehr sein. Es liege vielmehr eine (zumindest faktische) Verletzung der Unschuldsvermutung vor. Ein objektiver Laienbetrachter werde den Eindruck haben, es werde Schuld festgestellt.[340] Denn einem solchen sei die Nuancierung „wahrscheinliche Schuld“ – „Schuld“ regelmäßig nicht geläufig und mache für ihn auch keinen Unterschied.[341] Eine solche „Zweideutigkeit neben der verfassungsrechtlich gewährleisteten Alternative „unschuldig oder schuldig“‘“[342] verbiete sich indes durch die Unschuldsvermutung, zumal im Falle des § 153a StPO die Zustimmung sogar als eine Art Geständnis gewertet werden könne.[343]

Folgte man dieser Argumentationslinie, käme man zwangsläufig zu dem Ergebnis, dass die §§ 153 ff. StPO verfassungswidrig[344] sind. Denn eine Schuldfest-

---

[335] Vgl. dazu BVerfG, NJW 1997, 46 (46).
[336] Vgl. BVerfGE 82, 106 (118).
[337] *Meyer-Goßner*, § 153 Rn. 3. Vgl. auch SK-*Weßlau*, § 153 Rn. 15.
[338] *Dencker*, JZ 1973, 144 (150) zum identischen Problem bei § 153a StPO.
[339] Vgl. *Mahrenholz* (abweichendes Votum), BVerfGE 82, 106 (122); zum sozialen Unwerturteil auch D.III.1.a.
[340] Vgl. *Pflüger*, GA 1992, 20 (33).
[341] Der EGMR hat sich noch nicht mit § 153 StPO in Bezug auf Art. 6 Abs. 2 EMRK befasst; gleichwohl hält er die vergleichbare österreichische Vorschrift, den § 42 ÖStGB (der allerdings eine materiell-rechtliche Entkriminalisierung beinhaltet), wohl für EMRK-konform (wenn er auch keine Gelegenheit auslässt, zu betonen, er prüfe die Vorschrift nicht in abstracto, sondern nur ihre Anwendung in concreto); vgl. EGMR, EuGRZ 1982, 297 (302). Man beachte aber das abweichende Votum der Richter Cremona, Liesch und Pettiti.
[342] *Mahrenholz*, BVerfGE 82, 106 (124) (abweichendes Votum).
[343] Im Ergebnis zustimmend *Paulus*, NStZ 1990, 600 (600) (der dann aber auf pragmatische Rechtfertigungsversuche verfällt).
[344] Trotz Prüfung des Art. 6 Abs. 2 EMRK gelangt man zu diesem Ergebnis. Die Unschuldsvermutung fußt nämlich innerstaatlich auf Art. 20 III GG.

stellung ohne prozessordnungsgemäßes Verfahren ist unzulässig. Allerdings kann dieser Ansicht nicht gefolgt werden. Zwar lassen sich die Argumente so durchaus hören, es wird aber ein wesentlicher Punkt übersehen: Durch die Einstellungsverfügung wird keine Schuld festgestellt. Es wird nur der bestehende Tatverdacht bewertet und an diese Bewertung wird eine Einstellungsform geknüpft.

Es ist unstrittig, dass die Unschuldsvermutung den Beschuldigten vor Nachteilen schützt, die einem Schuldspruch oder einer Strafe gleichkommen, ohne dass diesen ein prozessordnungsgemäßes Verfahren zur Schuldfeststellung vorausgegangen ist. Hingegen verwehrt die Unschuldsvermutung den Strafverfolgungsorganen nicht die Möglichkeit, schon vor der ordnungsgemäßen Schuldfeststellung den Grad des Tatverdachts verfahrensbezogen festzustellen und zu beurteilen.[345] Die Strafprozessordnung kennt viele, teilweise tief in Grundrechte eingreifende Maßnahmen, die einen bestimmten Tatverdachtsgrad voraussetzen; hierzu zählen etwa die Überwachung des Fernmeldeverkehrs nach § 100a StPO, die Durchsuchung nach § 102 StPO, der vorläufige Entzug der Fahrerlaubnis nach § 111a StPO, die Untersuchungshaft nach § 112 StPO oder die vorläufige Festnahme nach § 127 Abs. 2 StPO. Derartige verfahrensbezogene Bewertungen von Verdachtslagen sind für ein an rechtsstaatlichen Grundsätzen orientiertes Strafverfahren unerlässlich und verstoßen nicht gegen die Unschuldsvermutung.[346] Sogar das Grundgesetz und die Europäische Konvention zum Schutz der Menschenrechte und Grundfreiheiten sehen in Art. 104 Abs. 3 GG bzw. Art. 5 Abs. 1 lit. c EMRK ebenfalls die Feststellung des Tatverdachts als Voraussetzung für Entscheidungen im Strafverfahren vor.

Angewandt auf die Einstellungsverfügung ergibt sich daraus: Eine prozessordnungsgemäße Schuldfeststellung wird durch die Einstellungsverfügung nicht erbracht. § 153 StPO verlangt vielmehr nur eine hypothetische Schuldbeurteilung: Die Staatsanwaltschaft hat den, sich im jeweiligen Verfahrensstadium abzeichnenden Sachverhalt daraufhin zu prüfen, ob die Schuld des Beschuldigten gering wäre, wenn die Feststellungen der Hauptverhandlung diesem Bild entsprächen. Sie „darf die strafrechtliche Relevanz nicht nach Tatbestandsmäßigkeit, Rechtswidrigkeit und Schuld feststellen; [sie] darf sie lediglich unterstellen."[347] Das hypothetische Urteil, dass die Schuld als gering zu bewerten wäre setzt voraus, dass ein Tatverdacht nicht ausgeräumt wurde. Denn dann dürfte

[345] Vgl. BVerfGE 74, 358 (371 f.).
[346] Vgl. BVerfGE 19, 342 (347 f.); BVerfGE 82, 106 (115).
[347] BVerfGE 82, 106 (116). Ferner BVerfGE 74, 358 (373).

das Verfahren nur nach § 170 Abs. 2 StPO eingestellt werden. Folglich kann nur ein fortbestehender Tatverdacht die verfahrensrechtliche Grundlage für die gesetzlich geforderte hypothetische Schuldbeurteilung bilden. Ohne diese Feststellung könnte nicht beantwortet werden, ob die Schuld als gering anzusehen wäre, falls sich der Verdacht bei weiterer Verfahrensdurchführung bestätigen sollte. Daraus kann indes nur gefolgert werden, dass die Einstellungsverfügung die Schuldfrage offen lässt. Der Beschuldigte wird weder schuldig gesprochen noch rehabilitiert.[348]

Folglich wird die Unschuldsvermutung durch die Einstellungsverfügung nicht verletzt, weil keine Schuldfeststellung erfolgt.[349]

c. Gleichheitsgrundsatz

Als weiteres verletztes Recht kommt das Gleichheitsrecht aus Art. 3 Abs. 1 GG in Frage, wenn der unschuldige Beschuldigte durch die Einstellung nach §§ 153, 153a StPO gegenüber einem anderen Unschuldigen ungleich behandelt wird. Dass auch das Gleichheitsgebot des Art. 3 Abs. 1 GG in seiner Eigenschaft als Grundrecht ein subjektives Recht des Einzelnen darstellt, ist unbestritten.[350] Fraglich ist dessen Anwendbarkeit auf die hier zu behandelnden Fallkonstellationen.[351]

Dafür muss zunächst eine Ungleichbehandlung vorliegen. Man könnte argumentieren, die erfolgte Einstellung gemäß § 153 StPO sei der vom Beschuldigten gewollten nach § 170 Abs. 2 StPO gar nicht so verschieden. Denn in beiden Fällen erfolgten keine Konsequenzen. Dass dem nicht so ist, wurde bereits angedeutet und wird noch ausführlich zu belegen sein.[352] Der Unterschied zwischen

---

[348] Aus der Zustimmung kann folglich auch kein Eingeständnis strafrechtlicher Schuld abgeleitet werden. Vgl. BVerfGE 82, 106 (118).

[349] Vgl. *Stuckenberg*, Unschuldsvermutung, S. 119; *Kühl*, Unschuldsvermutung, S. 109; BVerfGE 82, 106 (118); BT-Drucks. 7/550, S. 298; BGH, NJW 1975, 1829 (1831); *Kühl*, JR 1978, 94 (97); *Kunz*, Bagatellprinzip, S. 71; *Kuhlen*, Diversion, S. 43.

[350] Vgl. *Jarass/Pieroth*, Art. 3 Rn. 1.

[351] Die hier relevante Konstellation darf nicht mit der verwechselt werden, in der oftmals die Geltung des Willkürverbots für den Beschuldigten bejaht wird. Regelmäßig ist damit die gegenläufige Variante gemeint, in der der Beschuldigte die Einstellung begehrt. Vgl. *Strubel/Sprenger*, NJW 1972, 1734 (1737), aber auch *Heinrich*, NStZ 1996, 110 (112). Zum geäußerten Vorwurf hinsichtlich § 153a StPO, der vermögende Beschuldigte könne sich freikaufen vgl. SK-*Weßlau*, § 153a Rn. 16; *Schmidhäuser*, JZ 1973, 529 (535), der ferner auf die diesbezüglichen Probleme hinsichtlich des Sozialstaatsprinzips hinweist. Allerdings handelt es sich auch hierbei um die gewollte Begünstigung des Beschuldigten durch die Einstellung.

[352] Vgl. D.III.1.a.

beiden Einstellungsarten ist augenscheinlich: Im einen Fall wird (zumindest) die mangelnde Beweisbarkeit des Tatvorwurfs konstatiert, während im anderen Fall die abschließende Klärung des Tatverdachts bewusst offen gelassen wird. Zusätzlich erfolgt zwar in beiden Fällen keine Sanktionierung, es tritt aber im Fall der Einstellung nach § 153 StPO auch kein Strafklageverbrauch ein. Der Tatvorwurf kann folglich in einem späteren Verfahren wieder aufleben.[353]

Eigentlich ist die Staatsanwaltschaft angesichts des Anwendungsvorrangs des § 170 Abs. 2 StPO verpflichtet, das Verfahren nach dieser Norm einzustellen, wenn der Beschuldigte unschuldig ist. Stellt die Staatsanwaltschaft hingegen das Verfahren nach § 153 StPO ein (z.B., weil die Ermittlungen die entlastenden Umstände nicht erkennen lassen), so ist der unschuldige Beschuldigte gegenüber anderen Unschuldigen ungleich behandelt. Denn der gegen ihn bestehende Tatverdacht wird, anstatt ihn auszuräumen, unerledigt gelassen. Insbesondere bei der Behandlung von Fällen durch unterschiedliche Staatsanwaltschaften ergeben sich hier grundsätzlich natürlich Spielräume dadurch, dass beide Fälle vergleichbar sein müssen.[354] Ein solcher Spielraum scheidet hier jedoch aus: Ob ein Beschuldigter unschuldig ist oder nicht, ist keine Wertungsfrage. Diese Frage kann vielmehr eindeutig entschieden werden. Demzufolge ist jeder unschuldige Beschuldigte, dessen Verfahren nicht nach § 170 Abs. 2 StPO beendet wird, in seinem Recht auf Gleichbehandlung verletzt.[355] Im Fall des § 153a Abs. 1 StPO tritt diese Ungleichbehandlung aufgrund der Auflage noch deutlicher hervor.[356]

Das Problem der Ungleichbehandlung tritt verschärft im Bereich gerichtlicher Einstellungen auf: Grundsätzlich kann hier für Art. 3 GG nichts anderes gelten als für die Staatsanwaltschaft. Allerdings steht der Rechtsprechung ein weiterer Entscheidungsspielraum zu. Danach soll nicht schon bei unzutreffender Rechtsanwendung der Gleichheitssatz verletzt sein. Auch „wenn eine andere Auslegung möglicherweise dem Gleichheitssatz besser entspräche“[357], soll keine zwingende Verletzung gegeben sein. Art. 3 GG sei vielmehr erst dann verletzt, wenn „die Rechtsanwendung oder das Verfahren unter keinem denkbaren Aspekt mehr vertretbar sind und sich daher der Schluß aufdrängt, daß sie auf sach-

---

353 Vgl. *Meyer-Goßner*, § 153 Rn. 37 f.

354 Vgl. *Havekost*, DAR 1977, 289 (289 ff.).

355 Vgl. *Heinrich*, NStZ 1996, 110 (112), der allerdings eine bloße Willkürkontrolle postuliert; *Bottke*, StV 1986, 120 (121); *Strubel/Sprenger*, NJW 1972, 1734 (1737). Zu einer etwaigen Rechtfertigung vgl. D.VI.3.

356 Siehe zur Zustimmung D.III.2.b.

357 BVerfGE 22, 322 (329); BVerfGE 62, 338 (343).

fremden und damit willkürlichen Erwägungen beruhen"[358]. So soll verhindert werden, dass die richterliche Rechtsentwicklung und Rechtsfortbildung behindert wird.[359] Als Anwendungsbereich des Art. 3 Abs. 1 GG bleiben somit nur krasse Fehlentscheidungen übrig.

Demzufolge stellt die zwar fehlerhafte, aber nicht willkürliche Einstellung des Verfahrens gemäß §§ 153, 153a StPO durch das Gericht keine Verletzung des Gleichheitssatzes dar. Denn auch sonst stellt eine nicht-willkürliche Fehlentscheidung eines Strafgerichts keine Verletzung des Art. 3 Abs. 1 GG dar.[360] Weiß allerdings das Gericht um die Unschuld des Beschuldigten und wählt trotzdem den Weg der §§ 153, 153a StPO, so ist die Schwelle zur Willkür überschritten. Dann ist die Entscheidung unter keinem rechtlichen Aspekt mehr vertretbar und beruht auf sachfremden Erwägungen. Nur dann ist der unschuldige Beschuldigte in seinem Recht aus Art. 3 GG durch das Gericht verletzt. In der Praxis dürfte diese Fallkonstellation jedoch nahezu ausgeschlossen sein.

d. Einfachgesetzlicher Drittschutz aus §§ 153, 153a StPO

Die §§ 153 ff. StPO könnten für den Beschuldigten dergestalt drittschützend sein, dass aus ihnen ein Recht abgeleitet werden kann, demzufolge eine Einstellung gemäß §§ 153 ff. StPO nicht gegenüber einem Unschuldigen erfolgen darf. Ein solches Recht könnte sich vor allem aus dem bereits geschilderten Zusammenspiel von §§ 153 ff. und 170 Abs. 2 StPO ergeben. Danach besteht ein Anwendungsvorrang des § 170 Abs. 2 StPO.[361]

Die Frage nach dem einfachgesetzlichen Drittschutz der §§ 153, 153a StPO für den unschuldigen Beschuldigten stellt sich in Wahrheit jedoch gar nicht. Denn Zweck der §§ 153, 153a StPO ist die Möglichkeit der frühzeitigen, die Justiz entlastenden Einstellung wegen Geringfügigkeit, nicht die Einstellung trotz bestehender Unschuld. Die Vorschriften können gar nicht den Schutz des unschuldigen Beschuldigten zum Gegenstand haben. Von ihrer Anwendbarkeit in diesem Fall geht das Gesetz nämlich gar nicht aus. Gleiches gilt für die Einstellung durch das Gericht: Hier ist nach der Gesetzesstruktur entweder die Ablehnung der Eröffnung des Hauptverfahrens gemäß § 204 Abs. 1 StPO oder der Freispruch gemäß § 267 Abs. 5 StPO vorrangig. Dies lässt sich ferner mit dem Aus-

---

[358] BVerfGE 86, 59 (63).
[359] Vgl. *Pieroth/Schlink*, Grundrechte, Rn. 498.
[360] Vgl. *Jarass/Pieroth*, Art. 3 Rn. 38.
[361] Vgl. D.III.1.a.

schluss von Rechtsmitteln belegen: §§ 153 Abs. 2 S. 4 und 153a Abs. 2 S. 4 StPO normieren einen Beschwerdeausschluss für den Beschuldigten. Auch das Klageerzwingungsverfahren ist gemäß § 172 Abs. 2 S. 3 StPO gegen diese Einstellungsverfügungen nicht statthaft. Daraus wird ersichtlich, dass der Gesetzgeber weitgehend die Rechtsmittel gegen Einstellungsverfügungen ausgeschlossen hat. Werden Rechtsmittel hinsichtlich §§ 153, 153a StPO ausgeschlossen, können sie jedoch kaum ein subjektives Recht auf Rechtsschutz enthalten. Dies widerspräche der Intention des Rechtsmittelausschlusses.[362]

Die Einstellung nach §§ 153, 153a StPO gegenüber einem Unschuldigen ist also hinsichtlich der wirklichen Umstände fehlerhaft, aber isoliert betrachtet nicht subjektiv rechtsverletzend. Ein solches subjektives Recht kann sich indes aus Grundrechten und grundrechtsgleichen Rechten ergeben.

e. Berufsfreiheit

aa. Arbeitnehmer

Hier kommt zunächst eine Verletzung von Art. 12 Abs. 1 GG in Betracht. Das Grundrecht der Berufsfreiheit aus Art. 12 Abs. 1 GG ist immer dann tangiert, wenn durch die fehlerhafte Verfahrenseinstellung das berufliche Fortkommen des Beschuldigten in irgendeiner Weise behindert wird. Man denke in diesem Zusammenhang z.B. an die Konstellation, in der die Verkäuferin des Diebstahls bezichtigt wird und der Verdacht sich durch die Einstellung für den Chef erhärtet oder zumindest nicht beseitigt wird. Als Beispiel dienen kann weiter jeder Fall, in dem ein beschäftigungsrelevanter Verdacht durch die *fehlerhafte* Einstellung bestätigt – anstatt beseitigt – wird. Allerdings muss dadurch das Grundrecht der Berufsfreiheit auch wirklich betroffen sein:

Durch die Einstellung gemäß § 153 bzw. § 153a[363] StPO liegt ein herkömmlicher Eingriff in den Schutzbereich des Art. 12 Abs. 1 GG vor.[364] Sachlich ist jede Tätigkeit geschützt, die dem Beschuldigten zur Schaffung und bzw. oder Erhaltung einer Lebensgrundlage dient.[365] Auch der Eingriff, also die Verkürzung des Schutzbereichs von staatlicher Seite, liegt vor. Denn durch die Einstel-

[362] Ob das gleichwohl mit Art. 19 Abs. 4 GG vereinbar ist, wir nun zu prüfen sein.
[363] Zum Problem der Zustimmung des Beschuldigten siehe D.III.2.b.
[364] An dieser Stelle soll eine genaue Prüfung erfolgen. Im konkreten Einzelfall genügt hingegen die Geltendmachung einer Rechtsverletzung für Art. 19 Abs. 4 GG. Das heißt sie muss nur schlüssig und plausibel vorgetragen werden. Da Art. 12 Abs. 1 GG nur für Deutsche gilt, muss der Beschuldigte Deutscher i.S.d. Grundgesetzes sein, vgl. Art. 116 GG.
[365] Vgl. *Jarass/Pieroth*, Art. 12 Rn. 4 ff.; *Pieroth/Schlink*, Grundrechte, Rn. 809 ff.

lung des Verfahrens wird dem Beschuldigten die explizite Feststellung seiner Unschuld verweigert. Vielmehr haftet ihm dauerhaft der Verdacht der Beteiligung an einer strafbaren Handlung an.

Dies kann für den Betroffenen im schlimmsten Fall den Verlust seines Arbeitsplatzes zur Folge haben. Es kann auch ‚nur' dessen berufliches Fortkommen behindert sein: Der Chef eines Mitarbeiters, der eines Delikts bezichtigt wird, wird sich durch die Einstellung des Verfahrens jedenfalls in seinem Verdacht bestätigt sehen. Künftig wird er seinen Mitarbeiter besonders überwachen und vor allem keinesfalls mehr (be)fördern. Ganz allgemein wird derjenige, über dem der Makel der (geringen) Schuld schwebt, Schwierigkeiten haben, das Vertrauen seiner Vorgesetzten zu erhalten und auszubauen. Ähnliches wird dem widerfahren, der sich um eine Stelle bewirbt. Wird er im Vorstellungsgespräch nach laufenden Strafverfahren gegen ihn gefragt, hat er nur dann eine reelle Aussicht auf die Stelle, wenn er (baldmöglichst) in einer den Verdacht ausräumenden Weise rehabilitiert wird – wozu §§ 153, 153a StPO nicht geeignet sind.[366]

Jedoch sind all diese Eingriffe nur mittelbar durch die Staatsanwaltschaft bzw. das Gericht verursacht: Sie setzen zwar den Ausgangspunkt, die beruflichen Probleme gehen aber vom (potentiellen) Arbeitgeber des Betroffenen aus. Daher muss im Rahmen des Eingriffs zusätzlich eine objektiv oder subjektiv berufsregelnde Tendenz vorliegen. Dadurch soll verhindert werden, dass der Schutzbereich des Grundrechts zu weit ausufert.[367] Fraglich ist, ob die §§ 153, 153a StPO diese berufsregelnde Tendenz aufweisen.

Das ist zu verneinen: Zwar ist bei der Einstellung eine faktische Betroffenheit des Beschuldigten gegeben. Dies aber durch eine Norm, die – im Gegensatz z.B. zu Arbeits-, Umwelt- oder Gesundheitsschutzregelungen[368] – keinerlei berufsspezifischen Charakter hat. Arbeits-, Umwelt- und Gesundheitsschutzregelungen haben zwar auch andere Ziele, stellen zu deren Erreichung aber bewusst Regelungen im beruflichen Bereich auf. Im Gegensatz dazu tangieren die §§ 153, 153a StPO die Berufsfreiheit in derselben Weise, wie das Paradebeispiel für die

[366] Ist das Verfahren nach §§ 153, 153a StPO abgeschlossen, so wird der Beschuldigte Probleme haben, den Arbeitgeber von seiner Unschuld zu überzeugen. Vorausgesetzt, der Arbeitgeber darf aufgrund der Beschaffenheit der Stelle nach Strafverfahren fragen, die nicht im Führungszeugnis vermerkt sind. Allgemein zu sozialen und wirtschaftlichen Problemen *Haberstroh*, NStZ 1984, 289 (291).
[367] Ob dies eine Frage des Schutzbereichs oder des Eingriffs ist, ist umstritten, führt letztlich aber nicht zu unterschiedlichen Ergebnissen; vgl. *Pieroth/Schlink*, Grundrechte, Rn. 823 f.
[368] So Hdb. StaatsR, *Breuer*, § 148 Rn. 32.

fehlende berufsregelnde Tendenz, die Straßensperrung auf dem Arbeitsweg. Bei der Einstellung handelt es sich um mittelbar geartete, entfernte Folgen für die berufliche Tätigkeit. In keiner Weise soll durch die Einstellungsnormen oder die Einstellung selbst zielgerichtet auf die Berufsfreiheit eingewirkt werden. Es fehlt folglich in subjektiver Weise an der nötigen Finalität.[369]

Im Einzelfall kann hingegen eine *objektiv*[370] berufsregelnde Tendenz vorliegen: Und zwar dann, wenn bei der konkreten Einstellung die mittelbaren oder tatsächlichen Auswirkungen den Schutzbereich beeinträchtigen und von einigem Gewicht sind.[371] Nur irgendwie geartete, entfernte Folgen ohne gravierenden Bezug zur Berufsausübung bzw. Berufswahl sind nicht von einigem Gewicht. Weiß das einstellende Organ allerdings z.B. um den Verdacht des Arbeitgebers, so wirkt sich die Einstellung in mittelbarer Weise so massiv auf die berufliche Tätigkeit aus, dass von einer fehlenden berufsregelnden Tendenz keine Rede mehr sein kann. Gleiches gilt, wenn die Folgen der Einstellung so gravierend sind, dass der Betroffene z.B. Risiko läuft, seinen Arbeitsplatz zu verlieren.[372] Zu bejahen wäre dies z.B. bei einer Einstellung in einem Verfahren wegen Diebstahlverdachts gegenüber dem Angestellten einer Sicherheitsfirma. Abschließende, generell gültige Aussagen hierzu sind jedoch nicht möglich. Es ist stets auf den Einzelfall abzustellen.

Folglich ist die Berufsfreiheit hier – je nach Tatbestand – betroffen oder nicht. Die Möglichkeit einer Verletzung des Arbeitnehmers kann jedenfalls bestehen. Art. 12 GG schützt neben dem Arbeitnehmer aber auch den Unternehmer. Ob auch der Unternehmer betroffen ist, soll im Weiteren untersucht werden.

bb. Unternehmer

Die fehlerhafte Einstellung nach § 153 und § 153a StPO kann den zu Unrecht beschuldigten Unternehmer in seiner Berufsfreiheit verletzen. Der Unternehmer übt einen Beruf aus und fällt so in den Schutzbereich des Grundrechts. Festzuhalten bleibt indes, dass Art. 12 Abs. 1 GG nicht die Wettbewerbsposition als

---

[369] Vgl. zur Finalität *Faber*, Ehre, S. 90 ff. (dort am Beispiel staatlicher Warnungen). Aus der Speicherung der Daten im SISY ergibt sich nichts anderes: dadurch sollen Tat- und Täterverbindungen erkennbar werden, aber nicht zielgerichtet die Berufsausübung erschwert werden.

[370] Also nicht im Sinne zielgerichteten Wollens, sondern tatsächlicher Art.

[371] Vgl. BVerfGE 13, 181 (185 f.); BVerfGE 81, 108 (121 f.); ferner *Jarass/Pieroth*, Art. 12 Rn. 12; BVerfGE 47, 1 (21) würde unter Umständen zu einer anderen Einschätzung führen.

[372] Vgl. *Pieroth/Schlink*, Grundrechte, Rn. 823.

solche schützt.[373] In erster Linie ist hier zu untersuchen, ob trotz des nur mittelbaren Eingriffs eine berufsregelnde Tendenz gegeben sein kann.

Beim Eingriff ist zu differenzieren: Die Einstellung kann sich auf eine Straftat beziehen, die in Relation zum vertriebenen Produkt steht. Dem Unternehmen muss also z.B. zum Vorwurf gemacht werden, das Produkt enthalte gesundheitsschädliche Stoffe, so dass die Staatsanwaltschaft wegen fahrlässiger Körperverletzung ermittelt. Dann kann das Ermittlungsverfahren einer Warnung[374] gleichkommen, die aus Gründen des Verbraucherschutzes gerechtfertigt ist.[375] Ein Eingriff kommt hier dann in Betracht, wenn die Staatsanwaltschaft den Weg des § 153 bzw. § 153a StPO wählt, z.B. weil sich der Verdacht nicht bestätigt hat, sie aber irrtümlich von der Schuld überzeugt ist. Denn dann raubt sie dem unschuldigen Unternehmer die Möglichkeit, das Vertrauen der Verbraucher zurück zu gewinnen. Sie lässt nämlich durch die Einstellung den Verdacht unerledigt. Folglich liegt im Offenlassen des Tatverdachts nach einer Warnung ein Eingriff in die grundrechtlich geschützte unternehmerische Freiheit des Beschuldigten vor.

Hier ist auch die berufsregelnde Tendenz zu bejahen. Denn wenn die Staatsanwaltschaft während des Ermittlungsverfahrens die Öffentlichkeit über das Strafverfahren informiert hat, so kann diese Warnung aus Gründen des Verbraucherschutzes durchaus gerechtfertigt sein.[376] Im Gegenzug muss die Staatsanwaltschaft dann aber verpflichtet sein, den Verdacht auszuräumen, wenn sich dieser als unhaltbar erweist. Durch die Information der Öffentlichkeit über das Strafverfahren wird hier zielgerichtet in die Berufsausübung eingegriffen. Wenn sich dieser gerechtfertigte Eingriff später als fehlerhaft herausstellt, so entsteht dadurch eine Berufsbezogenheit des Eingriffs. Und diese Berufsbezogenheit rechtfertigt die Bejahung der objektiv berufsregelnden Tendenz im Falle einer Einstellung nach §§ 153, 153a StPO. Hinzu kommt, dass der Eingriff von allerhöchstem Gewicht ist.[377] Folglich verletzt in einem solchen Fall die Einstellungsverfügung das Grundrecht des Beschuldigten aus Art. 12 Abs. 1 GG.

---

[373] Vgl. BVerfG, NJW 2002, 2621 (2622).

[374] Der Begriff Warnung ist hier untechnisch zu verstehen. Auch wenn die Staatsanwaltschaft keine Kompetenz für eine Warnung hat, so kann eine schlichte Information der Öffentlichkeit denselben Effekt haben.

[375] Vgl. BVerfG, NJW 2002, 2621 (2624). Diese ist nur dann nicht gerechtfertigt, wenn es sich nicht um inhaltlich zutreffende, sachlich formulierte und zurückhaltend vorgebrachte Informationen handelt.

[376] Vgl. dazu insgesamt BVerfG, NJW 2002, 2621.

[377] Vgl. *Jarass/Pieroth*, Art. 12 Rn. 12.

Neben Einstellungen nach „Warnungen“ kann dem Unternehmer seine zukünftige Berufsausübung auch allgemein erschwert werden. Der im Raum stehende Verdacht kann es ihm unmöglich machen, neue Kunden zu akquirieren. Hier sind Schutzbereich und Eingriff wieder gegeben. Fraglich ist auch hier die berufsregelnde Tendenz: Sind die tatsächlichen mittelbaren Auswirkungen von solchem Gewicht, dass sie als objektiv berufsregelnd bezeichnet werden können?[378]

Hier kommt es erneut auf den Einzelfall an. Denn das Kriterium ‚von einigem Gewicht' kann nicht abstrakt beurteilt werden. Wenn der Unternehmer einem Beruf nachgeht, bei dem es auf das Vertrauen der Kunden ankommt, werden die Auswirkungen sehr gravierend sein. Vor allem, wenn die angeblich begangene Straftat in Relation zu dieser Tätigkeit steht, werden die Erwerbsaussichten mit hoher Wahrscheinlichkeit gegen Null tendieren. Zu denken ist beispielsweise an einen Steuerberater, dem Steuerstraftatbestände zur Last gelegt werden oder einen Rechtsanwalt, der im Verdacht steht, sich gemäß § 266 StGB strafbar gemacht zu haben. Hier sind die mittelbaren Auswirkungen der Einstellung von solchem Gewicht, dass Art. 12 Abs. 1 GG betroffen wäre. Denn die Einstellung enttäuscht das Vertrauen der Kunden in den beschuldigten Unternehmer, indem sie den Verdacht gegenüber ihm nicht beseitigt, sondern bestehen lässt.[379] Abhängig vom konkreten Einzelfall und der Schwere der Beeinträchtigung kann demzufolge durch die staatsanwaltschaftliche Einstellung die Berufsfreiheit des Beschuldigten verletzt sein. Auf alle Fälle besteht die Möglichkeit einer solchen Verletzung.

Stellt nicht die Staatsanwaltschaft, sondern das Gericht das Verfahren ein, so gilt das soeben Geschilderte in entsprechender Weise.[380]

f. Eigentum

aa. Recht am Unternehmen

Der Unternehmer kann gegenüber der Einstellung ferner im Rahmen des Art. 14 Abs. 1 S. 1 GG in Gestalt des Rechts am eingerichteten und ausgeübten Gewer-

---

[378] Vgl. dazu *Pieroth/Schlink*, Grundrechte, Rn. 823; kritisch Hdb. StaatsR, *Breuer*, § 148.

[379] Vgl. dazu schon D.III.1.a.

[380] Da Art. 12 GG nur für Deutsche gilt, gelten diese Ausführungen nur für Deutsche i.S.d. Art. 116 GG. Für Ausländer wäre ein entsprechendes Ergebnis jedoch über Art. 2 Abs. 1 GG gewährleistet.

bebetrieb, neuerdings auch moderner bezeichnet als Recht am Unternehmen[381], Schutz genießen. Dieses Recht kann in Konkurrenz zu Art. 12 GG treten.[382]

Dass das Recht am eingerichteten und ausgeübten Gewerbebetrieb eine Position des Schutzbereichs des Art. 14 GG darstellt[383], kann mittlerweile als h.M. gelten[384], auch wenn das BVerfG diese Frage bisher stets offen gelassen hat.[385] Die Anerkennung dieses Rechts ergibt sich schon aus der Notwendigkeit, sich wirtschaftlicher Gegebenheiten auch im Kontext juristischer Arbeit nicht zu verschließen. Denn es leuchtet ein, dass der Gewerbebetrieb als Gesamtheit für den Inhaber eine erhebliche Eigentumsposition darstellt. Diese kann ungleich wertvoller sein als die zugrunde liegenden Güter. Das BVerfG betont allerdings, dass der Schutz des Rechts am Unternehmen nicht weiter gehen dürfe als der Schutz, den die wirtschaftlichen Grundlagen des Gewerbebetriebs genießen. Nicht ausreichend wäre es aber, daher immer nur auf die spezifischen Eigentumsgegenstände (wie z.B. Computer, LKW oder Firmengebäude) abzustellen. Denn dann müssen unbewältigte Fallgruppen bleiben, die aus dem Charakter des Unternehmens als „lebender Einheit“[386] resultieren. Der Betrieb erschöpft sich schließlich nicht in der bloßen Zusammenfassung von Sachen und Rechten, die separat vor Eingriffen geschützt sind.[387] „Der „Wert des Betriebes“ besteht regelmäßig vielmehr in der Zusammenfassung der Mittel und einer bestimmten Form ihres Einsatzes. Keinesfalls erschöpft sich der Wert im einzelnen Grundstück oder Patent.

Der Betrieb als solcher ist entstanden aus der Leistung des Betriebsinhabers. Dieser vertraut auf seinen Bestand und sichert mit ihm seine eigene Existenz. Was aber durch eigene Leistung oder eigenen Kapitalaufwand geschaffen wird, soll nach dem Telos des Art. 14 GG auch als vermögenswerte Rechtsposition

---

[381] Vgl. *Engel*, AöR 1993, 169 (169 ff.).

[382] Also Eigentumspositionen des Unternehmers; Für den Arbeitnehmer wird stets die Erwerbsaussicht aus Art. 12 GG betroffen sein. Vgl. D.III.1.e.aa. Nicht in Betracht kommt die zu leistende Geldauflage bei § 153a StPO, da das Vermögen als solches nach herrschender Auffassung keinen Schutz genießt.

[383] Dass das Recht am Unternehmen trotz des normgeprägten Schutzbereichs des Art. 14 GG (Abs. 1 S. 2) einfachgesetzlich nicht existiert, ändert hieran nichts, da Art. 14 GG weitergehende Verbürgungen enthält, was auch an der anscheinend für nötig befundenen richterrechtlichen Fortentwicklung des Rechts am eingerichteten und ausgeübten Gewerbebetrieb i.R.d. § 823 Abs. 1 BGB zum Ausdruck kommt

[384] Vgl. BGHZ 23, 157 (162); BVerwGE 62, 224 (226); *Manssen*, Grundrechte, Rn. 655.

[385] Vgl. BVerfGE 66, 116 (145); BVerfGE 68, 193 (222 f.).

[386] *Engel*, AöR 1993, 169 (188 f.).

[387] Vgl. Hdb. StaatsR, *Leisner*, § 149 Rn. 109.

geschützt sein. Art. 14 GG will nämlich dem Einzelnen die selbst erarbeitete ökonomische Grundlage seiner Handlungsfreiheit sichern.[388] Das Unternehmen erfüllt alle diese Eigenschaften.

Im Übrigen sollte all das von Art. 14 GG geschützt sein, was rechtmäßig als solches veräußert werden kann. Denn was veräußert werden kann, stellt eine vermögenswerte Rechtsposition im Sinne der Eigentumsdefinition dar. Demzufolge muss das Recht am Unternehmen von Art. 14 GG geschützt sein. Denn nur so ist der Betrieb als Gesamtheit der sachlichen, persönlichen und sonstigen Mittel in all ihren Erscheinungsformen und Ausstrahlungen erfasst.[389]

Nun betrifft die fehlerhafte Einstellung gegenüber dem zu Unrecht beschuldigten Betriebsinhaber nicht den Bestand des Unternehmens. Vielmehr hat die Einstellung potentiell Auswirkungen auf Kunden und Geschäftspartner, die sich aufgrund des vermeintlichen Fehlverhaltens des Inhabers vom Unternehmen abwenden könnten. Fraglich ist allerdings, inwieweit der Kundenstamm bzw. die Geschäftsverbindungen vom Schutzbereich erfasst werden.[390]

Oben wurde hierzu festgestellt, dass auch alle wertbildenden Faktoren vom Eigentumsschutz umfasst sein müssen. Was einigermaßen verfestigt als Geschäftsbeziehung oder Kundenstamm zu sehen ist (z.B. individualisierte Stammkunden), prägt den Wert des Betriebs entscheidend.[391] Abzugrenzen hiervon ist die bloße Chance. Der Kunde, der nur potentiell irgendwann einmal den Betrieb aufsucht, ist nicht wertprägend für den Betrieb. Gerade im Fall einer Veräußerung – wenn der Betrieb *messbar* zu Eigentum wird – kommt die Verfestigung zum Ausdruck. Kundenstamm und Geschäftsbeziehungen bestimmen dann entscheidend den Wert. Daraus wird ersichtlich, dass sie in ihrer Bedeutung für den Betrieb dem Sacheigentum sehr nahe stehen und in erheblicher Weise den Wert des Unternehmens prägen.

---

[388] Vgl. Hdb. StaatsR, *Leisner*, § 149 Rn. 85 ff., 109; *Engel*, AöR 1993, 169 (200).

[389] So Maunz/Dürig-*Papier*, Art. 14 Rn. 95.

[390] Nicht geschützt ist der gute Ruf des Unternehmens als solcher, da dieser – im Gegensatz zu Kundenstamm und Geschäftsbeziehungen – ständiger Veränderung unterworfen ist, weil er sich immer neu herstellt und nur das Ergebnis situativer Einschätzungen ist; also letztlich weniger konkret und beständig wie Kundenstamm und Geschäftsbeziehungen. Vgl. BVerfG, NJW 2002, 2621 (2625).

[391] Vgl. BGHZ 23, 157 (162 f.); BVerwGE 62, 224 (226); *Nüßgens/Boujong*, Eigentum, Rn. 77 und *Engel*, AöR 1993, 169 (216) m.w.N.; a.A. bezüglich des Kundenstamms BVerfGE 77, 84 (118). Siehe dazu sogleich ausführlich.

Warum sollte man diese Früchte der Arbeit anders behandeln als das Sacheigentum? Dafür gibt es keine Rechtfertigung.[392] Denn auch die Klassifizierung des sog. Goodwills des Unternehmens als bloße „erarbeitete Gewinnchance“[393] trifft nicht zu. Während die bloße Chance als offene Aussicht zu charakterisieren ist, führt der Kundenstamm zu *gesicherten* Einnahmen. Dies findet letztlich auch in seiner wertbildenden Eigenschaft seinen Niederschlag. Demzufolge sind also sowohl der Kundenstamm als auch die Geschäftsverbindungen unter das Recht am Unternehmen zu fassen. Sie müssen nur hinreichend konkretisiert und gefestigt sein – in Abgrenzung zur bloßen Chance.[394] Weiter ist zu erörtern, ob die §§ 153, 153a StPO zulässige Inhalts- und Schrankenbestimmungen darstellen, die die Grenze des Schutzbereichs des Art. 14 Abs. 1 GG festlegen.

Wird z.B. gegen einen Steuerberater ein Ermittlungsverfahren wegen Steuerstraftatbeständen geführt und wird dieses Verfahren (fälschlicherweise) gemäß §§ 153, 153a StPO[395] eingestellt, so zementiert das den Verdacht gegen den Steuerberater. Folglich kann der Steuerberater kein Vertrauensverhältnis mehr zu seinen Mandanten aufbauen. Die Zahl der Mandanten aus dem Kundenstamm, die sich von ihm abwendet, wird nicht unerheblich sein. Ähnliches gilt für den Rechtsanwalt, den Unternehmensberater... Im Einzelfall können die Folgen der Einstellung existenzbedrohende Wirkung entfalten. Außerdem sind nicht nur die Einnahmen, sondern auch der Wert des Unternehmens betroffen.[396]

Zwar impliziert schon der Begriff des *Kundenstammes* eine gewisse Dauer der Beziehung. Daher kann man davon ausgehen, dass sich der Kunde nicht allzu schnell abwenden wird. Andererseits kommt eine gefestigte Kundenbeziehung nur in Bereichen in Betracht, in denen sich ein gewisses Vertrauen entwickeln kann.[397] Gerade in solchen Vertrauensverhältnissen will sich jedoch kein Kunde gern mit einem potentiell Strafbaren umgeben. Stellt man sich diese Frage in ehrlicher Weise selbst, so wird man eingestehen müssen, dass der von staatlicher

---

[392] So auch Hdb. StaatsR, *Leisner*, § 149 Rn. 110 f. und *Engel*, AöR 1993, 169 (216 f.), der aber darauf hinweist, dass Zweifel am isolierten Eigentumsschutz des Kundenstamms berechtigt sind; darum geht es hier aber gerade nicht, sondern um das Unternehmen als Einheit.

[393] Vgl. *Faber*, Ehre, S. 99.

[394] Dadurch ist klar: der Supermarktkunde ist nicht hinreichend individualisiert und kann jederzeit einen anderen Supermarkt besuchen. Teil des Kundenstamms sind aber z.B. Mandanten des Rechtsanwalts, da hier ein Vertrauensverhältnis mit regelmäßig langjähriger Bindung existiert.

[395] Näher liegt im Einzelfall wohl eine Einstellung gemäß § 398 AO, sachlich ergeben sich insoweit aber keine Unterschiede.

[396] So auch *Dahs*, NStZ 1988, 153 (155).

[397] Z.B. bei Rechtsanwälten, Steuerberatern, Ärzten, Bankiers usw.

Seite geäußerte Verdacht ausreicht, ein reserviertes Verhalten gegenüber dem Beschuldigten zu verursachen. Und sei es nur, weil man nicht weiß, was hinter dem Verdacht wirklich steht. Dies kann zu einer Abwendung vom Beschuldigten und Neuorientierung hin zur Konkurrenz führen. Das beeinflusst Kundenstamm und Unternehmen des Beschuldigten in negativer Weise. Hinzu kommt, dass natürlich nicht nur *ein* Kunde in dieser Weise reagieren wird.[398] Vielmehr tritt aufgrund der Medien und der interpersonalen Verflechtungen eine negative Publizität ein.[399] Der Eingriff erfolgt hier also durch die fehlerhafte Einstellungsverfügung gegenüber dem unschuldigen Beschuldigten. Denn diese Einstellung beseitigt den Makel des Strafbaren nicht, sondern erhält ihn aufrecht. Dadurch, dass der Makel am Betriebsinhaber hängt und durch die bloße Einstellung auch in Zukunft an ihm hängen bleibt, wird der Wert des Unternehmens nachhaltig beeinträchtigt, weil der gute Ruf geschädigt ist und Kunden ausbleiben. Durch die Abwendung erhofft sich der Kunde, einerseits dem Risiko zu entgehen (je nach Deliktstypus), selber Opfer des Beschuldigten zu werden. Andererseits hofft er, so vermeiden zu können, dass der dadurch beschädigte Ruf des Beschuldigten auch den eigenen guten Ruf angreift.

Entsprechend gilt dies für *Geschäftsbeziehungen*. In vielen Branchen, in denen es auf den guten Ruf ankommt, kann der Makel des Strafbar-Seins das Aus bedeuten. Vor allem dann, wenn man ‚sich selbst' vermarktet, also z.B. bei einem Unternehmensberater, gibt es nichts mehr zu vermarkten. Letztlich sind Geschäftsbeziehungen nichts anderes als der gewerbliche Kundenstamm, so dass gar nichts anderes gelten kann, als soeben für den Kundenstamm ausgeführt.

Dem Betroffenen wäre nur durch eine Einstellung geholfen, die den Verdacht entkräftet. Durch das Bestehen lassen des Tatverdachts hingegen wird jeder Dritte im Ungewissen darüber gelassen, was der Betroffene sich wirklich hat zu Schulden kommen lassen. Das hat zur Konsequenz, dass Dritte sich – aus Angst um eigene Rechtsgüter – von ihm abwenden. So wird der Unternehmer beschädigt und für die Zukunft gebrandmarkt. Eigentlich hat er sich aber gar nichts zu Schulden kommen lassen. Mit anderen Worten: der gerechtfertigte Fehler des Ermittlungsverfahrens ist zu eliminieren, indem man den Beschuldigten rehabilitiert. Nur so ermöglicht man ihm ein beeinträchtigungsfreies Weiterarbeiten

---

[398] Gerade bei öffentlichen Auftraggebern wäre es sogar vorstellbar, dass sie sich wegen des öffentlichen Drucks gezwungen sehen, ihre Aufträge anderweitig zu vergeben. Aber auch die Privatwirtschaft ist natürlich darauf bedacht, nicht in eine Ecke mit strafbarem Verhalten gestellt zu werden.

[399] Vgl. *Eidam*, Unternehmen, S. 400 f., wobei negative Publizität das Risiko ist, in negativer Weise in die Schlagzeilen zu geraten.

bzw. einen Neuanfang. Verweigert man ihm hingegen die Rehabilitation in rechtsfehlerhafter Weise durch die Einstellung, ist Art. 14 GG verletzt. Denn die Inhaltsbestimmung greift in unverhältnismäßiger Weise in das Eigentum des Beschuldigten ein.[400]

Diese Folgen stellen trotz ihres bloß mittelbaren Charakters das Resultat eines staatlichen Eingriffs dar. Obschon der Beschuldigte in Wahrheit unschuldig ist, wird der Tatverdacht nicht beseitigt, sondern unerledigt im Raum stehen gelassen. Im Rahmen von Art. 14 GG stellt dies einen zumindest faktischen Eingriff dar. Denn wenn dies dann zu Beeinträchtigungen des Rechts am Unternehmen führt, so ist dies die logische Konsequenz aus dem staatlichen Tun. Da nicht nur eine unerhebliche Beeinträchtigung[401] des Rechts am Unternehmen vorliegt, genügt sie dem Eingriffsverständnis vollkommen. Denn es handelt sich hierbei um eine Beeinträchtigung, die geeignet ist, das Unternehmen und die damit verknüpften Rechte schlimmstenfalls zu eliminieren. Zumindest wird aber der Wert des Unternehmens in erheblicher Weise gemindert.[402]

Alle gewählten Beispielsfälle zielen in eine Richtung: Sie kreisen um Unternehmen, die Leistungen erbringen, für die ein überdurchschnittliches Maß an Vertrauen erforderlich ist. In diesen Fällen ist der Eingriff anschaulich und oft eindeutig. Dennoch ist es stets vonnöten auf die konkreten Umstände des Einzelfalls abzustellen. Denn die Einstellung kann im Einzelfall auch spurlos an Kundenstamm und Geschäftsbeziehungen vorüberziehen. Teils ist sie nämlich für die geschäftliche Beziehung völlig irrelevant bzw. braucht die Beteiligten nicht zu interessieren.[403] Diese Prüfung des Einzelfalls bleibt den Gerichten vorbehalten. Für die Bejahung der Rechtsverletzung im Rahmen des Art. 19 Abs. 4 GG

---

[400] Zur Relation zur Entlastung der Justiz vgl. D.VI.3.

[401] Zur Erheblichkeit des faktischen Eingriffs siehe *Jarass/Pieroth*, Art. 14 Rn. 27.

[402] Innerhalb des Eigentums kann hier auch die Rechtsposition des Markenrechts betroffen sein (dass dieses unter den Schutz des Art. 14 GG fällt ist anerkannt; vgl. Maunz/Dürig-*Papier*, Art. 14 Rn. 199; ferner mit Hintergrund und Beispiel *Marx*, Markenrecht, Rn. 10 f.): die Marke schützt die „Summe der mit dem Zeichen verknüpften, positiven Assoziationen – seinen Goodwill", *Henning-Bodewig/Kur*, Marke, S. 6. Wird nämlich das betroffene Unternehmen unter einem Namen geführt, der als sog. Unternehmenskennzeichen eingetragen ist und leiden Kundenstamm und Geschäftsbeziehungen durch die Einstellung, so ist regelmäßig auch der gute Ruf des Unternehmens insgesamt betroffen, was sich natürlich auf die Marke durchschlägt. Bei reinen Produktmarken hingegen scheitert eine Verletzung in der Regel schon an dem Umstand, dass der Verbraucher den Hersteller zur Marke sowieso nicht kennt, vgl. *Henning-Bodewig/Kur*, Marke, S. 101.

[403] Wie schon angedeutet: eine konstatierte geringe Schuld des *Herrn* Henkel wäre wohl kaum geeignet den Waschmittelumsatz der *Firma* Henkel zu senken.

genügt die substantiierte Behauptung dieser Verletzung.[404] Und diese ist – entgegen der herrschenden Auffassung, die auf Art. 14 GG nicht einmal Bezug nimmt[405] – im Einzelfall durchaus denkbar. Daher ist es wenig überzeugend, die Rechtsverletzung hier en passant abzulehnen.[406]

bb. Konkurrenz zu Art. 12 GG

Die Beeinträchtigung der Eigentumsgarantie kann in Konkurrenz treten zu der oben beschriebenen Beeinträchtigung des Unternehmers in seiner Berufsfreiheit.[407] Ein Eingriff ist hier in beide Rechtspositionen denkbar. Es ist in jedem Einzelfall gesondert festzustellen, ob der Eingriff eher die Freiheit der individuellen Erwerbs- und Leistungsfähigkeit (dann Art. 12 GG) oder die Innehabung und Verwendung vorhandener Vermögensgüter (dann Art. 14 GG) beeinträchtigt.[408] Die Berufsfreiheit ist betroffen, soweit es um bloße Erwerbschancen geht. Diese sind von der Eigentumsgarantie nicht erfasst (Käufer verlieren Vertrauen zu bestimmtem Produkt). Das Eigentum ist hingegen betroffen, wenn es um Rechtspositionen geht, die dem Unternehmer bereits gesichert zustehen (individualisierter Kundenstamm). Für Art. 19 Abs. 4 GG ist die Entscheidung insofern zweitrangig, als es genügt, dass irgendein subjektives Recht tangiert ist.

g. Menschenwürde

Der beschriebene Makel, der am unschuldigen Beschuldigten nach der Einstellung haftet, kann weiter zu dem Ergebnis führen, dass eine Verletzung der Menschenwürde aus Art. 1 Abs. 1 GG vorliegt. Eine solche Verletzung der Menschenwürde wäre nicht zu rechtfertigen, da Art. 1 Abs. 1 GG unantastbar ist.[409] Die Menschenwürde wäre betroffen, wenn die fehlerhafte Einstellung den sozialen Wert- und Achtungsanspruch, der dem Einzelnen aufgrund seines Menschseins zukommt, beeinträchtigt. Diesem Anspruch zufolge muss der

---

404 Vgl. BVerfGE 60, 253 (268) und BKGG-*Ibler*, Art. 19 Abs. 4 Rn. 107.

405 Vgl. BVerfG, NStZ 1984, 228 (229).

406 Zur Frage der Rechtfertigung später (D.VI.3.). Allgemein zu sozialen und wirtschaftlichen Problemen *Haberstroh*, NStZ 1984, 289 (291).

407 Vgl. dazu D.III.1.e.

408 Vgl. *Jarass/Pieroth*, Art. 12 Rn. 3.

409 Vgl. *Jarass/Pieroth*, Art. 1 Rn. 12. Ob Art. 1 Abs. 1 GG überhaupt ein eigenständiges Grundrecht enthält ist strittig: dagegen könnte Art. 1 Abs. 3 GG sprechen, der von den „nachfolgenden“ Grundrechten spricht; dafür spricht die systematische Stellung im Abschnitt über die Grundrechte. Das BVerfG hat die Frage offen gelassen, BVerfGE 61, 135 (137), und ihre praktischen Auswirkungen sind auch sehr gering: „Die Gewährung der Menschenwürde steuert die Reichweite der nachfolgenden Grundrechte [...], mit der Folge, daß ein Betroffener jeden Verstoß gegen Art. 1 Abs. 1 geltend machen kann, auch wenn Abs. 1 kein Grundrecht enthält.“ (*Jarass/Pieroth*, Art. 1 Rn. 3.)

Mensch immer Subjekt staatlichen Handelns sein. Er darf niemals zum Objekt degradiert werden.[410] Durch den ungerechtfertigten Vorwurf der geringen Schuld wird zwar der soziale Wertanspruch des Einzelnen potentiell beeinträchtigt. Allerdings sind nur Ehre, guter Ruf usw. betroffen. Nicht angegriffen wird die hier gemeinte Würde des Menschseins als solchem.

Zuvörderst sind demnach die anderen Grundrechte heranzuziehen, die ihrerseits Ausprägungen des Art. 1 Abs. 1 GG enthalten.[411] Insbesondere Art. 2 Abs. 1 GG schützt die gerade angesprochenen Belange ‚einfach-grundrechtlich' und ist somit vorrangig zu untersuchen.

h. Allgemeines Persönlichkeitsrecht

Vor der Erörterung der Verletzung des allgemeinen Persönlichkeitsrechts beim Beschuldigten durch die fehlerhafte Einstellung nach §§ 153, 153a soll kurz der Charakter dieses Rechts analysiert werden.

aa. Dogmatische Ableitung und Schutzbereich

Das allgemeine Persönlichkeitsrecht ist ein klassisches Grundrecht. Es ist Abwehrrecht des Bürgers gegenüber dem Staat. Während die speziellen Freiheitsgrundrechte nur in der Lage sind, einen spezifischen, punktuellen Schutz der Persönlichkeit des einzelnen Individuums zu gewährleisten, zielt das gegenüber spezielleren Grundrechten subsidiäre allgemeine Persönlichkeitsrecht in seinem Schutz auf Elemente wie z.B. die Ehre, die nicht Gegenstand besonderer Freiheitsrechte sind. In ihrer grundlegenden Bedeutung für die menschliche Persönlichkeit stehen diese Elemente den besonders geschützten in nichts nach.

Das allgemeine Persönlichkeitsrecht schützt umfassend den Geltungsanspruch des Menschen in der sozialen Welt. Damit ist ein „autonome[r] Bereich privater Lebensgestaltung, in dem [der Einzelne] seine Individualität entwickeln und wahren kann"[412] gemeint. Nach mittlerweile gesicherter Erkenntnis ist das allgemeine Persönlichkeitsrecht in Art. 2 Abs. 1 i.V.m. Art. 1 Abs. 1 GG zu verorten.[413] Demzufolge handelt es sich beim allgemeinen Persönlichkeitsrecht um

---

[410] Vgl. BVerfGE 87, 209 (228); BVerfGE 30, 1 (26).

[411] Vgl. *Jarass/Pieroth*, Art. 1 Rn. 4.

[412] BVerfGE 90, 263 (270); ferner *Jarass*, Allgemeines Persönlichkeitsrecht, S. 89 (92).

[413] Vgl. Maunz/Dürig-*Di Fabio*, Art. 2 Abs. 1 Rn. 127 f. und *Tettinger*, Persönliche Ehre, S. 3. Diese Deutung entspricht eigentlich am ehesten dem Wortlaut des Art. 2 Abs. 1 GG, wenn auch die Richtung nach dem Elfes-Urteil des BVerfG erst eine andere war: Art. 2 Abs. 1 GG

eine Gewährleistung im Rahmen des Art. 2 Abs. 1 GG, die durch den Auslegungsmaßstab der Menschenwürde ergänzt wird. Daraus folgt, dass eine Rechtfertigung umso schwerer gelingen kann, je näher der Eingriff dem Art. 1 Abs. 1 GG kommt. Dies kann bis hin zum nicht zu rechtfertigenden Eingriff in die Menschenwürde selbst gehen.[414]

Ohne die Entwicklungsoffenheit des allgemeinen Persönlichkeitsrechts[415] aufzugeben, aber einfacher handhabbar, nimmt die Literatur eine Systematisierung des Grundrechts und seines Schutzbereichs anhand von Fallgruppen vor[416]:

(1) Die erste Fallgruppe beinhaltet die (Selbst-) Darstellung der Person in der Öffentlichkeit. Sie soll insbesondere das Selbstbestimmungsrecht über die Darstellung des persönlichen Lebens- und Charakterbildes gewährleisten. Darunter ist all das zu verstehen, was mit dem sozialen Geltungsanspruch des Einzelnen zu tun hat. Hierzu zählt neben dem Recht am eigenen Bild bzw. Wort auch der Schutz der persönlichen Ehre.[417] Eine besondere Ausprägung stellt das Recht auf informationelle Selbstbestimmung dar.[418]

(2) Von einer zweiten Fallgruppe wird der Schutz der engeren persönlichen Lebenssphäre erfasst. Diese lässt sich in Privat- und Intimsphäre aufgliedern. Die Intimsphäre erfasst den Kernbereich privater Lebensgestaltung. Nach der sog. Sphärentheorie ist dieser Kernbereich unantastbar. Die der Intimsphäre nachgelagerte Privatsphäre genießt hingegen nur relativen Schutz. Sie unterscheidet sich von der Intimsphäre durch ihren Sozialbezug.

(3) Gleichfalls geschützt ist jeder Gegenstand sonstiger personaler Autonomie. Dazu zählen z.B. das Recht auf sexuelle Selbstbestimmung, Selbstbestimmung des Patienten und das Namensrecht.

---

wurde zum Generalklausel-Grundrecht der allgemeinen Handlungsfreiheit; vgl. *Jarass*, NJW 1989, 857 (857).

[414] Vgl. Maunz/Dürig-*Di Fabio*, Art. 2 Abs. 1 Rn. 130. Dem entspricht auch die sog. Sphärentheorie des BVerfG, die i.R.d. Verhältnismäßigkeit Intim-, Privat- und Öffentlichkeitssphäre unterscheidet. Zur Entwicklung siehe ferner *Jarass*, Allgemeines Persönlichkeitsrecht, S. 89 (89 ff.).

[415] So BVerfGE 54, 148 (153 f.); BVerfGE 65, 1 (1 ff.)

[416] Vgl. dazu insgesamt *Jarass*, NJW 1989, 857 (858 f.); Maunz/Dürig-*Di Fabio*, Art. 2 Abs. 1 Rn. 148 jeweils m.w.N.. Die Nummerierung variiert dabei, genau wie die Feindifferenzierung.

[417] Zur Ehre D.III.1.h.bb.(2.).

[418] Vgl. dazu F.I.

(4) Eine letzte Gruppe erfasst die Grundlagen der bereits angeführten engeren Lebenssphäre. Der Schutz der Grundlagen dieser engeren Lebenssphäre ist Bedingung jeder freien Entwicklung und Individualität. Dazu zählt neben dem Recht auf kindgerechte Entwicklung und Kenntnis der eigenen Abstammung auch das Recht auf Resozialisierung.[419]

Das allgemeine Persönlichkeitsrecht schützt demzufolge „die engere persönliche Lebenssphäre und die Erhaltung ihrer Grundbedingungen“[420]. Davon umfasst ist sowohl die soziale (der Bezug nach außen) als auch die individuelle (Privat- und Intimsphäre) Identität.[421] Die innerhalb dieser Fallgruppen möglichen Beeinträchtigungen des allgemeinen Persönlichkeitsrechts beim unschuldigen Beschuldigten durch die fehlerhafte Einstellung der Staatsanwaltschaft bzw. des Gerichts nach § 153 StPO sollen nun im Einzelnen untersucht werden.

bb. Die Konstellation des unschuldigen Beschuldigten

Gegen den unschuldigen Beschuldigten wird ein Strafverfahren geführt, das die Staatsanwaltschaft bzw. das Gericht gemäß §§ 153, 153a StPO einstellt. Diese Einstellung begründet einen Makel.[422] Dadurch kann das allgemeine Persönlichkeitsrecht betroffen sein. Denn der Makel stellt eine Beeinträchtigung des Selbstdarstellungsrechts bzw. des sozialen Geltungsanspruchs dar:

Durch den Selbstdarstellungsschutz soll das Lebens- und Charakterbild des Einzelnen geschützt werden. Denn darin liegt die Grundlage des Selbstwertes. Dem Betroffenen ist nach der Einstellungsverfügung allerdings keine selbstbestimmte Eigendarstellung mehr möglich. Vielmehr wird er von Seiten der Staatsanwaltschaft als potentieller Täter einer Straftat dargestellt. Denn, indem der Tatverdacht offen gelassen wird, findet keine Rehabilitation von den Diskriminierungen des Strafverfahrens statt. Da den Aussagen staatlicher Strafverfolgungsorgane regelmäßig mehr Glauben geschenkt wird als dem Betroffenen, kann der Beschuldigte sich selbst nicht mehr wirksam als unschuldig darstellen. Das durch die Staatsanwaltschaft so verbreitete Werturteil ist geeignet, den Selbstwert und das persönliche Lebensbild nachhaltig negativ zu beeinflussen. Dadurch kann auch der soziale Geltungsanspruch, kurz die Ehre, betroffen sein. Denn die Behauptung, möglicherweise eine Straftat begangen zu haben, ist eine

---

[419] Dazu D.III.1.h.bb.(1.). Vgl. zu den Fallgruppen allgemein Maunz/Dürig-*Di Fabio*, Art. 2 Abs. 1 Rn. 148 ff.

[420] BVerfGE 54, 148 (153).

[421] Vgl. *Jarass*, NJW 1989, 857 (859).

[422] Vgl. dazu oben D.III.1.a.

große Gefahr für die soziale Anerkennung. Bei einem unschuldigen Beschuldigten handelt es sich hierbei unter Umständen sogar um eine ehrverletzende Rufschädigung.[423] Die Behauptung ist nämlich falsch. Daher ist das Recht auf Ehre, welches durch die Herabwürdigung des Unschuldigen zum Straftäter verletzt sein kann, einer genauen Untersuchung zu unterziehen. Es kommen aber noch weitere Facetten des allgemeinen Persönlichkeitsrechts in Betracht:

Das Recht auf informationelle Selbstbestimmung ist betroffen, wenn im Zuge der Einstellung persönliche Daten des Beschuldigten erhoben, gespeichert, verwendet, weitergeleitet oder gar veröffentlicht werden.[424] Ferner kann aus dem allgemeinen Persönlichkeitsrecht ein Recht auf Rehabilitation abzuleiten sein. Dieser Frage wird sich die Arbeit zunächst widmen:

(1.) Recht auf Rehabilitation?
Im Rahmen der Untersuchung des Makels wurde bereits geschildert, dass die Einleitung eines Strafverfahrens für den Beschuldigten erhebliche Probleme nach sich ziehen kann.[425] Zu denken ist hier an Ansehensverlust und Vorverurteilung. Existiert jedoch ein Anfangsverdacht, ist das Ermittlungsverfahren aus rechtsstaatlichen Erwägungen legitimiert. Festgestellt wurde hingegen, dass Staatsanwaltschaft und Gericht dann selbst in ihnen zurechenbarer Weise einen Makel beim Beschuldigten verursachen, wenn sie trotz der Unschuld des Betroffenen den Verdacht gegen diesen unerledigt im Raum stehen lassen. Denn eine rechtsfehlerhafte Einstellung nach §§ 153, 153a StPO führt nicht zu der für den Beschuldigten dringend notwendigen Rehabilitation. Eine Rehabilitation wäre nur zu leisten, indem der Verdacht ausgeräumt wird.

Das Recht auf Rehabilitation könnte sich direkt aus Art. 2 Abs. 1 i.V.m. Art. 1 Abs. 1 GG ergeben. Dazu müsste es unter das Recht auf Resozialisierung zu fassen sein. Doch das ist abzulehnen: Das Recht auf Resozialisierung ist zwar essentieller, anerkannter Bestandteil des allgemeinen Persönlichkeitsrechts.[426] Es schützt aber nur vor den persönlichkeitsschädigenden Wirkungen eines Freiheitsentzugs. Gefangenen darf hiernach nicht die Möglichkeit geraubt werden, sich wieder in die Gesellschaft einzugliedern.[427] Voraussetzung ist demnach eine „Entsozialisierung“. Bei einer Einstellung gemäß §§ 153, 153a StPO kann davon

---

[423] Vgl. Maunz/Dürig-*Di Fabio*, Art. 2 Abs. 1 Rn. 166, 169.
[424] Vgl. Maunz/Dürig-*Di Fabio*, Art. 2 Abs. 1 Rn. 151 f., 173 ff. Ausführlich dazu F.I.
[425] Vgl. D.III.1.a.
[426] Vgl. *Jarass*, NJW 1989, 857 (859).
[427] Vgl. Maunz/Dürig-*Di Fabio*, Art. 2 Abs. 1 Rn. 216 ff.

keine Rede sein. Denn zwar wird das soziale Ansehen des Beschuldigten geschmälert, das Recht auf Rehabilitation umfasst aber nur die Entsozialisierung im Sinne eines kompletten Fernhaltens von der Gesellschaft über einen längeren Zeitraum. Denn nur dann bedarf es der Vermittlung der Fähigkeit und des Willens zu verantwortlicher Lebensführung, auch zum Schutz der freien Gesellschaft.[428] Da dies im Fall der Einstellung nicht nötig ist, kommt das Recht auf Rehabilitation hier nicht zum Tragen.

Daher könnte nur ein Recht auf Rehabilitation im Sinne eines Prinzips des Strafverfahrens weiterführen. Ein solches Recht ist zwar anerkannt. Allerdings ist die Rehabilitation des unschuldigen Beschuldigten nur *Neben*zweck des Verfahrens.[429] Daraus ergibt sich, dass der Betroffene im Hauptverfahren ggf. durch einen Freispruch rehabilitiert werden soll. Diesem Nebenzweck steht jedoch kein subjektives Recht des Einzelnen gegenüber. Hieran ändert das allgemeine Persönlichkeitsrecht nichts. Diesem ist ein solches Recht auf Rehabilitation fremd.

Damit das allgemeine Persönlichkeitsrecht trotzdem verletzt ist, müssen weitere Facetten betroffen sein. Das hat dann zur Konsequenz, dass wegen Art. 19 Abs. 4 GG Rechtsschutz zu gewähren ist, der zu einer Rehabilitation führt.

(2.) Recht auf Ehre

Das allgemeine Persönlichkeitsrecht schützt das Selbstbestimmungsrecht bezüglich der Darstellung des persönlichen Lebens- und Charakterbildes. Danach kann jedermann selbst entscheiden, ob und inwieweit er persönliche Sachverhalte offenbaren will.[430] Ein Teil dieses Selbstdarstellungsschutzes ist der Schutz des sozialen Geltungsanspruchs.[431] Herkömmlich wird der soziale Geltungsanspruch kürzer mit Ehre umschrieben. Diese Ehre erfährt bei Angriffen jeglicher Art einen intensivierten Schutz.[432] Dadurch soll verhindert werden, dass das gesellschaftliche Ansehen des Betroffenen geschmälert wird. Gleichzeitig kann so verhindert werden, dass seine sozialen Kontakte geschwächt werden und dass

---

[428] Vgl. BVerfGE 98, 169 (200).

[429] Vgl. *Meyer-Goßner*, Einl. Rn. 8.

[430] Vgl. Maunz/Dürig-*Di Fabio*, Art. 2 Abs. 1 Rn. 166 ff.

[431] Vgl. *Mackeprang*, Ehrenschutz, S. 29.

[432] Der Schutz der Selbstdarstellung ist weiter als der der Ehre. Denn solche Verletzungen müssen nicht ehrenrührig sein. Umgekehrt tangieren Ehrverletzungen stets auch das Recht des Betroffenen, sich anderen gegenüber so darzustellen, wie er es möchte. Vgl. *Mackeprang*, Ehrenschutz, S. 30.

sein Selbstwertgefühl untergraben wird.[433] Ein Eingriff kann nicht nur durch ehrverletzende Äußerungen Dritter erfolgen, sondern auch durch staatliche Organe. Wegen ihrer Fehlerhaftigkeit kommt als Angriff auf die Ehre auch eine Einstellung gemäß §§ 153, 153a StPO in Betracht.

Die persönliche Ehre ist Teil des allgemeinen Persönlichkeitsrechts. Dass sie in Art. 5 Abs. 2 GG ausdrücklich benannt ist, ändert hieran nichts. Dort fungiert sie nur als Schranke der Kommunikationsgrundrechte.[434] Allerdings dient die dortige Nennung der Herausstellung der Bedeutung dieses Rechtsguts.[435] Was ist jedoch unter dem Begriff der Ehre zu verstehen? Hier können grundsätzlich die Einsichten herangezogen werden, die das einfache Recht zur Ehre liefert.[436] Freilich kann dieses Vorgehen nur Anhaltspunkte zur näheren Begriffsbestimmung liefern. Denn die Verfassung ist nicht anhand des einfachen Rechts auszulegen.

Ein solcher Rückgriff auf die gängige Auslegung der §§ 823 ff., 1004 BGB und § 185 StGB führt zu einem Ehrbegriff mit zwei Ausprägungen[437]: Der *Kernbereich* der Ehre ist jedem Menschen angeboren und direkt aus der Menschenwürde ableitbar. Er wird auch als innere Ehre oder sittlich-personaler Geltungswert bezeichnet.[438] Die Rechtfertigung eines Eingriffs in den Kernbereich ist unmöglich. Hier ist der Schutz der Ehre vor allem durch Art. 1 Abs. 1 GG gewährleistet. Dieser Aspekt entspricht dem allgemeinen Schutz der Intimsphäre. Die übrigen Aspekte der Ehre werden als *äußere Ehre* oder sozialer Geltungswert durch Art. 2 Abs. 1 GG abgeschirmt. Hierzu zählen die soziale Geltung, das Ansehen und der gute Ruf.

Vor diesem Hintergrund ist zu untersuchen, ob die Einstellung nach §§ 153, 153a StPO das Recht auf Ehre des unschuldigen Betroffenen verletzen kann. Anknüpfungspunkt ist auch hier wieder, dass dem Betroffenen durch die Ein-

---

433 Vgl. Maunz/Dürig-*Di Fabio*, Art. 2 Abs. 1 Rn. 169.

434 Vgl. *Tettinger*, Persönliche Ehre, S. 3 f. Auch im für Deutschland verbindlichen Art. 10 Abs. 2 EMRK taucht die Ehre auf, dort in Gestalt des Schutzes des guten Rufes. Allerdings hat sie auch dort dieselbe beschränkende Funktion wie in Art. 5 Abs. 2 GG.

435 Vgl. *Tettinger*, Ehre, S. 17.

436 Siehe dazu *Tettinger*, Ehre, S. 16.

437 Vgl. unbeschadet mancher Nuancierung z.B. bezüglich normativer und faktischer Elemente innerhalb des herrschenden normativ-faktischen Ehrbegriffs *Tröndle/Fischer*, Vor § 185 Rn. 3 ff.; *Tettinger*, Ehre, S. 16 ff.

438 Der Geltungswert der Person also, der direkt aus dem Menschsein als solchem herrührt. Vgl. *Mackeprang*, Ehrenschutz, S. 177 ff., 181.

stellung eine (zumindest hypothetisch[439]) bestehende (geringe) Schuld vorgeworfen wird, obwohl er in Wahrheit unschuldig ist. Als Maßstab kommt ersichtlich nur die äußere Ehre des Betroffenen in Betracht. Denn der Kernbereich der Ehre (mit Menschenwürdegehalt) ist nicht betroffen, da die aus dem Menschsein als solchem ableitbare Ehre nicht in Frage gestellt wird.

Der Begriff der Ehre muss nach allgemeiner Auffassung im Verfassungsrecht dualistisch interpretiert werden.[440] Demnach gibt es hier eine objektive und eine subjektive Komponente des Ehrbegriffs. Der objektive Teil schützt vor allgemein ehrenrührigen Äußerungen, während der subjektive Teil ein Recht auf Achtung des selbst definierten sozialen Geltungsanspruchs gibt.[441] Hier müssen zwei Fragen beantwortet werden: Erstens, ob das Ansehen, das Persönlichkeitsbild des Betroffenen in irgendeiner Weise Schaden genommen hat. Zweitens, ob der Betroffene sich selbst so definiert, dass er diesen Schaden auch als solchen wahrnimmt.

Der Staat unterstellt dem Beschuldigten mit der Einstellung, eine Straftat potentiell begangen zu haben und folglich möglicherweise schuldig zu sein.[442] In Wahrheit ist der Beschuldigte aber unschuldig. Dadurch werden die Auswirkungen des Strafverfahrens nicht beseitigt. Vielmehr sieht der Laienbeobachter den Tatverdacht im Ermittlungsverfahren und die damit einhergehenden Diskriminierungen, wie z.B. Zeugenbefragungen, Durchsuchungen usw. Wird daraufhin der Tatverdacht nicht entkräftet, sondern offen gelassen, so kann der dadurch entstandene Makel den ethischen, moralischen oder sozialen Wert des Beschuldigten negativ beeinflussen.[443] Der moralische Wert ist dabei die äußere Anerkennung sittlichen Verhaltens. Dieser kann hier in ganz erheblichem Ausmaß tangiert sein. Denn Gegenstand sittlich akzeptierten Verhaltens ist es gerade, sich strafbarer Handlungen zu enthalten. Die Strafrechtsordnung ist als feste moralische Größe etabliert, denn der Vorwurf eines Rechtsbruchs beinhaltet einen Verstoß gegen Regeln der Gesellschaft. Jeder, der gegen die Strafrechtsordnung verstößt, sinkt in seiner Anerkennung hinsichtlich moralischer Maßstäbe. Dass in Wahrheit nur die Möglichkeit eines solchen Verstoßes vorliegt, wird nicht

---

[439] Was ja nichts anderes bedeutet, als dass bei Fortgang der Sache die Wahrscheinlichkeit des Schuldnachweises besteht.

[440] Vgl. *Faber*, Ehre, S. 72 f.; *Tettinger*, Ehre, S. 16.

[441] Siehe dazu auch soeben.

[442] Allgemein zu sozialen Problemen diesbezüglich *Haberstroh*, NStZ 1984, 289 (291).

[443] Im Strafrecht sog. normativer Ehrbegriff, vgl. *Tröndle/Fischer*, Vor § 185 Rn. 3; BGHSt 1, 288 (288 ff.).

wahrgenommen. Die Einstellung ist nicht geeignet, die Vorverurteilungen zu entkräften.

Auch der soziale Wert kann beeinträchtigt sein. Er umfasst die Anerkennung von Eigenschaften und Leistungen für die Erfüllung sozialer Rollen. Positive Leistungen werden allerdings oftmals in der Rezeption durch die soziale Umgebung mit negativen Auffälligkeiten verrechnet. Zu solch negativen Auffälligkeiten gehört Straffälligkeit, so dass der soziale Wert dadurch erheblich sinken kann. Die neben den Leistungen genauso wichtigen positiven Eigenschaften werden durch die Möglichkeit des Bestehens (geringer) Schuld gleichfalls beschädigt. An diesen Eigenschaften orientiert sich die Fähigkeit zur Übernahme sozialer Rollen. Solche werden nur in den seltensten Fällen an möglicherweise Straffällige vergeben.

Im Falle der Einstellung kann der zu Unrecht Beschuldigte auch in subjektiver Hinsicht erwarten, als Unschuldiger behandelt zu werden. Denn der Vorwurf der Strafbarkeit ist hier fehl am Platze, weil der Beschuldigte tatsächlich unschuldig ist. Demzufolge kann er zu Recht beanspruchen, auch als solcher behandelt zu werden. Folglich liegt im Vorwurf der potentiellen (geringen) Schuld ein Angriff auf den normativen Achtungsanspruch. Denn der Beschuldigte kann sowohl nach seinen individuellen Voraussetzungen als auch im konkreten Handlungszusammenhang verlangen, der Wahrheit entsprechend behandelt zu werden.

Folglich liegt eine Ehrverletzung vor.[444] Denn die Einstellung beeinträchtigt das Ansehen, den guten Ruf und die soziale Geltung des Beschuldigten, da der Vorwurf bzw. der Verdacht der Straffälligkeit nie geeignet ist, die Reputation zu erhöhen. Vielmehr werden die sozialen Beziehungen des Beschuldigten erheblichen Schaden nehmen.

Allerdings muss es natürlich niemand hinnehmen, dass sein Persönlichkeitsbild durch falsche Tatsachen verfälscht wird.[445] Insbesondere ist kein Drittbezug vonnöten. Denn auch durch einen ‚internen' Vorgang, also wenn kein Dritter

---

[444] Neben einfachem Recht und Allgemeinem Persönlichkeitsrecht existiert noch die dritte Variante der Ehre als Schranke des Art. 5 Abs. 1 GG. Prinzipiell kann auch dieser Aspekt zur Auslegung des Ehrbegriffs herangezogen werden, indem man fragt, ob dem Kommunikationsgrundrecht oder der Ehre der Vorrang zu gewähren wäre. Hier scheidet eine Anwendung der Meinungsfreiheit etc. indes aus, da staatliche Organe sich der Schutzrichtung der Grundrechte wegen nicht auf diese berufen können. Vgl. auch BVerfGE 85, 1 (16).
[445] Vgl. *Degenhart*, JuS 1992, 361 (365).

von den Vorgängen Kenntnis erlangt, kann die Ehre in Form des Selbstwertgefühls betroffen sein. Niemand möchte schließlich staatlicherseits als potentieller Straftäter angesehen werden, wenn er in realiter unschuldig ist. Außerdem ist es praktisch fast nicht möglich, das Strafverfahren geheim zu halten. Schließlich werden Zeugen einvernommen, es wird in der Privatsphäre geforscht... Wenn aber das Strafverfahren bekannt ist, so interessiert auch der Ausgang desselben. Im Übrigen erhält ein Anzeigeerstatter ggf. gemäß § 171 StPO bzw. Nr. 89 Abs. 3 RiStBV einen Einstellungsbescheid. Dann kann von Geheimhaltung keine Rede mehr sein. Ist das Hauptverfahren erst einmal eröffnet, ist es wegen der Öffentlichkeit mit Heimlichkeiten sowieso vorbei.

Hinzukommen muss noch ein subjektives Element: Ein Widerspruch zum vom Betroffenen selbst definierten sozialen Geltungsanspruch. Das heißt jedoch nur, dass eine Beeinträchtigung des Rechts auf Ehre ausscheidet, wenn sich der Betroffene selbst so dargestellt wissen will, wie es in der Einstellungsverfügung durch Staatsanwalt oder Richter geschieht.[446] Dieser Fall wird nicht besonders häufig eintreten. Jedoch könnte der Beschuldigte den Eingriff in sein Recht durch die Einstellung nach § 153a StPO durch seine Zustimmung legitimiert haben. Dazu später ausführlich.[447]

cc. Fazit

Deshalb liegt in der ungerechtfertigten Einstellung gemäß §§ 153, 153a StPO ein Eingriff in den Schutzbereich des Rechts auf Ehre als Teil des allgemeinen Persönlichkeitsrechts. Die Möglichkeit einer Rechtsverletzung i.S.d. Art. 19 Abs. 4 GG ist damit gegeben.[448] Zur Rechtfertigung des Eingriffs unten.[449]

Insgesamt kann somit als Fazit der durch die Einstellung nach §§ 153, 153a StPO erfolgten Rechtsverletzung festgehalten werden:

---

[446] Vgl. BVerfGE 54, 148 (148 ff.) (Eppler); insgesamt kritisch gegenüber dem subjektiven Element *Mackeprang*, Ehrenschutz, S. 183 ff. Diesem ist insoweit zuzustimmen, als der Einzelne nicht den Begriff der Ehre im verfassungsrechtlichen Sinne bestimmen kann; er kann aber vom objektiv bestimmten Begriff Abweichungen zu seinen Ungunsten ermöglichen. Und nur um diese Frage geht es hier.

[447] Vgl. D.III.2.b.

[448] Im Ergebnis so auch BKGG-*Ibler*, Art. 19 Abs. 4 Rn. 94a.

[449] Vgl. D.III.2.b., D.VI.3.

i. Zusammenfassung der wesentlichen Ergebnisse

Eine Rechtsverletzung durch die Einstellung gemäß §§ 153, 153a StPO ist beim Beschuldigten nicht ausgeschlossen. Vielmehr wird sie – abhängig von den konkreten Umständen des Einzelfalls – oftmals gegeben sein. Die für Art. 19 Abs. 4 GG ausreichende Möglichkeit einer Rechtsverletzung hinsichtlich des allgemeinen Persönlichkeitsrechts besteht jedenfalls. Auch eine Verletzung von Art. 12 und 14 GG ist nicht unwahrscheinlich. Schließlich kann die Staatsanwaltschaft Art. 3 GG verletzen.

Die Rechtsverletzung stützt sich auf die Unschuld des Beschuldigten. Allerdings ist die Unschuldsvermutung formell unwiderlegt geblieben. Deshalb gilt auch nach der Einstellung nach wie vor *jeder* Beschuldigte als unschuldig, also auch der, der die Tat in realiter begangen hat oder der, der sich selbst zumindest für unschuldig hält.[450] Das heißt dann aber, dass die – für die Rechtsschutzgarantie ausreichende – Möglichkeit einer Rechtsverletzung bei allen Beschuldigten gegeben ist. Denn der Nachweis der Schuld wurde noch nicht geführt. Folglich können sich alle Beschuldigten solange auf ihre Unschuld berufen, bis ein Gericht das Gegenteil feststellt. Die ausreichende Möglichkeit einer Rechtsverletzung bei einer Einstellung nach §§ 153, 153a StPO ergibt sich daraus allemal.[451]

2. Keine Rechtsverletzung bei den Einstellungen mit Zustimmung?

Aus den diversen bisher ausgeblendeten Zustimmungserfordernissen könnte ein anderes Ergebnis resultieren.

a. Das Erfordernis gerichtlicher Zustimmung in §§ 153 Abs. 1 S. 1 und 153a Abs. 1 StPO

Bisher wurde das Erfordernis gerichtlicher Zustimmung zur staatsanwaltschaftlichen Einstellung ausgeblendet: § 153 Abs. 1 S. 1 StPO ermöglicht der Staatsanwaltschaft die Einstellung des Verfahrens entgegen S. 2 nur mit Zustimmung des zuständigen Gerichts. In der Konzeption der StPO stellt dieser Satz den Regelfall dar und der bisher behandelte S. 2 die Ausnahme. Danach bedarf es der Zustimmung nicht, wenn ein Vergehen vorliegt, das nicht mit einer im Mindestmaß erhöhten Freiheitsstrafe bedroht ist und die Folgen der Tat gering sind.

---

[450] Von dieser rein formalen Beurteilung sind die tatsächlichen Auswirkungen zu unterscheiden, die zum beschriebenen Makel führen. Denn die Geltung der Unschuldsvermutung spielt im sozialen Umfeld regelmäßig keine Rolle.

[451] Zur Frage Verfassungswidrigkeit oder Einzelfallproblem siehe D.V.

In der Realität ist die alleinige Entscheidung der Staatsanwaltschaft keineswegs die Ausnahme, zumal sie über die Voraussetzungen unkontrolliert allein entscheidet.[452] Die Einstellung nach § 153a Abs. 1 StPO ist sogar stets durch die gerichtliche Zustimmung bedingt.

Die Einstellung bleibt trotz des Zustimmungserfordernisses eine solche der Staatsanwaltschaft. Sie wird durch die Zustimmung nicht zur gerichtlichen Einstellung.[453] Folglich kann sich an der Rechtsverletzung nichts ändern. Denn hier wie da beendet die Staatsanwaltschaft das Verfahren als Herrin desselben.

Die Zustimmung durch das Gericht dient nur der Kontrolle und Mitverantwortung der Einstellungsvoraussetzungen. Sie beinhaltet keinen formellen Schuldnachweis, so dass auch hier die obigen Ausführungen[454] gelten. Der einzige Unterschied könnte darin bestehen, dass dem Gericht mehr Autorität als der Staatsanwaltschaft zukommt. Dies würde die potentielle Rechtsverletzung aber nur wahrscheinlicher machen, denn in einigen Varianten der Rechtsverletzung kommt es schließlich auf die Wirkung der Einstellung nach außen hin an. Insbesondere resultiert aus der Zustimmung keine zusätzliche Rechtsverletzung: Gegenüber dem Beschuldigten entfaltet nur die staatsanwaltschaftliche Einstellungsverfügung Wirkung. Die Zustimmung ist zwar Wirksamkeitsvoraussetzung, ihr mangelt es aber an der Außenwirkung.[455] Somit ist die Rechtsverletzung – bejaht man sie schon bei der Staatsanwaltschaft allein – hier erst recht gegeben.

Insbesondere wird durch die bloße Beteiligung des Gerichts nicht jede weitere gerichtliche Kontrollmöglichkeit ausgeschlossen. Wenn man – wie hier vertreten – schon gegen rein gerichtliche Einstellungsverfügungen Rechtsschutz für möglich und geboten hält, so muss dies natürlich erst recht gelten, wenn das Gericht nur im Wege der Zustimmung beteiligt ist.[456]

b. Das Erfordernis der Zustimmung des Beschuldigten in § 153a Abs. 1 StPO

Auch das Erfordernis der Zustimmung des Beschuldigten im Falle der Einstellung nach § 153a Abs. 1 StPO wurde bisher ausgeblendet. Wegen der bei § 153a

---

[452] Vgl. *Meyer-Goßner*, § 153 Rn. 18.
[453] Vgl. dazu D.II.3.
[454] Vgl. D.III.1. Insbesondere ist die Zustimmung des Gerichts kein Rechtsschutz i.S.d. Art. 19 Abs. 4 GG.
[455] Vgl. C.III.2.
[456] Vgl. dazu ausführlich D.II.2.

StPO zu erfüllenden Auflagen ist die Zustimmung des Beschuldigten vonnöten. Aus dieser Zustimmung zur Einstellung kann resultieren, dass zwar ein Makel besteht. Man kann aber argumentieren, dass dieser Makel vom Betroffenen durch seine Zustimmung akzeptiert wurde, so dass von einer Rechtsverletzung nicht die Rede sein kann. Es geht also um die Legitimation des Makels bzw. Eingriffs durch den Beschuldigten aufgrund seiner Zustimmung. Nach herrschender Auffassung stellen Grundrechte zwar nicht-disponible Rechte dar. Allerdings kann auf die Geltendmachung verzichtet werden.[457] Zu dieser Zustimmung zur staatsanwaltschaftlichen Einstellung werden im Wesentlichen zwei Ansichten vertreten.

Die erste, vornehmlich von Teilen der *Literatur* vertretene Auffassung, geht davon aus, dass die Zustimmung den Eingriff nicht legitimieren kann. Die Zustimmung könne nämlich keinesfalls als freiwillig bezeichnet werden. Vielmehr wähle der Beschuldigte nur aus verschiedenen Übeln das vermeintlich kleinere aus. Entweder er erfülle die Auflage, oder er riskiere die Anklage und das Risiko der Durchführung der Hauptverhandlung mit ungewissem Ausgang.[458] Daher erfolge die Leistung einzig zur Abwendung eines größeren Übels, welches nach dem subjektiven Empfinden des Betroffenen nicht freiwillig sein könne.[459] Denn beim Beschuldigten könne eine Situation psychischen Drucks entstehen, die dazu führe, dass ihm seine Zustimmung nicht zugerechnet, oder aber zumindest nicht vorgehalten werden könne.

In der Konstellation, in der ein Unschuldiger der Auflage zustimmt, ist der psychische Druck natürlich nicht zu leugnen. Auch derjenige, der um seine Unschuld weiß, sieht sich trotzdem (vielleicht zum ersten Mal) mit den Strafverfolgungsorganen konfrontiert. Daraus resultiere regelmäßig die Angst über die Ungewissheit des Verfahrensausgangs. In der ungewohnten und unangenehmen Lage des Beschuldigten könne man so geneigt sein, der Auflage zuzustimmen

---

[457] Vgl. *Frister*, Schuldprinzip, S. 94 f.; *Pieroth/Schlink*, Grundrechte, Rn. 131 ff.

[458] So *Hirsch*, ZStW 92 (1980), S. 218 (224); *Schmidhäuser*, JZ 1973, 529 (534). Hat der Beschuldigte die Tat tatsächlich begangen, so steht auf der einen Seite die Auflage, auf der anderen das nicht ganz unbegründete Risiko einer Strafe. Ist der Beschuldigte dagegen unschuldig, oder ist ihm die Tat nicht nachweisbar, so steht der Auflage ebenfalls die Anklage gegenüber. Diese ist hier verknüpft mit dem Risiko der Durchführung des Hauptverfahrens und einem Fehlurteil. Das größere Übel ist hier fraglich: Auflage oder Risiko eines Fehlurteils? Jedoch ist nicht von der Hand zu weisen, dass für den Durchschnittsbürger jeder Kontakt mit den Organen der Strafrechtspflege unangenehm ist. Denn oftmals schwingt die Angst mit, ob nicht doch Indizien für eine Täterschaft sprechen und so eventuell ein Fehlurteil in Frage kommt. Daher liegt auch in diesem Fall ein Übel vor.

[459] Vgl. *Schmidhäuser*, JZ 1973, 529 (534).

(zumal wenn sie subjektiv nicht zu schmerzhaft sei). Denn so brächte man das Verfahren inklusive seiner weiteren Ungewissheit schnellstmöglich zum Abschluss. In dieser Situation denke man nicht über die Konsequenzen z.B. einer Verurteilung im sozialen Umfeld nach. Die Sorge, das bis zum Ende durchgeführte Strafverfahren könne mehr Nachteile bringen als die Erfüllung der Auflage, werde den unschuldigen Beschuldigten letztlich dazu bewegen, die Auflage zu erfüllen.[460] Erst später, wenn nach der Einstellung der Druck der ungewohnten Situation weiche, sei der Beschuldigte dann in der Lage, das Geschehene zu überdenken und die Fehlerhaftigkeit des Geschehenen festzustellen. Dann wolle er sich wegen des gewichenen Drucks nicht mehr mit der Auflage abfinden. Vielmehr werde der Druck der Empörung über die Ungerechtigkeit der Feststellung weichen, dass alles ganz anders hätte ablaufen müssen.[461] Daher sei es im Ergebnis zwingend, dass dem Beschuldigten seine Zustimmung nicht zugerechnet werden könne.[462]

Dem kann so nicht gefolgt werden. Zuzustimmen ist vielmehr der in der *Rechtsprechung* vorherrschenden Ansicht. Diese stellt darauf ab, dass es der Beschuldigte in der Hand habe, seine Unschuld feststellen zu lassen. Stimme er der Einstellung nicht zu oder unterlasse er die Erfüllung der Auflage, werde das Strafverfahren fortgesetzt. Stelle sich im weiteren Verlauf dann seine Unschuld heraus, so komme nur noch die Einstellung nach § 170 Abs. 2 StPO bzw. ein Freispruch in Betracht. Der Beschuldigte habe also die Möglichkeit, den Makel des eingestellten Verfahrens zu vermeiden, indem er seine Zustimmung verwei-

---

460 Vgl. *Schmidhäuser*, JZ 1973, 529 (534); *G. Fezer*, ZStW 106 (1994), S. 1 (34). Vgl. auch *Hamm*, Die Zeit v. 02.12.2004, S. 17 zum Parallelfall der Zustimmung zu Urteilsabsprachen; dazu BGH, StV 2004, 471 (471).

461 Vgl. *Schmidhäuser*, JZ 1973, 529 (534). Die Situation psychischen Drucks könne noch durch äußere Umstände erheblich verstärkt werden. Zu denken sei hier z.B. an die Suche nach einem Arbeitsplatz. Bei Bewerbungen ist die Frage nach Vorstrafen und laufenden Strafverfahren durchaus nicht selten zu finden. Durch die Zustimmung muss man nicht das Ende des Strafverfahrens abwarten, um sich bewerben zu können. Hier sei die Verlockung, das Verfahren überstürzt durch die Zustimmung zum Ende zu bringen, besonders groß. So *Dahs*, NStZ 1988, 153 (155).
Gleiches gilt auch in allen ähnlich gelagerten Fällen: Bewirbt man sich z.B. um einen Platz als Rechtsreferendar, so ist die Beantwortung der Frage nach Vorstrafen und laufenden Strafverfahren unausweichlich.

462 Vgl. *Schmidhäuser*, JZ 1973, 529 (534); *Naucke*, Gutachten, D 78 f.; *Hirsch*, ZStW 92 (1980), S. 218 (224); SK-*Weßlau*, § 153a Rn. 9 f. Ähnlich *Hassemer*, FS Staatsanwaltschaft Schleswig-Holstein, S. 529 (535).

gert.[463] Folglich sei es unbedenklich, den Beschuldigten an seiner Zustimmung festzuhalten. Damit sei aber eine Rechtsverletzung ausgeschlossen.[464]

Nichts anderes gilt auch im Rahmen des sog. „deal" im Strafprozess:[465] Auch dort ist ein Streitpunkt die Frage der Freiwilligkeit der Zustimmung des Beschuldigten aufgrund der Drucksituation.[466] In beiden Konstellationen[467] entsteht natürlich ein gewisser Druck, die Zustimmung zu erteilen. Einerseits entgeht der Beschuldigte so der Ungewissheit des Verfahrensausgangs, andererseits ist das gemeinsame Interesse aller professionellen Verfahrensteilnehmer an einer Zeit und Aufwand sparenden Erledigung des Prozesses nicht zu unterschätzen. Doch rechtfertigt diese Drucksituation letzten Endes nicht, die Zustimmung als unfreiwillig zu bezeichnen. Der Beschuldigte steht nicht unter einem derartigen Druck, dass eine vom freien Willen bestimmte Entscheidung unmöglich würde. Bildhaft ausgedrückt: Der Staat hat zwar das (Straf-) Monopol inne, es besteht aber kein Kontrahierungszwang seitens des Beschuldigten.[468] Vielmehr kann gerade von einem unschuldigen Beschuldigten erwartet werden, dass er auf Richtigstellung des Tatvorwurfs im weiteren Verfahren vertraut. Denn gerade in Kenntnis der Unschuld ist der Druck nicht allzu groß: Schließlich weiß der Beschuldigte um die tatsächlichen Umstände.

Hinzu kommt noch: Stimmt der Beschuldigte in Kenntnis seiner Unschuld der Auflage doch zu, so bleibt ihm immer noch die Möglichkeit, diese nicht zu erfüllen. Die Auflage ist schließlich nicht zwangsweise durchsetzbar. In einem solchen Fall erfolgt keine Einstellung, sondern das Verfahren wird fortgeführt. Das heißt, dass der Beschuldigte selbst im Falle einer übereilten Zustimmung noch eine Möglichkeit hat, sein Vorgehen zu überdenken. Und wenn der Druck bei der eigentlichen Zustimmung schon nicht zur Unfreiwilligkeit der Entschei-

---

[463] Zum vergleichbaren Problem, dass kein Unschuldiger je ein Geständnis ablegen würde, siehe *Hamm*, Die Zeit v. 02.12.2004, S. 17. Daher ist das Gericht auch bei jedem „deal" im Strafverfahren verpflichtet, ein Geständnis auf seine Glaubwürdigkeit hin zu überprüfen, vgl. BGHSt 37, 298 (304); BGHSt 43, 195 (204).

[464] Vgl. OLG Frankfurt, NJW 1996, 3353 (3354).

[465] Vgl. dazu *Weigend*, NStZ 1999, 57 (57 ff.).

[466] Vgl. *Weigend*, NStZ 1999, 57 (57); *Rönnau*, Absprache, S. 52 ff.

[467] Die durchaus eine Einheit bilden: Ein „deal" kann nicht erst in der Hauptverhandlung im Hinblick auf ein Urteil erfolgen; Vielmehr ist gerade die Möglichkeit der Einstellung nach § 153a StPO nichts anderes, als ein frühzeitiger „deal". Denn in beiden Fällen erfolgt eine konsensuale Beendigung des Strafverfahrens. So wird die Regelung des § 153a StPO auch zur Begründung der Zulässigkeit von Absprachen im Strafprozess herangezogen, vgl. BGHSt 43, 195 (203); *Rönnau*, Absprache, S. 115 ff.

[468] So *Rönnau*, Absprache, S. 184.

dung führt, so muss dies erst recht gelten, wenn er im Nachhinein vor der Erfüllung der Auflage die Situation noch einmal in Ruhe überdenken kann. Letztlich muss seine Zustimmung daher den Eingriff legitimieren.[469] Nur diese Lösung entspricht auch dem Umstand, dass es sich bei der Zustimmung zwar um einen (bis zur Erfüllung der Auflage faktisch widerrufbaren) Akt der Selbstunterwerfung handelt. Der Beschuldigte unterwirft sich jedoch keinem gerichtlichen Erkenntnis (wie z.B. im Falle eines Strafbefehls), sondern einer Übereinkunft, an deren Zustandekommen er maßgeblich mitgewirkt hat und bei der er jedwede eigenen Beweggründe verfolgen konnte.[470] Hat der Beschuldigte folglich der Einstellung zugestimmt und die Auflage erfüllt, wäre es widersprüchlich, einen Rechtsbehelf einzulegen.

Etwas anderes gilt nur für folgende Situation[471]: wird auf den Beschuldigten unzulässiger Druck und Täuschungsversuche ausgeübt, so entfaltet die Zustimmung keine Legitimationswirkung für den Eingriff. Überdehnt die Staatsanwaltschaft z.B. ihre Informationspflicht dergestalt, dass sie die mögliche Verurteilung und die Kostenfolgen zu stark betont, oder täuscht sie gar über Tatsachen z.B. in der Beweislage, so ist hierin ein selbständiger Verstoß gegen den fair-trial-Grundsatz zu sehen. Dieser hat in § 136a StPO seinen Niederschlag gefunden, der hier angewandt werden kann.[472] Folge ist dann ohne weiteres die Rechtswidrigkeit dieses Vorgehens mit der Konsequenz, dass Rechtsschutz nicht unter Berufung auf die Zustimmung verweigert werden darf.[473] Kein solches Vorgehen ist indes gegeben, wenn die Staatsanwaltschaft nur darauf hinweist, dass der Beschuldigte bei der Einstellung eine geringere Auflage zu erfüllen habe als sie von der Staatsanwaltschaft nach momentaner Sachlage im Hauptverfahren als Strafe gefordert würde. Denn das ist ja gerade der Sinn der gegenseitigen Übereinkunft.[474]

Wegen der festgestellten Legitimationswirkung der Zustimmung kann das folgende Argument gegenüber § 153a Abs. 1 StPO nicht durchgreifen: Es wird der

---

[469] Sieht man die Zustimmung als Grundrechtsverzicht an, kommt schon kein Eingriff in Betracht, da die Zustimmung einen solchen ausschließt, vgl. *Pieroth/Schlink*, Grundrechte, Rn. 141.

[470] Vgl. OLG Frankfurt, NJW 1996, 3353 (3354).

[471] Auch insofern besteht kein Unterschied zum „deal“, vgl. *Weigend*, NStZ 1999, 57 (59).

[472] Vgl. AK-*Schöch*, § 153a Rn. 4; *Braun*, Absprache, S. 67.

[473] Vgl. zu dieser Problematik AK-*Schöch*, § 153a Rn. 4; LR-*Beulke*, § 153a Rn. 12.

[474] Vgl. BGHSt 43, 195 (204). Zu den Problemen diesbezüglich *Weigend*, NStZ 1999, 57 (59). Allerdings kann diese Information durch Überdehnung des Sachverhaltes in einen Verstoß gegen § 136a StPO umschlagen. Vgl. dazu ausführlich *Rönnau*, Absprache, S. 189 ff.

Vorwurf erhoben, die Einstellung verstieße gegen die Gewaltenteilung.[475] Insbesondere liege ein Verstoß gegen Art. 92 GG vor, da die Staatsanwaltschaft sanktionsähnliche Kompetenzen erhalte. Außerdem stelle die Einstellung kompetenzmäßig einen Rückfall in die Zeit des Inquisitionsprozesses dar, weil Anklage- und Sanktionskompetenz in der Hand der Staatsanwaltschaft vereint seien.[476]

Nach Art. 92 GG ist die rechtsprechende Gewalt den Richtern anvertraut. Diese allein haben die Befugnis, Kriminalstrafen zu verhängen.[477] Die bloße Zustimmung des Gerichts genügt nicht den Anforderungen an Rechtsprechung im Sinne des Art. 92 GG[478], da die Entscheidung hinsichtlich der Einstellung und der Auflagen von der Staatsanwaltschaft getroffen wird. Somit ist ein Konflikt mit Art. 92 GG unausweichlich: Die Auflagen sind (mit Ausnahme der Nr. 4 und 5) als zumindest sanktionsähnliche Maßnahmen zu sehen.[479] Daher dürften sie eigentlich nur von einem Richter verhängt werden.[480] Allerdings erfüllt der Beschuldigte die Auflagen freiwillig. Der Beschuldigte kann nach seiner Zustimmung noch die Erfüllung der Auflage verweigern, da diese nicht zwangsweise durchsetzbar ist. Erfüllt der Beschuldigte die Auflage, so besitzt sie zwar (zumeist) einen sanktionsähnlichen Charakter, von der *Verhängung* einer Sanktion kann aber aufgrund der Zustimmung keine Rede sein. Vielmehr liegt eine gegenseitige Übereinkunft vor, die einen Verstoß gegen Art. 92 GG ausschließt.[481]

c. Die Zustimmungserfordernisse der §§ 153 Abs. 2 und 153a Abs. 2 StPO

Die gerichtliche Einstellung des Strafverfahrens sowohl im Zwischen- als auch im Hauptverfahren ist durch die Zustimmung der Staatsanwaltschaft einerseits und des Angeschuldigten bzw. Angeklagten andererseits bedingt.[482] Durch die *Zustimmung der Staatsanwaltschaft*[483] soll ihr als Strafverfolgungsbehörde ins-

---

[475] Dieser Aspekt gilt nur für die staatsanwaltschaftliche Einstellung.
[476] Vgl. AK-*Schöch*, § 153a Rn. 4.
[477] Vgl. BVerfGE 22, 49 (73 ff.); BVerfGE 27, 18 (28 ff.).
[478] Vgl. *Kausch*, Staatsanwalt, S. 66 ff.; SK-*Weßlau*, § 153a Rn. 6.
[479] Vgl. dazu oben D.III.1.b.bb.
[480] Vgl. AK-*Schöch*, § 153a Rn. 4.
[481] Daher kommt es darauf, dass Art. 92 GG kein subjektives Recht für den Beschuldigten enthält, gar nicht an. Ggf. käme dann allerdings das subjektive Recht aus Art. 101 Abs. 1 S. 2 GG in Betracht. Vgl. *Jarass/Pieroth*, Art. 92 Rn. 1, 5.
[482] Die Ausnahmen vom Zustimmungserfordernis des Betroffenen, wie z.B. § 153 Abs. 2 S. 2 StPO sollen hier außer Betracht bleiben; sie stellen Sonderfälle dar.
[483] *Terbach* leitet aus Art. 19 Abs. 4 GG – entgegen der h.M. – die Befugnis des Gerichts her, die staatsanwaltschaftliche Zustimmung im Falle rechtswidriger Verweigerung zu substituieren; vgl. *Terbach*, Einstellungserzwingungsverfahren, S. 197 und *ders.*, NStZ 1998, 172 (174).

besondere die Beurteilung des öffentlichen Interesses an der Strafverfolgung nicht entzogen werden.[484] Dadurch wird – wie im umgekehrten Fall auch – die Einstellung nicht zu einer staatsanwaltschaftlichen. Der Beschluss ergeht durch das Gericht, das die Rechtsverletzung zu verantworten hat. Daraus ergibt sich letztlich, dass sich an der oben bereits festgestellten Rechtsverletzung insofern nichts ändert.[485]

Hinsichtlich der *Zustimmung des Angeschuldigten bzw. Angeklagten* und deren Auswirkung auf die Rechtsverletzung gilt das bereits Ausgeführte[486] entsprechend: Im *Zwischenverfahren* soll dem Beschuldigten, nachdem er einmal in den Status des Angeschuldigten versetzt wurde, durch das Zustimmungserfordernis die Befugnis eingeräumt werden, die Durchführung des Verfahrens erzwingen zu können. Gleiches gilt, wenn sogar schon das Hauptverfahren gegen ihn eröffnet wurde. Andernfalls könnte er nämlich eine ggf. in Aussicht stehende günstige Entscheidung – wie z.B. einen Freispruch – nicht durchsetzen. Stimmt er nicht zu, so muss er allerdings das Risiko einer Verurteilung in Kauf nehmen.[487] Dennoch ist die Zustimmung auch hier eine freiwillige Entscheidung, die den Eingriff legitimiert.

Fraglich ist, ob dies auch für eine Einstellung während der *Hauptverhandlung*[488] gilt. Denn gerade nach Beginn des Hauptverfahrens ist ein gewisser psychischer Druck nicht zu leugnen. Der Angeklagte muss hier allerdings – im Gegensatz zu Ermittlungs- und Zwischenverfahren – keine Angst mehr vor der Hauptverhandlung haben, die er abwenden will. Denn er befindet sich bereits mitten darin. Insofern könnte die Verlockung des Arguments ‚Hauptsache zu Ende' bzw. ‚Hauptsache kein *öffentliches* Verfahren' hier nicht mehr gegeben sein, da es nichts mehr abzuwenden gibt. Jedoch wird der Druck, wenn sich nicht eindeutig ein Freispruch abzeichnet, eher zunehmen. Die Konfrontation mit dem Gericht und der Öffentlichkeit in der Rolle des Angeklagten sowie das näher rückende Risiko der Verurteilung werden den Druck, zuzustimmen beim Beschuldigten ansteigen lassen. Dennoch ist die Entscheidung hinsichtlich der Zustimmung

---

[484] Vgl. *Meyer-Goßner*, § 153 Rn. 26.
[485] Insbesondere kann sich das Gericht natürlich nicht auf eine Kontrolle durch die Staatsanwaltschaft berufen.
[486] Vgl. D.III.2.b.
[487] Vgl. *Meyer-Goßner*, § 153 Rn. 27.
[488] Das Hauptverfahren beginnt eigentlich mit dem Eröffnungsbeschluss, § 203 StPO. Hier ist jedoch nur die Hauptverhandlung gemeint, da die Situation zuvor für den Angeklagten noch eher der des Zwischenverfahrens entspricht. Indes ist dieser Zeitraum in der Praxis relativ unbedeutend, da der Richter, der eine Einstellung im Zwischenverfahren nicht in Erwägung zieht, dies auch vor Beginn der Hauptverhandlung nicht tun wird.

eine freiwillige. Einerseits ist der Beschuldigte trotz des Drucks nicht im Bereich der Zwangslage, die § 136a StPO voraussetzt. Und andererseits kann auch hier der Beschuldigte im Nachhinein die Erfüllung der Auflage unterlassen; ihm steht also auch hier zusätzliche Bedenkzeit noch nach der Zustimmungserklärung zu, die den Druck weichen lässt.

Außerdem kommt noch folgendes gewichtige Argument hinzu: Ist die Hauptverhandlung erst einmal eröffnet, so kommt wegen der Öffentlichkeitswirkung der Verhandlung einzig einem Freispruch noch rehabilitierende Wirkung zu. Deswegen ist nur ein solcher hilfreich für den Angeklagten. Denn das Verfahren wird im Fall der Einstellung zwar folgenlos, ohne Bundeszentralregister-Eintragung und endgültig beendet. Allerdings haftet dem Angeklagten der negative Status in der Öffentlichkeit, in seinem sozialen Umfeld etc. weiter an, wenn er nicht per Freispruch vom Gericht rehabilitiert wird. Dies muss auch dem Angeklagten klar sein. Daher hat er diesen Umstand in seine Überlegungen mit einzubeziehen.[489] Schließlich stehen ihm gegen ein nicht sehr wahrscheinliches, aber dennoch mögliches Fehlurteil die Rechtsschutzmöglichkeiten der Berufung und der Revision offen. Daher ist der Eingriff durch die Zustimmung legitimiert.

3. Die Rechtsverletzung bei der Einstellung nach §§ 154, 154a StPO

Ob Rechtsschutz auch im Fall der §§ 154, 154a StPO zu gewähren ist, hängt davon ab, ob auch diese Einstellungsarten das bereits oben bei §§ 153, 153a StPO erörterte Recht des Beschuldigten, im Falle seiner Unschuld nicht mit den Folgen einer Einstellung leben zu müssen, verletzt. Diese Frage soll im Folgenden untersucht werden. Die Rechtsverletzung durch die Einstellung nach §§ 154, 154a StPO wird der Übersichtlichkeit halber nur an Aspekten ausführlich aufgezeigt, bei denen sich Unterschiede zu §§ 153, 153a StPO ergeben können.

a. § 154 StPO

aa. Unschuldsvermutung

(1.) Berücksichtigung in der Strafzumessung

Die nach § 154 StPO eingestellte Tat könnte später im Rahmen der Strafzumessung der Bezugstat Berücksichtigung finden. Voraussetzung hierfür ist, dass die Bezugstat noch nicht abgeurteilt wurde. Ein solches Vorgehen stößt in Literatur und Rechtsprechung auf relativ wenig Widerstand.[490]

---

[489] Vgl. im Ergebnis OLG Frankfurt, NJW 1996, 3353 (3354).
[490] Vgl. *Pott*, Außerkraftsetzung, S. 142.

Diesem Vorgehen wird teilweise entgegengehalten, es verstieße gegen die Unschuldsvermutung. Die Anforderungen an Strafzumessungstatsachen seien allgemein streng. Sie seien erst dann prozessual korrekt festgestellt, wenn der Richter von ihrem Vorliegen überzeugt sei. Demnach müsse die andere Tat zur Überzeugung des Gerichts feststehen. Das könne wiederum nur der Fall sein, wenn bezüglich allen relevanten Umständen Beweis erhoben wurde. Da dies hinsichtlich der eingestellten Tat gerade nicht stattfinde, sei eine Berücksichtigung auch in der Strafzumessung nicht statthaft.[491] Sei folglich eine Tat nicht prozessordnungsgemäß festgestellt, verstieße es gegen die Unschuldsvermutung, sie strafschärfend im Rahmen der Beurteilung der Persönlichkeit des Täters zu berücksichtigen.[492] Hieran ändere auch ein Hinweis des Gerichts nichts.

Dem ist folgendes entgegenzuhalten: Eine prozessordnungsgemäß festgestellte Tat darf trotz der Einstellung Berücksichtigung finden. Der Angeklagte muss nur auf die Verwertungsmöglichkeit hingewiesen worden sein. Schließlich darf das Gericht nicht gehindert werden, die einzelnen Tatumstände im Rahmen des § 46 Abs. 2 StGB zu berücksichtigen. Es findet wegen der Unschuldsvermutung jedoch nicht die Tat als solche Berücksichtigung, wohl aber deren Umstände als Strafzumessungstatsachen.[493] So kann z.B. eine nicht abgeurteilte, weil eingestellte Körperverletzung bezüglich Art und Intensität der Gewaltanwendung bei der Beurteilung eines Raubes als Strafzumessungstatsache Berücksichtigung finden. Denn ihr kommt indizielle Bedeutung für die Beurteilung der Gefährlichkeit und Persönlichkeit des Täters zu.

Das heißt jedoch gerade nicht, dass der bloße Tatverdacht verwertet werden dürfte, wie *Pott*[494] dies suggeriert.[495] Ebenso wird nicht die ganze Tat verwertet. Einzig prozessordnungsgemäß festgestellte Umstände der Tat dürfen Berücksichtigung finden. Da hierzu jedoch die Feststellung der Umstände vor der Einstellung erfolgen muss und da die Einstellung nach § 154 StPO regelmäßig sehr frühzeitig im Verfahren stattfindet, kommt diese Konstellation in der Praxis äußerst selten vor.

Jedoch führt dieser Aspekt vorliegend ohnehin nicht zu einer Rechtsverletzung durch die Einstellung. Denn diese Rechtsverletzung basiert nicht auf der Einstel-

---

[491] Vgl. *Pott*, Außerkraftsetzung, S. 142 f.
[492] So auch *Pott*, Außerkraftsetzung, S. 143.
[493] Vgl. *Gillmeister*, NStZ 2000, 344 (346).
[494] Vgl. *Pott*, Außerkraftsetzung, S. 142 f.
[495] Vgl. KK-*Schoreit*, § 154 Rn. 7.

lung, sondern erst auf dem Gerichtsurteil hinsichtlich der Bezugstat. Gegen dieses wäre also ggf. die Berufung oder Revision statthaft. Da die Unschuldsvermutung unter den genannten Voraussetzungen jedoch nicht verletzt ist, wird ein nur auf dieses Vorbringen gestützter Rechtsbehelf ohne Erfolg bleiben.

(2.) Schuldantizipation?

Entsprechend der obigen Ausführungen zu §§ 153, 153a StPO kommt im Rahmen der Einstellung gemäß § 154 StPO eine Schuldantizipation durch die Staatsanwaltschaft regelmäßig wohl kaum in Betracht. Die Frage soll dennoch im folgenden untersucht werden. Vorab gilt auch hier: Finden sich im Einstellungsbeschluss Schuldzuweisungen, so liegt eine selbständige Rechtsverletzung vor.[496]

Bei § 154 StPO ist sodann zu berücksichtigen, dass dieser vom Wortlaut her schon keine hypothetische Schuldbeurteilung verlangt. Vielmehr soll in weitem Umfang und vor allem möglichst frühzeitig von § 154 StPO Gebrauch gemacht werden. § 154 StPO kann sofort von Beginn der Ermittlungen an angewendet werden[497], so dass der Staatsanwalt noch gar keine ausreichenden Anhaltspunkte zur Beurteilung der Schuldwahrscheinlichkeit haben kann.

Allerdings darf nicht außer Acht gelassen werden, dass trotzdem eine Einstellung gemäß § 170 Abs. 2 StPO bzw. § 204 Abs. 1 StPO oder ein Freispruch Vorrang genießt.[498] Das heißt, der Staatsanwalt bzw. Richter muss sich Gedanken darüber machen, ob der Tatverdacht so abwegig ist, dass er nicht haltbar ist. Denn nur wenn ein reeller und plausibler Tatvorwurf existiert, darf eine Einstellung gemäß § 154 StPO erfolgen. Das heißt im Umkehrschluss jedoch keineswegs, dass jeder Einstellung nach § 154 StPO ein gewisser Schuldvorwurf immanent wäre.

Vielmehr wird die Schuldfrage auch hier zumindest offen gelassen. Denn es wird keine Schuld festgestellt. Es wird nur der bestehende Tatverdacht gradbezogen bewertet und daran wird die Einstellung geknüpft.[499] Außerdem wurde schon bei § 153 StPO eine Schuldfeststellung abgelehnt, obschon dort eine hypothetische Schuldbeurteilung vonnöten ist. Ist eine solche Schuldbeurteilung hingegen, wie bei § 154 StPO, gar nicht nötig, so kann erst recht keine Verlet-

---

496 Vgl. BVerfGE 82, 106 (116) und D.III.1.b.cc.(2.).
497 Vgl. RiStBV Nr. 101 Abs. 1; ferner *Meyer-Goßner*, § 154 Rn. 6.
498 Allgemeine Meinung, vgl. nur SK-*Weßlau*, § 154 Rn. 25.
499 Vgl. D.III.1.b.cc.(3.).

zung der Unschuldsvermutung gegeben sein. Dies ergibt sich schon daraus, dass der Staatsanwalt aufgrund der Möglichkeit, besonders früh von der Einstellung Gebrauch zu machen, oftmals noch gar keine Anhaltspunkte zur Beurteilung der Schuld haben wird. Folglich ist die Unschuldsvermutung nicht verletzt.[500]

bb. Der Makel und die Verletzung von Berufsfreiheit, Eigentum und allgemeinem Persönlichkeitsrecht

Auch im Fall des § 154 StPO ist der Makel grundlegend für die Verletzung einiger Rechte. Allerdings muss der Beschuldigte eine andere Tat begangen haben, wegen der er verurteilt wurde bzw. eine Verurteilung zu erwarten hat (sog. Bezugstat).[501] Diese Bezugstat könnte dazu führen, dass kein Makel mehr entstehen kann.

Die einzustellende Tat darf gemäß Nr. 1 nicht beträchtlich ins Gewicht fallen. Nicht beträchtlich ins Gewicht fällt die einzustellende Tat, wenn ihre (zu erwartende) Rechtsfolge geringer ist als die der Bezugstat. Aus diesem Rechtsfolgenminus[502] wird ersichtlich, dass die Bezugstat von größerem Gewicht sein muss als die einzustellende Tat. Folglich kann der einzustellenden Tat nicht mehr Bedeutung zukommen als der Bezugstat. Das könnte zur Konsequenz haben, dass ein Makel ausscheidet. Da Dritte den Beschuldigten nämlich sowieso schon für einen Straftäter halten, kann die Einstellung diesen Makel vielleicht nicht mehr begründen.

Ähnliches gilt für die Einstellung nach Nr. 2: Danach darf ein Urteil in angemessener Zeit nicht zu erwarten sein und die Verurteilung bezüglich der Bezugstat muss zur Wahrung der Rechtsordnung ausreichen. Hier muss zwar kein Rechtsfolgenminus vorliegen. Die Bezugtat-Verurteilung muss aber als strafrechtliche Reaktion auf einzustellende Tat und Bezugstat ausreichen. Dadurch ist gewährleistet, dass die einzustellende Tat nicht von ihrem Gepräge her von besonderem Gewicht ist. Folglich könnte auch hier der Makel der Bezugstat nicht wesentlich vertieft werden.

Es ist jedoch unwahrscheinlich, dass am Beschuldigten aufgrund der Bezugstat bereits solch ein Makel haftet, dass er sowieso als Straftäter gebrandmarkt ist. Gerade wenn die einzustellende Tat einem völlig anderen Deliktskreis entspringt (also z.B. ein Vermögensdelikt und ein Delikt gegen eine Person), kann sie zwar

[500] Vgl. ergänzend D.III.1.b.cc.
[501] Vgl. zu den Voraussetzungen C.II.3.
[502] Vgl. dazu *Meyer-Goßner*, § 154 Rn. 7.

nicht den Makel des Strafbaren als solchen begründen. Wohl aber kann sie diesen Makel vertiefen bzw. verändern. Durch die weitere Tat wird der Beschuldigte nämlich zum Mehrfachtäter. Außerdem darf das Rechtsfolgenminus nicht darüber hinwegtäuschen, dass die einzustellende Tat trotzdem noch von einigem Gewicht sein kann. Fraglich ist indes, ob die Staatsanwaltschaft einen solchen, grundsätzlich vorstellbaren Makel, wirklich verursacht. Man könnte nämlich argumentieren, da eine hypothetische Schuldbeurteilung nicht vonnöten ist, werde die Schuldfrage nicht offen gelassen. Vielmehr interessiere die Staatsanwaltschaft die Schuld gar nicht, da es auf diese Frage neben der Bezugstat gar nicht ankomme.

Wie schon bei § 153 StPO festgestellt, muss die Staatsanwaltschaft gegenüber einem unschuldigen Beschuldigten das Verfahren gemäß § 170 Abs. 2 StPO beenden.[503] Ansonsten liegt eine Fehlleistung seitens der Staatsanwaltschaft vor, da sie die Unschuld des Beschuldigten nicht erkannt hat.[504] Nun fordert § 154 StPO jedoch keine hypothetische Schuldfeststellung. Eingestellt wird, weil es auf die Schuld im konkreten Fall wegen der Bezugstat gar nicht ankommt. Oftmals wird zum Zeitpunkt der Einstellung in einem frühen Verfahrensstadium die Schuldfrage auch noch gar nicht beurteilt werden können, nicht einmal hypothetisch. Dennoch muss meiner Ansicht nach ein Makel Bejahung finden: Bei § 153 StPO wurde festgestellt, dass ein Makel besteht, weil die Staatsanwaltschaft die Schuldfrage bewusst offen lässt, den Beschuldigten also nicht rehabilitiert.[505] Doch auch ohne hypothetische Schuldfeststellung wird die Schuldfrage offen gelassen. Damit eine Einstellung nach § 154 StPO überhaupt erfolgen kann, muss aufgrund eines Anfangsverdachts ein Ermittlungsverfahren eingeleitet worden sein. Erfolgt daraufhin eine Einstellung nach § 154 StPO, werden die durch das Ermittlungsverfahren hervorgerufenen Diskriminierungen keineswegs beseitigt. Die Staatsanwaltschaft stellt zwar das Verfahren in erster Linie ein, weil es auf diese Tat neben der Bezugstat nicht ankommt. Dadurch wird aber gleichzeitig zum Ausdruck gebracht, dass zumindest der Anfangsverdacht nach wie vor besteht, denn ansonsten wäre eine Einstellung nach § 170 Abs. 2 StPO vorrangig.

Letztlich bedeutet das, dass zwar keine Schuldbeurteilung vorgenommen wird. Die Schuldfrage wird aber dennoch offen gelassen, denn ausgeräumt wird der

---

[503] Vgl. KK-*Schoreit*, § 154 Rn. 1.
[504] Zur gezielten Anwendung des § 154 StPO zur Vermeidung eines Freispruchs vgl. *Peters*, StV 1981, 411 (411); *ders.*, Justiz, S. 136 ff.
[505] Vgl. D.III.1.a.

Tatverdacht auch nicht. Dass es der Staatsanwaltschaft auf die Tat einfach nicht ankommt, ist unerheblich. Denn das soziale Umfeld sieht nur den Tatverdacht, der zur Eröffnung eines Ermittlungsverfahrens führt und die Einstellung aus Opportunitätsgründen. Da der Tatverdacht durch diese Einstellung nicht beseitigt, mithin offen gelassen wird, haftet am Beschuldigten der Makel, die Tat begangen zu haben. Folglich kann hinsichtlich der Verletzung von Berufsfreiheit, Eigentum und Ehre als Teil des allgemeinen Persönlichkeitsrechts auf oben verwiesen werden.[506]

cc. Gleichheitsgrundsatz

Weiter kommt eine Verletzung von Art. 3 GG in Betracht. Art. 3 Abs. 1 GG verbürgt auch bei einer Einstellung nach § 154 StPO die Gleichbehandlung wesentlich gleich gelagerter Fälle. Hieran besteht – wie auch schon oben – keinerlei Zweifel. Auch ansonsten ergeben sich keine Unterschiede zwischen § 153 und § 154 StPO hinsichtlich Art. 3 GG. Daher kann vollumfänglich auf die oben gemachten Ausführungen verwiesen werden.[507]

dd. Zustimmung

Hinsichtlich der Zustimmungserfordernisse kann gleichfalls auf die oben gemachten Ausführungen verwiesen werden.[508] Insbesondere ist der nach Abs. 2 nötige Antrag der Staatsanwaltschaft inhaltlich nicht anders zu bewerten wie deren Zustimmung.[509] Dieser Antrag ändert auch nichts daran, dass das Gericht das einstellende Organ ist, das folglich auch die Verantwortung für die Rechtsverletzung trägt. Insgesamt bleibt somit festzuhalten:

ee. Fazit

Sowohl die gerichtliche als auch die staatsanwaltschaftliche Einstellung verletzt damit potentiell Rechte des Betroffenen. Da für Art. 19 Abs. 4 GG schon die Möglichkeit einer Rechtsverletzung genügt, sind dessen Voraussetzungen für zu gewährenden Rechtsschutz erfüllt.

---

[506] Vgl. D.III.1.d. bis h. Zu einer evtl. Rechtfertigung vgl. D.VI.3.

[507] Vgl. ausführlich dazu bereits D.III.1.c. (Dort auch zu den inhaltlichen Unterschieden der Opportunitäts-Einstellung im Vergleich zu § 170 Abs. 2 StPO.) Allgemein zur Vereinbarkeit des § 154 StPO mit dem Gleichheitssatz siehe *Pott*, Außerkraftsetzung, S. 152 f.

[508] Vgl. D.III.2.

[509] Vgl. *Meyer-Goßner*, § 154 Rn. 16.

b. § 154a StPO

aa. Der Unterschied zu § 154 StPO

Fraglich ist, ob dies auch für die Schwestervorschrift des § 154 StPO, § 154a StPO gilt. Der Unterschied zwischen § 154 und § 154a StPO besteht darin, dass bei § 154 StPO die Verfolgung einer ganzen Tat eingestellt werden kann.[510] Dagegen muss es sich bei § 154a StPO entweder um abtrennbare Teile einer Tat oder um einzelne von mehreren Gesetzesverletzungen handeln. Das heißt, im Fall der ersten Alternative muss eine einheitliche Tat im prozessualen Sinne vorliegen. Von dieser kann ggf. eine in sich geschlossene Handlung als Tatteil abgetrennt werden. Bei der zweiten Alternative liegt hingegen materiell-rechtliche Tateinheit vor. Hier können einzelne von mehreren Gesetzesverletzungen eingestellt werden.[511] Ansonsten ist § 154a StPO dem § 154 StPO sehr ähnlich und ergänzt ihn.

Das bedeutet jedoch keineswegs, dass die Rechtsverletzung ähnlichen Regeln folgen muss. Vielmehr führt die Einheitlichkeit der Taten bei § 154a StPO zu einem grundlegend anderen Ergebnis. Hierbei ist zwischen Taten im prozessualen Sinne und Taten in Tateinheit zu differenzieren.

bb. Makel und Rechtsverletzung bei der prozessualen Tat

Im Falle der Einstellung nach der ersten Alternative kann kein Makel bestehen. Eine einheitlich begangene, zusammenhängende Tat (einheitliche Tat im prozessualen Sinne) wird nie anhand einzelner Tatteile im juristischen Sinn beurteilt. Vielmehr kommt es hier immer auf ihr Gesamtgepräge an. Wird z.B. im Falle eines Bankraubes der die Flucht betreffende Tatteil nach § 154a StPO eingestellt, so bleibt das Bild der Tat dennoch dasselbe. Ein Makel aufgrund eines eingestellten Tatteils scheidet aus. Denn die Tat wird sowieso als Einheit erfasst. Die juristisch genaue Verurteilung ist allenfalls zweitrangig. Für das soziale Umfeld bleibt im genannten Beispielsfall der Bankraub ein Bankraub, egal nach welchen konkreten Strafvorschriften der Beschuldigte verurteilt wird. Hier ist das Offenlassen des Tatverdachts hinsichtlich der eingestellten Strafvorschriften unerheblich. Der Makel resultiert nämlich aus dem Bankraub, nicht aus beispielsweise § 249 StGB.[512] Folglich bleibt der Makel mit und ohne die eingestellte Tat derselbe. Entsteht aber kein zusätzlicher Makel, der über den Rest der Tat hinausgeht, so kann darauf auch keine Rechtsverletzung basieren.

---

510 Vgl. C.II.3., 4.

511 Vgl. dazu bereits C.II.4. und SK-*Weßlau*, § 154a Rn. 4 f.

512 Das gilt natürlich nicht für schwerwiegende Delikte, allerdings sind diese auch nicht einstellungsfähig.

Davon ausgenommen bleibt die Rechtsverletzung hinsichtlich Art. 3 GG, die vom Makel unabhängig ist.[513]

cc. Makel und Rechtsverletzung bei Tateinheit

Bei Tateinheit schließlich sieht jeder Dritte noch weniger die einzelnen Gesetzesverstöße, sondern vielmehr nur die einheitliche Tat als solche. Diese erfährt durch die Einstellung aber keine Veränderung. Denn der Charakter der Tat ist gerade von der juristisch genauen Beurteilung unabhängig. Wird also z.B. die bei einer Freiheitsberaubung durch mangelnde Ernährung verursachte leichte Körperverletzung (unter der Schwelle des § 239 Abs. 3 Nr. 2 StGB) eingestellt, so behält die Freiheitsberaubung hinsichtlich des Makels denselben Charakter. Insofern gilt das soeben zur Rechtsverletzung in der ersten Alternative Gesagte entsprechend.

dd. Fazit

Die Möglichkeit einer Rechtsverletzung ist somit bei § 154a StPO nur aus Art. 3 GG möglich.[514]

IV. Der Rechtswidrigkeitszusammenhang

In einem Fall begehrte ein Beschuldigter Rechtsschutz gegen die Einstellung des Verfahrens nach § 170 Abs. 2 StPO. Das BVerfG hielt Rechtsschutz gegen die Verfahrenseinstellung nicht für geboten. Denn es fehle an einem anzuerkennenden Interesse für die Inanspruchnahme des Rechtswegs.[515] Dies ist im Rahmen der Einstellung nach § 170 Abs. 2 StPO durchaus plausibel. Denn die Staatsanwaltschaft gesteht hier im Nachhinein ein, dass sich der Anfangsverdacht nicht zur Anklagemöglichkeit erhärtet hat und schafft die Verdachtsgründe aus der Welt. Daher mag es auch hinzunehmen sein, dass „möglicherweise rechtswidriges, aber nicht objektiv unvertretbares Vorgehen“[516] seitens der Staatsanwaltschaft keiner gerichtlichen Überprüfung zugänglich ist.

Ganz anders im Fall der §§ 153 ff. StPO: Dann ist ein Interesse an der Beschreitung eines Rechtswegs gerade wegen der oben festgestellten Rechtsverletzung[517]

---

[513] Vgl. D.III.1.c.; D.III.3.b.cc.

[514] Hinsichtlich der Zustimmungserfordernisse gilt das zu §§ 153, 153a, 154 StPO Gesagte entsprechend. Zur Rechtfertigung vgl. D.VI.3.

[515] So BVerfG, NStZ 1984, 228 (229).

[516] BVerfG, NStZ 1984, 228 (229).

[517] Vgl. ausführlich D.III.

unbedingt zu bejahen. Dieses unterschiedliche Ergebnis resultiert aus der bereits angesprochenen unterschiedlichen Qualität der Verfahrenseinstellungen. Während bei § 170 Abs. 2 StPO kein Makel am unschuldigen Beschuldigten haften bleibt, ist dies im Fall der §§ 153 ff. StPO vollkommen anders. Aus diesem qualitativen Unterschied rechtfertigt sich die unterschiedliche Behandlung.

Dies ergibt sich aus dem im Rahmen des Art. 19 Abs. 4 GG zu fordernden Rechtswidrigkeitszusammenhang.[518] Danach muss das Handeln der öffentlichen Gewalt zu einer rechtlichen Betroffenheit des Klägers führen. Besonders bei mittelbaren und faktischen (Dritt-) Beeinträchtigungen ist dieser Aspekt von Bedeutung.[519] Dieser Rechtswidrigkeitszusammenhang ist gegeben, wenn die Rechtswidrigkeit gerade aus der Verletzung des subjektiven öffentlichen Rechts folgt.[520] Das ist hier unzweifelhaft der Fall. Denn die Rechtswidrigkeit folgt aus der Verletzung der Grundrechte. Noch deutlicher wird dieses Ergebnis mit den Worten *Jarass'*, der den Rechtswidrigkeitszusammenhang mit ‚Betroffenheit' umschreibt.[521] Denn dass beim Beschuldigten eine Betroffenheit gegeben ist, ergibt sich anschaulich aus den oben geschilderten Beispielsfällen.

Genau dasselbe gilt für alle Fälle gerichtlicher Einstellungen: Es fehlt ein anzuerkennendes Rechtsschutzinteresse, wenn das Verfahren gemäß § 204 StPO oder mit einem Freispruch endet. Der Unterschied dieser Verfahrensbeendigungen zu §§ 153 ff. StPO ist derselbe, wie soeben beschrieben.

Da der Rechtswidrigkeitszusammenhang, resultierend aus der individuellen Betroffenheit, gegeben ist, kann keine Rede mehr von einem fehlenden anzuerkennenden Interesse an der Beschreitung des Rechtswegs sein.[522] Folglich ist Rechtsschutz zu gewähren.

---

[518] Vgl. BKGG-*Ibler*, Art. 19 Abs. 4 Rn. 151; Maunz/Dürig-*Schmidt-Aßmann*, Art. 19 Abs. 4 Rn. 156 ff.

[519] Vgl. *Jarass/Pieroth*, Art. 19 Rn. 28.

[520] Vgl. BKGG-*Ibler*, Art. 19 Abs. 4 Rn. 151; *Jarass/Pieroth*, Art. 19 Rn. 28.

[521] Vgl. *Jarass/Pieroth*, Art. 19 Rn. 28.

[522] Eine Besonderheit des Ermittlungsverfahrens ist folgender Aspekt: Das Ermittlungsverfahren ist ein bloß vorbereitendes Verfahren. Es hat zum Ziel, die Entschließung der Staatsanwaltschaft zu ermöglichen, ob und inwieweit die öffentliche Klage geboten erscheint. Daher ist Rechtsschutz gegen das bloße Betreiben des Ermittlungsverfahrens in der Regel nicht geboten. Schließlich ist dieser in Haupt- und Zwischenverfahren ausreichend gewährleistet, vgl. BVerfG, NStZ 1984, 228 (229). Genauso klar ist indes, dass die Einstellung gemäß §§ 153 ff. StPO *kein* bloß vorbereitender Akt ist. Denn die Einstellung dient ja gerade nicht der Vorbereitung einer Entscheidung. Vielmehr *ist* sie selbst diese Entscheidung.

V. Einzelfallproblem oder Verfassungswidrigkeit der Einstellungsnorm?

Nach Feststellung der (Möglichkeit einer) Rechtsverletzung stellt sich noch die Frage, ob die §§ 153 ff. StPO insgesamt verfassungswidrig sind, oder ob ‚nur' Rechtsschutz zu gewähren ist, da die Anwendung der Normen nur im Einzelfall zu einer Rechtsverletzung führt.

Die konkrete Einzelfallentscheidung des Staatsanwalts ist korrekt hinsichtlich der Normvoraussetzungen. Denn die hypothetische Schuldwahrscheinlichkeit (soweit überhaupt erforderlich) wird regelmäßig tatsächlich vorliegen. Somit handelt der Staatsanwalt gesetzeskonform. Die §§ 153 ff. StPO bieten allerdings die Möglichkeit zur frühzeitigen Einstellung. Gerade aus dieser Möglichkeit resultiert regelmäßig auch die Rechtsverletzung, weil dadurch der Sachverhalt nicht ausermittelt zu werden braucht. Hätte der Staatsanwalt die Ermittlungen weiter betrieben, hätte sich in der Regel wohl die Unschuld des Beschuldigten herausgestellt. Allerdings treten diese Probleme nicht in jedem Fall auf: Den schuldigen Beschuldigten trifft kein ungerechtfertigter Makel, weil er die Tat tatsächlich begangen hat. In diesen Fällen, die in der Praxis den weit überwiegenden Anteil ausmachen, erfüllen §§ 153 ff. StPO ihren Zweck. Der schuldige Beschuldigte wird regelmäßig auch froh sein über die Einstellung.

Die geschilderten Probleme treten nur im Zusammenhang mit der Einstellung gegenüber einem unschuldigen Beschuldigten auf, da an diesem ein potentiell rechtsverletzender Makel haftet. Daher kann hierin kein generelles Problem der Einstellungsnormen gesehen werden. Zwar liegt der Anknüpfungspunkt für die Rechtsverletzung in der Norm selbst, denn die Einzelfallentscheidung ist gesetzeskonform. Daraus resultiert aber nicht die Verfassungswidrigkeit der Normen: Vielmehr kann diese verfassungsrechtliche Problematik im Einzelfall unproblematisch beseitigt werden, indem man dem potentiell unschuldigen Beschuldigten eine Rechtsschutzmöglichkeit gewährt. Dadurch können die Opportunitätsnormen trotzdem ihren sinnvollen Beitrag zur Justizökonomie leisten, der Beschuldigte kann aber eine Rehabilitation erlangen. Denn der Rechtsschutz führt zur Ausermittlung des Sachverhalts.

VI. Rechtsschutz muss gewährt werden

1. Eröffnung des Rechtswegs

Nach den bisherigen Ausführungen findet Art. 19 Abs. 4 GG Anwendung, weil der Beschuldigte in seinen Rechten verletzt ist. Somit steht ihm der Rechtsweg offen. Was unter dem „Offenstehen des Rechtswegs" zu verstehen ist, soll kurz geschildert werden. Dies sind zunächst die Anforderungen an einen wirkungsvollen Rechtsschutz.

Den Anforderungen der Rechtsschutzgarantie kann nur ein Richter gerecht werden. Die Qualität eines Gerichts ergibt sich aus den Bestimmungen der Art. 92 ff. GG. Es muss sich um staatliche deutsche Gerichte handeln.[523] Ein Instanzenzug ist nicht gewährleistet.[524] Art. 19 Abs. 4 GG trifft keine Aussage darüber, in welchem Zweig der Gerichtsbarkeit und in welcher Art von Verfahren Rechtsschutz zu gewähren ist.[525] Auch die statthafte Klageart oder die Besetzung des Gerichts wird durch die Rechtsschutzgarantie nicht geregelt. Dies bleibt dem einfachen Gesetzgeber vorbehalten.[526]

Was die Rechtsschutzgarantie nicht erfordert, ist eine von Voraussetzungen und Fristen losgelöste Zugänglichkeit des Rechtswegs. Zulässigkeitsvoraussetzungen, die zumutbar und sachlich gerechtfertigt sind, sind mit Art. 19 Abs. 4 GG vereinbar. Sachliche Rechtfertigungsgründe in diesem Sinne sind vor allem Rechtssicherheit, Belange Mitbetroffener und Schutz der knappen Ressource Rechtsschutzgewährung. So sind Institute wie Klage- und Antragsfristen, Verwirkung oder das Erfordernis eines Rechtsschutzbedürfnisses mit Art. 19 Abs. 4 GG vereinbar. Die Zulässigkeit von Prozessvoraussetzungen endet erst dort, wo ein faktischer Rechtswegausschluss anfängt.[527]

---

[523] Vgl. Hdb. StaatsR, *Papier*, § 154 Rn. 49; zu einer durch Art. 24 GG legitimierten Übertragung der Gerichtsbarkeit auf zwischenstaatliche Einrichtungen vgl. Maunz/Dürig-*Schmidt-Aßmann*, Art. 19 Abs. 4 Rn. 173 b mit vertiefenden Nachweisen.

[524] H.M., vgl. ständige Rspr. des BVerfG seit BVerfGE 4, 74 (74 ff.); Maunz/Dürig-*Schmidt-Aßmann*, Art. 19 Abs. 4 Rn. 179 m.w.N.; a.A. *Lorenz*, Rechtsschutz, S. 243 f.

[525] Allerdings gilt das Gebot der Rechtswegklarheit, wonach uneindeutige Spezial- und Generalzuweisungen verfassungswidrig sind. Vgl. BVerfGE 57, 9 (22). Von besonderer Bedeutung ist hier S. 2: ist einfachgesetzlich kein Rechtsweg bestimmt, gilt der ordentliche Rechtsweg als statthaft.

[526] Prinzipiell gewährt die Rechtsschutzgarantie repressiven Rechtsschutz, aber auch präventive Richtervorbehalte – wie bei §§ 153 ff. StPO teilweise vorkommend – sind nicht ausgeschlossen. Vgl. Hdb. StaatsR, *Papier*, § 154 Rn. 50 f.

[527] Vgl. Hdb. StaatsR, *Papier*, § 154 Rn. 52 ff. Siehe dazu auch D.VI.3.

Grundsätzlich gewährt die Rechtsschutzgarantie dem Betroffenen eine umfassende Kontrolle durch den Richter in rechtlicher und tatsächlicher Hinsicht.[528] Die jeweils erste Instanz darf folglich nicht als Revisionsinstanz ausgestaltet sein. Der Handlungs- bzw. Kontrollmaßstab ist der des materiellen Rechts. Denn die gerichtliche Kontrolle ist streng gesetzesakzessorisch. Problematisch sind in diesem Zusammenhang vor allem Ermessen und Beurteilungsspielraum.[529]

Schließlich muss der garantierte Rechtsschutz für den Einzelnen eine gewisse Effektivität aufweisen. Das heißt, die gerichtliche Kontrolle muss tatsächlich wirksam sein. Das ist sie, wenn der Richter mit einer Entscheidungsbefugnis ausgestattet ist, die Rechtsverletzungen effizient zu beseitigen vermag. In angemessener Zeit muss eine der Rechtskraft fähige und vollstreckbare Entscheidung erreichbar sein. Deren nähere Ausgestaltung bleibt dem einfachen Gesetzgeber überlassen.[530] Im Regelfall wird es sich hierbei um repressiven Rechtsschutz handeln. Jedoch muss für besondere Fälle (insbesondere wenn ein Abwarten unzumutbar ist) ein vorbeugender bzw. vorläufiger Rechtsschutz möglich sein.

2. Rechtsschutz gegen die Einstellung

a. Einstellung durch die Staatsanwaltschaft

Bei einigen Rechten ist – wie gezeigt – die Möglichkeit einer Rechtsverletzung nicht ausgeschlossen. Wahrscheinlich ist sie vor allem beim allgemeinen Persönlichkeitsrecht. Dadurch ist letztlich die (ausreichende) Möglichkeit einer Rechtsverletzung stets zu bejahen, soweit keine Zustimmung des Beschuldigten vonnöten ist.[531] Die Feststellung der konkreten Rechtsverletzung im Einzelfall bleibt dem Gericht vorbehalten. Dass die meisten Rechtsverletzungen nur beim zu Unrecht Beschuldigten denkbar sind, ändert natürlich nichts daran, dass sich alle Beschuldigten darauf berufen können. Denn für den zu Recht Beschuldigten gilt die Unschuldsvermutung, weil seine Täterschaft nicht nachgewiesen ist. Vielmehr ist er immer noch potentiell unschuldig (da die Unschuldsvermutung

---

[528] Vgl. BVerfGE 15, 275 (282).

[529] Hier gilt, dass das Gericht nur eingeschränkte Kontrollkompetenzen hat: bei Ermessensentscheidungen nur im Hinblick auf Ermessensfehler, bei Beurteilungsspielräumen, ob der Gehalt der gesetzlichen Vorschriften erkannt, von einem zutreffenden Sachverhalt ausgegangen, allgemein gültige Maßstäbe beachtet und keine sachfremden Erwägungen angestellt wurden. Vgl. Maunz/Dürig-*Schmidt-Aßmann*, Art. 19 Abs. 4 Rn. 189 ff. Nichts anderes gilt auch im Strafrecht, vgl. *Meyer-Goßner*, § 337 Rn. 16 f.

[530] Z.B. zur Aufhebung verpflichtend oder gestaltend-kassatorisch; vgl. insgesamt Hdb. StaatsR, *Papier*, § 154 Rn. 75.

[531] Diese legitimiert den Eingriff, vgl. D.III.2.b.

unwiderlegt geblieben ist) und daraus resultiert auch in diesen Fällen die Möglichkeit der Rechtsverletzung.

Folglich *ist* Rechtsschutz gegen die staatsanwaltschaftliche Einstellung des Strafverfahrens gemäß §§ 153, 153a, 154, 154a StPO wegen Art. 19 Abs. 4 GG *zu gewähren*, wenn der Beschuldigte der Einstellung nicht zuvor zugestimmt hat.[532]

b. Einstellung durch das Gericht

Die gerichtliche Einstellung des Strafverfahrens beinhaltet gleichfalls die Möglichkeit einer Rechtsverletzung. Bezüglich der Wahrscheinlichkeit der Rechtsverletzung gilt das zur Staatsanwaltschaft Gesagte entsprechend. Somit ist die ausreichende Möglichkeit einer Rechtsverletzung auch in diesen Fällen zu bejahen. Konsequenz daraus ist: Rechtsschutz muss gewährt werden. Die einzige Ausnahme hiervon stellt die Einstellung mit Zustimmung des Angeklagten dar. Denn diese Zustimmung ist geeignet, den Eingriff zu legitimieren.

3. Rechtfertigung des Eingriffs in Art. 19 Abs. 4 GG?

Der Eingriff in Art. 19 Abs. 4 GG (also die regelmäßige Nichtgewährung von Rechtsschutz gegen die Verfahrenseinstellung, obwohl dieser zu gewähren wäre[533]) kann gerechtfertigt sein. Zu beachten ist, dass die Rechtsschutzgarantie nur per verfassungsimmanenter Schranken einschränkbar ist. Sie beinhaltet nämlich keinen Schrankenvorbehalt.[534] In Frage käme als solch verfassungsimmanente Schranke nur die Funktionsfähigkeit der Strafrechtspflege als Teil des Rechtsstaatsprinzips.[535] Allerdings ist hier die Rechtsverletzung so gravierend, dass die bloße Ressourcenknappheit nicht zur Rechtfertigung ausreichen kann. Die individuellen Belange sind höher zu bewerten als staatliche Sparzwänge. Die Effizienz der Strafjustiz muss auf andere Weise sichergestellt werden, keinesfalls darf dies jedoch auf Kosten eines unschuldigen Beschuldigten geschehen. Dieser darf weder in seinem allgemeinen Persönlichkeitsrecht, noch in sonstigen Rechten verletzt werden, nur weil der Staat Sparzwängen unterliegt.[536]

---

532 Vgl. auch DVJJ-Unterkommission III, DVJJ-Journal 1-2/1992, S. 24 (zur vergleichbaren Problematik im JGG).
533 Vgl. dazu C.III.2.
534 Vgl. BKGG-*Ibler*, Art. 19 Abs. 4 Rn. 316; *Pieroth/Schlink*, Grundrechte, Rn. 1025.
535 Vgl. dazu schon C.I.3.a.
536 Vgl. auch D.III. Im Gegensatz zum Regelfall der Einstellung gegenüber einem Beschuldigten, der die ihm vorgeworfene Tat begangen hat, ist die Justizökonomie hier kein tragfähi-

Das gebietet die Verhältnismäßigkeit: Wäre die Funktionsfähigkeit der Strafjustiz insgesamt ernsthaft in Gefahr, so stünde ihr natürlich der Vorrang vor Individualinteressen zu. Dem ist jedoch nicht so: Billigt man dem (potentiell) unschuldigen Beschuldigten eine Rechtsschutzmöglichkeit zu, so bedeutet dies nur einen unerheblichen Mehraufwand für die Strafjustiz. Denn nach wie vor wird der Großteil der Beschuldigten froh über die Einstellung sein. Der geringe Teil, der Rechtsschutz begehrt, kommt dadurch zu seinem Recht, ohne dass der Strafjustiz die Möglichkeit der Opportunitätseinstellung genommen wäre. Angesichts dieser geringen Mehrbelastung kann indes dem Beschuldigten, der in seinen Rechten verletzt wird, nicht der Rechtsschutz verwehrt werden. Dies wäre im Hinblick auf die (zumindest potentiell) hohe Eingriffsintensität unverhältnismäßig.[537]

Hinzu kommt noch, dass ein Eingriff in das Verfassungsgut der funktionsfähigen Rechtspflege (die hinter der Rechtsschutzgarantie steht) nie aus Erwägungen der Rechtspflege heraus zu rechtfertigen ist. Hier liegt eine nicht auflösbare Interessenkollision vor. Mit anderen Worten: der Rechtspflege kann nicht zu Lasten der Rechtspflege zum Durchbruch verholfen werden.[538] Dies lässt sich auch so begründen: Ein Eingriff in Art. 19 Abs. 4 GG ist dann stets unzulässig, wenn er dessen Kernbereich berührt. Das heißt, dass Gegenstand der Rechtfertigung immer nur die Ausgestaltung des Rechtswegs[539] sein kann, nie aber dessen Verweigerung. Genau ein solcher Fall von Rechtsschutzverweigerung liegt hier aber vor.[540]

---

ges Argument, da der Beschuldigte hier im Gegensatz zum Regelanwendungsfall in Rechten verletzt ist.

[537] De lege ferenda wäre natürlich zu überlegen, ob nicht ein generelles Zustimmungserfordernis der einfachere Weg wäre. Vgl. dazu G.III.

[538] So auch *Pieroth/Schlink*, Grundrechte, Rn. 1025.

[539] Zu den Anforderungen des BVerfG an Rechtsbehelfe vgl. BVerfG, NJW 2003, 1924 (1927) und E.I.4.c.

[540] Vgl. BKGG-*Ibler*, Art. 19 Abs. 4 Rn. 314, 319 ff. Zulässig sind demnach z.B. Klagebefugnis, Rechtsschutzbedürfnis, Vorverfahren, Fristen etc.

E. Art. 19 Abs. 4 GG-konforme Rechtsbehelfe und ihre Kontrolldichte

Wie in den vorstehenden Kapiteln herausgearbeitet, ist Rechtsschutz gegen die Einstellungsverfügung zwingend zu gewähren. Damit stellt sich die Frage nach den in Frage kommenden Rechtsbehelfen und der Kontrolldichte der gerichtlichen Entscheidung.

I. Mögliche Rechtsbehelfe gegen staatsanwaltschaftliche Einstellungen

Da der Rechtsweg gegen Einstellungen gegenwärtig teilweise abgelehnt wird, sei auf folgendes hingewiesen: Art. 19 Abs. 4 GG postuliert zwingend Rechtsschutz. Das heißt, dass, falls keine spezielle Rechtswegzuweisung besteht, ein passender Rechtsbehelf zu finden ist. Gelingt das nicht, so ist ggf. auf den Auffangrechtsbehelf des Art. 19 Abs. 4 S. 2 GG zurückzugreifen. Dieser erklärt die ordentliche Gerichtsbarkeit für zuständig. Zuvor sind aber die Spezial- und Generalklauseln des Rechtswegs zu prüfen, zu dem die Sache „nach dem Grundsatz des Sachzusammenhangs am ehesten gehört“[541]. Dadurch soll gewährleistet werden, dass möglichst spezialisierte Richter über die Sache entscheiden. Nicht in Betracht kommt jedenfalls, dass gar kein Rechtsweg eröffnet ist.[542]

Als Rechtsbehelf gegen staatsanwaltschaftliche Einstellungen kommt zunächst in Betracht, für eine Fortsetzung des eingestellten Strafverfahrens zu plädieren. Weiter wäre ein Verfahren gemäß § 23 EGGVG denkbar. Ferner könnte man an einen Rechtsbehelf ‚sui generis' denken und zuletzt käme noch eine Parallele zum Rechtsschutz gegen in der StPO geregelte Zwangsmaßnahmen in Betracht.

1. Recht auf Fortsetzung des Verfahrens und Freispruch

Vordergründig nahe liegend wäre es, dem Betroffenen einen Anspruch auf Fortführung des eingestellten Verfahrens zuzubilligen. Dadurch käme es regelmäßig

[541] BVerwG, DÖV 1983, 894 (894). Ferner Maunz/Dürig-*Schmidt-Aßmann*, Art. 19 Abs. 4 Rn. 231.

[542] Von vornherein nicht in Betracht kommt eine Anwendung des (eigentlich auch ausgeschlossenen, vgl. § 172 Abs. 2 S. 3 StPO) Klageerzwingungsverfahrens. Denn dieses könnte im Falle der Einstellung nur Instrument des Verletzten sein. Ziel dieses Verfahrens ist nicht die Überprüfung der Einstellung. Vgl. dazu *Heinz*, FS Brohm, S. 351 (365).

zur Anklage und ggf. zur Durchführung des Hauptverfahrens, in dem sich die Unschuld des Beschuldigten herausstellen kann.[543] Definitiv nicht verstanden werden darf dies allerdings dahingehend, dass der Beschuldigte ein Recht auf die Eröffnung des Hauptverfahrens oder gar einen Freispruch haben kann. Allenfalls kommt ein Wegfall der Einstellungsverfügung, verknüpft mit einem Recht auf Fortführung des Strafverfahrens vom Zeitpunkt vor der Einstellung an in Betracht: In diesem Strafverfahren hat die Staatsanwaltschaft dann zu prüfen, ob nicht doch eine Verfahrenseinstellung gemäß § 170 Abs. 2 StPO angebracht gewesen wäre. Hält sie den Tatverdacht hingegen weiter für existent, so kann sie Anklage erheben. Kommt das Gericht im Zwischenverfahren zu dem Schluss, dass die Eröffnung des Hauptverfahrens abzulehnen ist, ist der Angeschuldigte rehabilitiert. Nur wenn das Hauptverfahren eröffnet wird, hat der Angeklagte eine Chance auf einen Freispruch (oder aber ein Urteil, das dann die Unschuldsvermutung ordnungsgemäß widerlegt). Die Fortführung des Verfahrens beinhaltet folglich (selbstverständlich) kein Recht auf ein bestimmtes Ergebnis. Schließlich muss die rechtsverletzende Einstellung des Verfahrens nicht bedeuten, dass der Beschuldigte tatsächlich unschuldig ist.

Vielmehr gewährleistet Art. 19 Abs. 4 GG[544] statt eines Freispruchs nur die richterliche Kontrolle hinsichtlich der Rechtsverletzung. Problematisch ist, dass bei bloßer Fortführung des Verfahrens nicht zwangsläufig ein Richter mit der Sache befasst wird. Denn es ist wieder die Staatsanwaltschaft zuständig. Zudem gewährleistet die Rechtsschutzgarantie nicht nur die irgendwie geartete Fortführung des Verfahrens. Vielmehr ist die konkrete Rechtsverletzung zu untersuchen. Diese kann bei bloßer Fortführung des Verfahrens allerdings nicht thematisiert werden.[545] Folglich ist es nicht möglich, Gewissheit bezüglich der, durch die Einstellung verursachten Rechtsverletzung zu erlangen. Nur durch die Überprüfung der Einstellung kann die Rechtsverletzung beim Beschuldigten positiv festgestellt werden. Denn der Betroffene hat einen Anspruch auf eine umfassende Nachprüfung der angefochtenen Maßnahme.[546] Dies kann die bloße Verfahrensfortführung indes nicht leisten.

---

[543] Vgl. *Vogler*, ZStW 89 (1977), S. 761 (784 ff.); KMR-*Paulus*, Vor § 296 Rn. 55 ff. (für Schuldfeststellungen); *Mrozynski*, JZ 1978, 255 (257) (zur Durchführung eines Verfahrens aufgrund der Unschuldsvermutung). Ferner dazu *Stuckenberg*, Unschuldsvermutung, S. 117 und *Haberstroh*, NStZ 1984, 289 (291).

[544] Die Art. 12, 14, 3 und 2 Abs. 1 i.V.m. 1 Abs. 1 GG gewährleisten gleichfalls keinen Freispruch. Eine Kontrolle der Einstellung, ggf. verbunden mit einer Rehabilitation z.B. gemäß § 170 Abs. 2 StPO genügt.

[545] Vgl. BVerfG, NJW 1997, 2163 (2164).

[546] Vgl. *Jarass/Pieroth*, Art. 19 Rn. 47.

Hinzu kommt im Übrigen noch das Problem, dass *vor* der Fortführung des Verfahrens die Rechtsverletzung festzustellen ist. Denn nur dann ist die Fortführung geboten.[547]

2. Rechtsbehelf ‚sui generis'

Diese Feststellung der Rechtsverletzung kann ein Rechtsbehelf ‚sui generis' leisten: Ein solcher Rechtsbehelf ‚sui generis' hätte einerseits den Vorteil, dass man ihn genau an den Bedürfnissen des Rechtsschutzes gegen Einstellungsverfügungen ausrichten kann, wobei dieser Vorteil auch nicht überbewertet werden darf. Andererseits muss ein solcher Rechtsbehelf solange abgelehnt werden, wie ein existenter Rechtsbehelf denselben Rechtsschutz leisten kann. Es ist vorzugswürdig, einen kodifizierten Rechtsbehelf zu verwenden, weil dadurch das Rechtsschutzsystem nicht unnötig verkompliziert und unübersichtlich gemacht wird. Daher genügen solche außerordentlichen Rechtsbehelfe auch nicht den verfassungsrechtlichen Anforderungen an die Rechtsmittelklarheit, weil ihre ungeschriebenen Voraussetzungen für den Bürger nicht klar erkennbar sind.[548]

Somit ist auf diese Variante des Rechtsschutzes bestenfalls dann zurückzukommen, wenn gar kein kodifizierter Rechtsbehelf zu finden ist. Als kodifizierter Rechtsbehelf kommt § 23 EGGVG in Betracht.

3. Rechtsbehelf des § 23 EGGVG (analog)

Oben wurde festgestellt, dass die Tatbestandsvoraussetzungen des Auffangrechtsbehelfs des § 23 EGGVG gegeben sind.[549] Es liegt zwar eine Prozesshandlung vor, aber gleichzeitig auch ein Justizverwaltungsakt.

Trotzdem ist § 23 EGGVG auch hier subsidiär zu anderen Rechtsbehelfen.[550] Das heißt im Kontext des Rechtsschutzes, dass § 23 EGGVG nur dann zum Zuge kommt, wenn kein anderer Rechtsbehelf parat ist. Und als solcher anderer Rechtsbehelf kommt vor allem ein solcher aus der StPO, konkret eine Parallele

[547] Die Fortführung des Verfahrens kann folglich nur der zweite Schritt sein, nachdem durch einen anderen Rechtsbehelf die Rechtswidrigkeit der Einstellungsverfügung festgestellt wurde.

[548] Vgl. BVerfG, NJW 2003, 1924 (1928).

[549] Siehe C.III.2.b.

[550] § 23 Abs. 3 EGGVG; vgl. *Eisele*, StV 1999, 298 (300).

zum Rechtsschutz gegen Zwangsmaßnahmen in Betracht. Dieser Rechtsbehelf ist daher vorrangig zu prüfen.[551]

4. Parallele zum Rechtsschutz gegen Zwangsmaßnahmen

Ob § 98 Abs. 2 S. 2 StPO als Rechtsbehelf gegen Einstellungsverfügungen in Betracht kommt, soll im Folgenden näher untersucht werden. Vorab soll ein kurzer Blick auf die herkömmlichen Anwendungsfelder geworfen werden.

a. Anerkannter Anwendungsbereich

Es entspricht inzwischen weitgehend der h.M., dass gegen Anordnungen der Staatsanwaltschaft hinsichtlich der Auferlegung von Zwangsmaßnahmen ein Antrag auf richterliche Entscheidung gemäß § 98 Abs. 2 S. 2 StPO statthaft ist. Dieser Antrag ist bezüglich Beschlagnahmeanordnungen direkt und bezüglich der Anordnung sonstiger Zwangsmittel analog zulässig. Nichts anderes soll gelten, wenn die Zwangsmaßnahme bereits beendet ist. Allerdings wird dann ein berechtigtes Feststellungsinteresse gefordert. Auch hinsichtlich der Art und Weise der Zwangsmaßnahme kann es mittlerweile als h.M. gelten, dass sowohl vor als auch während und nach der Zwangsmaßnahme § 98 Abs. 2 S. 2 StPO (analog) zur Anwendung kommt.[552]

b. Analogie im Falle der Einstellung?

Eine direkte Anwendung der Vorschrift scheitert daran, dass sie dem Wortlaut nach nur auf die Beschlagnahme Anwendung findet. Damit eine analoge Anwendung der Vorschrift in Betracht kommt, müsste einerseits die Einstellungsverfügung einen den Zwangsmaßnahmen vergleichbaren Sachverhalt darstellen und andererseits muss es sich um eine planwidrige Regelungslücke handeln.

Daraus resultiert die Frage, ob die Zwangsmaßnahme und die Verfahrenseinstellung wirklich vergleichbare Sachverhalte darstellen. Zwangsmaßnahmen sind

---

[551] Dadurch würde auch nicht gemäß § 25 EGGVG die Zuständigkeit des OLG-Strafsenates begründet.

[552] Vgl. *Beulke*, Strafprozeßrecht, Rn. 322 ff.; *Eisele*, StV 1999, 298 (299) m.w.N. Diejenigen, die § 98 Abs. 2 S. 2 StPO ablehnen, sei es bezüglich der Staatsanwaltschaft generell, nur nach Erledigung oder aber nur hinsichtlich der Überprüfung der Art und Weise, befürworten eine Anwendung der §§ 23 ff. EGGVG. Vorab zur Ergänzung: gegen die richterliche Anordnung einer Zwangsmaßnahme ist die Beschwerde gemäß § 304 StPO, gegen die Art und Weise der Durchführung der Antrag nach § 98 Abs. 2 S. 2 StPO statthaft, vgl. *Eisele*, StV 1999, 298 (299 f.).

z.B. die Beschlagnahme oder die Durchsuchung. Maßnahmen also, die im Rahmen eines Ermittlungsverfahrens ergehen und die der Beweisfindung oder der Aufklärung des Sachverhalts dienen. Sie können auch gegen den Willen des Betroffenen durchgesetzt werden.

Die Verfahrenseinstellung hingegen stellt den Abschluss des Strafverfahrens seitens der Staatsanwaltschaft aus Opportunitätsgründen dar. In der Regel kann diese ebenfalls ohne Einverständnis des Beschuldigten bzw. gegen dessen Willen erfolgen.[553]

Daran werden Unterschiede und Gemeinsamkeiten deutlich: Zwar sind Zwangsmaßnahme und Einstellungsverfügung natürlich nicht dasselbe. Vielmehr unterscheiden sie sich in Art und Zielrichtung. Jedoch stellen sie beide Handlungen der Staatsanwaltschaft während eines Ermittlungsverfahrens dar, die (teils ganz erhebliche) (Grund-) Rechtseingriffe mit sich bringen können. Über diese Ähnlichkeit hinaus müssen Zwangsmaßnahme und Einstellungsverfügung in rechtlich-wertender Hinsicht vergleichbare Sachverhalte darstellen.[554] Danach muss eine Analogiefähigkeit durchaus Bejahung finden. Denn letztlich handelt es sich in beiden Fällen um von der Staatsanwaltschaft verursachte (Grund-) Rechtseingriffe, die ihre Wurzeln in der StPO haben. Außerdem ist beiden eine maßgebliche Auswirkung auf das Strafverfahren immanent.

In wertender Hinsicht sind sie vor allem auch aus der Sicht des Betroffenen vergleichbar: Für diesen ist es zweitrangig, ob sein Ansehen durch eine Durchsuchung (dann ‚nur' bei den Nachbarn) oder durch eine Einstellung (dann im sozialen Umfeld, das Kenntnis vom Verfahren hat) beeinträchtigt wird.[555] Die Rechtsverletzung beim Betroffenen ist auch von vergleichbarer Intensität. Außerdem bringt die Staatsanwaltschaft sowohl durch die Zwangsmaßnahme als auch durch die Einstellungsverfügung zum Ausdruck, dass sie nicht gewillt ist, vom Tatverdacht gegenüber dem Beschuldigten abzurücken. Vielmehr knüpfen beide Maßnahmen an eine graduelle Bewertung des Tatverdachts an.

Nicht zuletzt besteht der Zweck des § 98 Abs. 2 S. 2 StPO gerade darin, den Einzelnen vor gewichtigen Grundrechtseingriffen im Rahmen des Strafverfahrens zu schützen. Das daraus folgende Rechtsschutzinteresse des Beschuldigten

---

[553] Eine Ausnahme gilt nur i.R.d. Zustimmungserfordernisse.
[554] Vgl. *Maurer*, Verwaltungsrecht, § 3, Rn. 29.
[555] Zwar geht es bei der Durchsuchung primär um Art. 13 GG. Die Auswirkungen auf das soziale Umfeld bzw. die Nachbarschaft sind aber dennoch durchaus vergleichbar.

besteht sowohl im Fall einer Beschlagnahme, als auch im Fall einer Einstellung.[556]

Bei der Beschlagnahme sind die Voraussetzungen sowie Art und Weise der Durchführung gemäß § 98 Abs. 2 S. 2 StPO (analog) kontrollierbar. Im Fall der Einstellung ist dies zur Kontrolle der Staatsanwaltschaft und Vermeidung der Stigmatisierung ebenfalls geboten. Schließlich ist § 98 Abs. 2 S. 2 StPO eine einfachrechtliche Ausgestaltung der Anforderungen des Art. 19 Abs. 4 GG. Daher muss die Auslegung der Vorschrift an verfassungsrechtlichen Anforderungen letzte Zweifel aufgrund der systematischen Stellung der Norm überwinden.

Hinzukommen muss eine planwidrige Regelungslücke. Der Gesetzgeber darf die Lücke nicht absichtlich im Gesetz gelassen haben, weil er Rechtsschutz nicht für geboten hielt. Hier kommt § 172 Abs. 2 StPO zum Tragen: Diese Vorschrift eröffnet eine Rechtsschutzmöglichkeit im Fall einer Einstellung nur für den Verletzten einer Straftat. Daher könnte man im Umkehrschluss annehmen, Rechtsschutz sei für die anderen Beteiligten nicht zu gewähren.[557] Dies würde allerdings voraussetzen, dass der Gesetzgeber davon ausging, den Rechtsschutz gegen Verfahrenseinstellungen in der StPO umfassend und abschließend geregelt zu haben.

Das ist nicht der Fall. Einerseits ist gerade gegen Opportunitätseinstellungen der Rechtsschutz nach § 172 Abs. 2 S. 3 StPO wieder ausgeschlossen. Hätte der Gesetzgeber einen kompletten Rechtsschutzausschluss gegen Einstellungen nach §§ 153 ff. StPO gewollt, so hätte er dies einheitlich regeln können. Nur so sind auch die Rechtswegausschlüsse der §§ 153 Abs. 2 S. 4, 153a Abs. 2 S. 4 StPO erklärbar.[558] Das kann nur so verstanden werden, dass der Rechtsschutz entweder unvollständig geregelt ist, oder dass in den anderen Fällen kein Rechtswegausschluss Platz greifen sollte. Aus den teilweise normierten Zustimmungserfordernissen ergibt sich nichts anderes. Deren Zweck[559] liegt nicht im Ausschluss weiterer Rechtsbehelfe.

---

[556] Vgl. BVerfG, NJW 1997, 2163 (2164) (dort zum vergleichbaren Fall des § 304 StPO).
[557] Vgl. dazu (ablehnend) *Terbach*, NStZ 1998, 172 (172 f.) m.w.N. Dass § 172 Abs. 2 S. 3 StPO gegen Opportunitätseinstellungen den Rechtsschutz wieder ausschließt, ändert hieran nichts.
[558] Diese normieren zwar einen klaren Ausschluss. Jedoch stehen die von Art. 19 Abs. 4 GG postulierten Anforderungen über einfachrechtlichen Rechtswegausschlüssen.
[559] Vgl. *Meyer-Goßner*, § 153 Rn. 27; *ders.* § 153a Rn. 10.

Dass der Rechtsschutz in der StPO generell unzureichend geregelt ist, zeigt sich an den diversen anderen, im Rahmen des § 98 StPO etablierten, analogen Rechtsbehelfen.[560] Von einem planmäßigen Rechtswegausschluss in der StPO kann folglich nicht ausgegangen werden. Vielmehr wurde dieses Problem im Zusammenhang mit der sukzessiven Einfügung der §§ 153 ff. StPO wohl gar nicht gesehen. Daher kann – gerade in Anbetracht des Postulats der Rechtsschutzgarantie – keine Rede von einem beabsichtigten Rechtsschutzausschluss sein.

c. Vorzüge der analogen Anwendung

Eine analoge Anwendung des Rechtsschutzes gegen Zwangsmaßnahmen ist einem Rechtsbehelf ‚sui generis' vorzuziehen. Denn ein solcher sollte immer nur der letzte Ausweg sein, solange ein zwar analoger, aber dennoch kodifizierter Rechtsbehelf dasselbe leisten kann. Schon wegen der sich aus der mangelnden Kodifizierung ergebenden Probleme ist einer Analogie der Vorzug zu gewähren. Sie bringt Vorteile wie festgelegte Zuständigkeiten, Verfahren etc. mit sich. Nur diese Auffassung wird auch den vom BVerfG aufgestellten Anforderungen an einen Rechtsbehelf gerecht. Danach ist die rechtsprechende Gewalt in erster Linie den Fachgerichten anvertraut und Rechtsbehelfe müssen in der geschriebenen Rechtsordnung geregelt und in ihren Voraussetzungen für den Bürger klar erkennbar sein. Dies gebietet die sog. Rechtsmittelklarheit, die aus dem rechtsstaatlichen Grundsatz der Rechtssicherheit für den Bürger abgeleitet werden kann.[561] Folglich ist § 98 Abs. 2 S. 2 StPO als kodifizierter Rechtsbehelf innerhalb der StPO verfassungskonform als Rechtsbehelf gegen staatsanwaltschaftliche Einstellungsverfügungen aus Opportunitätsgründen auszulegen.[562]

Ähnliches gilt für § 23 EGGVG: Gemäß Abs. 3 ist er subsidiär, soweit ein anderes Gericht aufgrund anderer Vorschriften angerufen werden kann. Diese Möglichkeit ist hier mit § 98 Abs. 2 S. 2 StPO analog gegeben. Dadurch bleibt auch der grundsätzlich abschließende Charakter des Rechtsschutzes innerhalb der StPO gewahrt.[563]

---

[560] Der Vollständigkeit halber sei angemerkt, dass es hier nur um die Frage § 98 StPO analog oder § 23 EGGVG geht. Denn das einfache Recht kann einem durch Art. 19 Abs. 4 GG geforderten Rechtsbehelf natürlich nicht entgegenstehen. Vgl. BVerfGE 27, 297 (308).

[561] Vgl. dazu insgesamt BVerfG, NJW 2003, 1924 (1927 f.).

[562] Vgl. zur Frage, ob de lege ferenda eine andere Lösung wünschenswert wäre G.III.

[563] Vgl. C.III.2.b.

d. Rechtsschutz nur gegen tief greifende Grundrechtseingriffe?

Fraglich ist sodann noch, ob ein tief greifender Grundrechtseingriff als Voraussetzung für das Rechtsschutzinteresse zu verlangen ist.[564] Diese Voraussetzung wird ansonsten im Rahmen des § 98 Abs. 2 S. 2 StPO zumeist gefordert, wenn die Maßnahme beendet ist, so dass nur noch eine Feststellung der Rechtswidrigkeit in Betracht kommt. Als Fallgruppen dieses besonderen Rechtsschutzinteresses sind neben dem tief greifenden Grundrechtseingriff die Wiederholungsgefahr, das Rehabilitationsinteresse und die Vorbereitung eines Amtshaftungsprozesses anerkannt.[565] Abgeleitet wird dieses Erfordernis aus dem allgemeinen Rechtsgedanken des § 28 Abs. 1 S. 4 EGGVG, der nach h.M. auch bei § 98 Abs. 2 S. 2 StPO Anwendung findet.[566]

Auch im Fall der Überprüfung der Verfahrenseinstellung kommt nur noch die Feststellung der Rechtswidrigkeit in Betracht, da die Maßnahme mit der Einstellung abgeschlossen ist. Generell ist das Erfordernis des besonderen Rechtsschutzinteresses auch zu bejahen. Allerdings sind gegenüber dem Begriff des tief greifenden Grundrechtseingriffs wegen seiner Ungenauigkeit generell Bedenken angebracht. Abgesehen davon dürfte diese Voraussetzung allerdings entsprechend der oben festgestellten Rechtsverletzung im Zusammenhang mit Art. 19 Abs. 4 GG immer vorliegen. Ferner darf der Ausschluss durch das besondere Rechtsschutzinteresse natürlich nicht weiter gehen, als Art. 19 Abs. 4 GG dies erlaubt. Das heißt, dass erhebliche Verletzungen sonstiger subjektiver Rechte nicht von einer Kontrolle ausgeschlossen sein dürfen. Bei strafprozessualen Einstellungen dürften jedoch stets Grundrechte mit im Spiel sein, so dass im Ergebnis nur das ‚tief greifend` Art. 19 Abs. 4 GG-konform dahingehend ausgelegt werden muss, dass im Falle einer potentiellen Rechtsverletzung i.S.d. Art. 19 Abs. 4 GG auch ein tief greifender Grundrechtseingriff vorliegt.

Das weiter in Frage kommende Rehabilitationsinteresse wird für den Beschuldigten regelmäßig verneint.[567] Dieses Interesse könne im weiteren Verlauf des Verfahrens befriedigt werden.[568] Allerdings hat der Beschuldigte diese Möglichkeit nach der Einstellung gerade nicht mehr. Letztlich führt die Verletzung des allgemeinen Persönlichkeitsrechts aber sowieso zu einer tief greifenden Grund-

---

[564] Siehe dazu *Eisele*, StV 1999, 298 (299) und *G. Fezer*, Jura 1982, 18 (18 ff.), 126 (126 ff.). Vgl. auch BVerfG, NJW 1997, 2163 (2163 ff.).

[565] Vgl. *Beulke*, Strafprozeßrecht, Rn. 327.

[566] Vgl. BGHSt 28, 57 (58).

[567] Vgl. *Beulke*, Strafprozeßrecht, Rn. 327.

[568] Vgl. BGHSt 37, 79 (83).

rechtsverletzung, so dass es auf das Rehabilitationsinteresse isoliert nicht ankommt.

II. Mögliche Rechtsbehelfe gegen gerichtliche Einstellungen

Weiter ist ein Rechtsbehelf gegen gerichtliche Einstellungen zu finden. Eine Analogie zum Rechtsschutz gegen strafprozessuale Zwangsmaßnahmen scheidet aus, da nicht einmal eine Regelungslücke existiert[569]:

Denn mit § 304 Abs. 1 StPO existiert ein exakt passender Rechtsbehelf. § 304 Abs. 1 StPO postuliert die Beschwerde als statthaften Rechtsbehelf gegen alle im ersten Rechtszug oder im Berufungsverfahren ergangenen Beschlüsse und Verfügungen des Gerichts bzw. des Vorsitzenden, eines Richters im Vorverfahren usw. Die Einstellungsverfügung ergeht stets durch das Gericht in Form eines Beschlusses.[570] Folglich ist dieser Rechtsbehelf, ohne dass es der Bemühung einer Analogie bedürfte, der passende um die Einstellung im Sinne des Art. 19 Abs. 4 GG überprüfen zu können.[571]

Dadurch bleibt auch die Einheitlichkeit des Rechtsschutzes hinsichtlich staatsanwaltschaftlicher und gerichtlicher Einstellungen gewahrt: Bei staatsanwaltschaftlich angeordneten Zwangsmaßnahmen ist stets § 98 Abs. 2 S. 2 StPO (analog) anzuwenden. Bei gerichtlich angeordneten Zwangsmaßnahmen ist hingegen § 98 Abs. 2 S. 2 StPO nur bezüglich der Art und Weise der Durchführung der Zwangsmaßnahme anzuwenden. Für die Anordnung als Solche findet § 304 StPO Anwendung.[572] Da der Einstellungsbeschluss eher der Anordnung als der Art und Weise der Durchführung vergleichbar ist, bleibt insgesamt das System des Rechtsschutzes in sich konsistent.

---

[569] § 23 EGGVG scheidet als Rechtsbehelf aus. Denn selbst wenn man die gerichtliche Einstellung überhaupt als Justizverwaltungsakt qualifizieren will, ist § 23 EGGVG subsidiär. Folglich kommt er nicht in Betracht, wenn ein anderer Rechtsbehelf sowieso zum Tragen kommt. Aus demselben Grund scheitert ein Rechtsbehelf ‚sui generis'. Auch dieser kommt nur in Frage, wenn sonst kein passender Rechtsbehelf parat steht.

[570] Vgl. §§ 153 Abs. 2 S. 3, 153a Abs. 2 S. 3 StPO. Die §§ 154, 154a StPO enthalten zwar keine vergleichbare Bestimmung, die Entscheidung ergeht aber dennoch per Beschluss, vgl. *Meyer-Goßner*, § 154 Rn. 16; BGH, DAR 1997, 181 (181).

[571] So auch OLG Zweibrücken, NJW 1996, 866 (866 f.) hinsichtlich der Statthaftigkeit; bezüglich der Beschwer irrt der Senat wohl.

[572] Vgl. *Eisele*, StV 1999, 298 (299 f.).

Allerdings wurden zwei Aspekte bislang ausgeblendet: Der Ausschluss der Rechtsbehelfe in der StPO einerseits und die Begrenzung auf bestimmte Rechtszüge in § 304 Abs. 1 StPO andererseits. Beide Aspekte sind vor dem Hintergrund des Art. 19 Abs. 4 GG zu lösen.

§ 153 Abs. 2 S. 4 und § 153a Abs. 2 S. 4 StPO normieren einen Rechtswegausschluss im Sinne des § 304 Abs. 1 StPO (letzter Teilsatz). Ohne ausdrückliche Normierung soll für §§ 154, 154a StPO dasselbe gelten.[573] Das heißt, dass Rechtsschutz gemäß § 304 Abs. 1 StPO im Fall der Opportunitätseinstellungen eigentlich ausgeschlossen ist. Allerdings wurde zwischenzeitlich festgestellt, dass Rechtsschutz zwingend zu gewähren ist. Der Betroffene ist nämlich durch die Einstellung beschwert.[574] Folglich fordert Art. 19 Abs. 4 GG Rechtsschutz, die StPO schließt diesen aus.

Dieser Konflikt lässt sich anhand der Normenhierarchie lösen: Art. 19 Abs. 4 GG ist Teil der Verfassung und somit im Rang über der einfachrechtlichen StPO angesiedelt. Verstößt demzufolge eine Norm der StPO (der Rechtswegausschluss) gegen das Grundgesetz, so ist der Verfassung der Vorrang zu gewähren. Das hat zur Folge, dass die §§ 153 Abs. 2 S. 4 und 153a Abs. 2 S. 4 StPO in ihrer Absolutheit verfassungswidrig sind, jedoch verfassungskonform ausgelegt werden können, indem man den Rechtsschutzausschluss nicht anwendet. Hinsichtlich §§ 154, 154a StPO ergibt sich keine Verfassungswidrigkeit der Normen. Indes ist die rechtsschutzverweigernde Auffassung der h.M. unhaltbar. Mit anderen Worten: Bejaht man das Rechtsschutzerfordernis, so überlagert Art. 19 Abs. 4 GG jeden Rechtswegausschluss. Rechtsschutz gemäß § 304 Abs. 1 StPO ist zu gewähren.

Allerdings gewährt § 304 Abs. 1 StPO nicht in jeder Konstellation Rechtsschutz. Seine Gewährleistung erstreckt sich nur auf den ersten Rechtszug und das Berufungsverfahren, wobei Abs. 4 die Ausnahmen noch erweitert. Das mag generell im Hinblick auf Art. 19 Abs. 4 GG unproblematisch sein. Schließlich gewährleistet das Grundrecht keinen Instanzenzug. Verletzt jedoch eine Einstellung durch ein Gericht außerhalb der Gewährleistung des § 304 StPO, also z.B. im Revisionsverfahren, Rechte des Betroffenen, so muss trotzdem Rechtsschutz gewährt werden. In diesen Fällen ist § 304 StPO verfassungskonform auszule-

---

573 Vgl. *Meyer-Goßner*, § 154 Rn. 20. Mit besseren Argumenten anderer Ansicht ist (zumindest hinsichtlich der Statthaftigkeit der Beschwerde) das OLG Zweibrücken, NJW 1996, 866 (866).

574 Anderer Ansicht *Meyer-Goßner*, § 154 Rn. 20 m.w.N..

gen. Konsequenz daraus ist, dass gegen die Einstellung Rechtsschutz in jeder Konstellation gewährt werden muss.[575]

III. Kontrolldichte

1. Allgemeine Kontrolldichte

Hinsichtlich der Kontrolldichte ergeben sich keine Besonderheiten. Es findet eine umfassende Überprüfung der Einstellungsverfügung statt. Nur dort, wo Ermessen besteht[576], findet nur eine gerichtliche Kontrolle auf Ermessensfehler statt. Dies entspricht herrschender Dogmatik und ergibt sich im Strafrecht aus § 337 StPO.[577]

Bezüglich der unbestimmten Rechtsbegriffe (z.B. ‚geringe Schuld' und ‚öffentliches Interesse' in § 153 Abs. 1 StPO) will die h.M. im Strafrecht die sich daraus ergebenden Beurteilungsspielräume nur daraufhin überprüfen, ob sich das entscheidende Organ seines Spielraums bewusst war und keine anzuwendenden Rechtsbegriffe verkannt hat.[578] Einige Stimmen aus der Literatur gehen noch weiter. Aus kriminalpolitischen Gründen sei allenfalls eine Kontrolle auf Willkür angebracht.[579] Denn ansonsten sei eine unabhängige Ermittlung des Sachverhalts nicht gewährleistet, wodurch die Funktionsfähigkeit der Strafrechtspflege aufs Spiel gesetzt werde.[580] Die Staatsanwaltschaft und das Gericht müssten das Verfahren selbst frei gestalten können.

Dem ist entgegenzuhalten, dass es fragwürdig erscheint, ob die Funktionsfähigkeit der Strafrechtspflege tatsächlich beeinträchtigt ist. Denn eine umfassende gerichtliche Kontrolle gefährdet die Unabhängigkeit der Ermittlungen nicht. Außerdem dürfte diese Einschränkung der, aus Art. 19 Abs. 4 GG gebotenen gerichtlichen Kontrolle nicht zu Lasten des Rechtsschutzsuchenden gehen.[581] Denn ein effizienter und wirksamer Rechtsbehelf erfordert eine umfassende

---

[575] In den seltenen Fällen, in denen (im ersten Rechtszug oder später) die Einstellung durch den BGH erfolgt, erscheint eine Überprüfung durch einen zweiten Senat angebracht.
[576] Vgl. dazu C.II.
[577] Vgl. *Meyer-Goßner*, § 337 Rn. 16; BKGG-*Ibler*, Art. 19 Abs. 4 Rn. 262.
[578] Vgl. KMR-*Paulus*, § 337 Rn. 24; *Meyer-Goßner*, § 337 Rn. 17; BGHSt 22, 266 (267); OLG Köln, NJW 1986, 2896 (2897).
[579] Vgl. *Heinrich*, NStZ 1996, 110 (113).
[580] So *Weigend*, Deliktsopfer, S. 504; *Werner*, NStZ 1984, 401 (403); *Schöch*, NStZ 1984, 385 (389); *Keller*, GA 1983, 497 (517); *Terbach*, NStZ 1998, 172 (175).
[581] Ähnlich *Strubel/Sprenger*, NJW 1972, 1734 (1739).

Kontrolle. Die Freiheit in der Gestaltung des Ermittlungsverfahrens entbindet die Staatsanwaltschaft nicht von der Achtung der Grundrechte.[582] Letztlich kann daher auch die bloße Willkür-Kontrolle nicht überzeugen. Sie genügt nicht den Anforderungen des Art. 19 Abs. 4 GG.[583] Auch die weniger radikale Lösung der h.M. im Strafrecht, nach der Beurteilungsspielräume in erster Linie auf ein Verkennen von Rechtsbegriffen hin zu untersuchen sind, ist abzulehnen. Soweit Art. 19 Abs. 4 GG aufgrund der Verletzung subjektiver Rechte, insbesondere von Grundrechten, Rechtsschutz fordert, hat eine umfassende Prüfung der Einstellungsverfügung zu erfolgen. Jede Schmälerung des Rechtsschutzes ist dann mit der Rechtsschutzgarantie unvereinbar.[584] Mit dem BVerfG ist vielmehr davon auszugehen, dass Beurteilungsspielräume nur dort zulässig sind, wo faktische Sachzwänge eine Rekonstruktion der Erstentscheidung unmöglich machen.[585] Davon kann bei Einstellungsverfügungen aus Opportunitätsgründen indes keine Rede sein. Die tatsächlichen Umstände hinsichtlich der unbestimmten Rechtsbegriffe sind unproblematisch nachvollziehbar und daher voll kontrollierbar. Daher hat das die Einstellung überprüfende Gericht eine umfassende Kontrolle der Einstellungsverfügung vorzunehmen.

2. Praktische Umsetzung des Rechtsbehelfs

Daran schließt sich die Frage an, wie der Rechtsbehelf des § 98 Abs. 2 S. 2 bzw. § 304 StPO praktisch umgesetzt werden soll. Denn das Rechtsschutzgericht kann nicht die Unschuld des Beschuldigten positiv feststellen. Hierzu ist nur das zuständige Strafgericht berufen, bei dem das Verfahren anhängig war bzw. im Fall der staatsanwaltschaftlichen Einstellung anhängig zu machen gewesen wäre. Ansonsten entzöge das Rechtsschutzgericht den Beschuldigten seinem gesetzlichen (Straf-) Richter. Hinzu kommt, dass die Einstellung von der Voraussetzungen her zumeist den Anforderungen der §§ 153 ff. StPO genügen wird. Denn die Unschuld wird praktisch nie bereits erwiesen sein. Wie also soll der Rechtsschutz ausgestaltet sein, wenn objektiv die Einstellungsvoraussetzungen gegeben waren, tatsächlich der Beschuldigte jedoch unschuldig ist?

Oben wurde bereits festgestellt, dass aus der Zulässigkeit der frühzeitigen Einstellung auch gegenüber einem Unschuldigen nicht die Verfassungswidrigkeit

[582] Vgl. *Wagner*, ZStW 109 (1997), S. 545 (580).

[583] Hierfür eintretend aber *Heinrich*, NStZ 1996, 110 (113); OLG Celle, MDR 1961, 251 (251). Ablehnend *Naucke*, FS Grünwald, S. 403 (408).

[584] Vgl. BKGG-*Ibler*, Art. 19 Abs. 4 Rn. 269 f.; Dreier-*Schulze-Filelitz*, Art. 19 Abs. 4 Rn. 94, 100; ähnlich BVerfGE 15, 275 (282).

[585] Vgl. BVerfGE 84, 34 (50).

der §§ 153 ff. StPO resultiert.[586] Vielmehr ist gerade durch den, dem unschuldigen Beschuldigten zu gewährenden Rechtsschutz, die Verfassungswidrigkeit ausgeschlossen. Trotzdem kann das Rechtsschutzgericht nicht die Unschuld des Beschuldigten positiv feststellen.

Das zuständige Gericht (also z.B. das AG, in dem die Staatsanwaltschaft ihren Sitz hat[587] bzw. das nächsthöhere Gericht, wenn das einstellende Gericht der Beschwerde nicht abhilft) hat die Einstellungsverfügung umfassend zu prüfen, wenn diese gemäß § 98 Abs. 2 S. 2 analog bzw. § 304 Abs. 1 StPO angegriffen wird. Nicht ausreichend ist es, nur die Tatbestandsvoraussetzungen der §§ 153 ff. StPO zu überprüfen. Dies kann nur der erste Schritt sein: Ist danach schon die Einstellungsverfügung rechtswidrig, weil z.B. im Fall des § 153 StPO keine hypothetische Schuldwahrscheinlichkeit vorlag, der Beschuldigte also eindeutig unschuldig ist, so ist die Einstellungsverfügung aufzuheben. Ist dies hingegen nicht der Fall, so muss das Gericht weiter überprüfen, ob die Möglichkeit besteht, dass der Beschuldigte unschuldig ist. Hierfür sind mit hoher Wahrscheinlichkeit weitere Ermittlungen anzustellen. Kommt das Gericht danach zu dem Schluss, dass der Beschuldigte tatsächlich unschuldig ist bzw. kann dies zumindest nicht ausgeschlossen werden, so ist die Einstellungsverfügung ebenfalls aufzuheben. Dadurch befindet sich das Verfahren wieder im vorherigen Status. Die Staatsanwaltschaft bzw. das Gericht können dann erneut zwischen den zur Verfügung stehenden Alternativen entscheiden. Dabei haben sie die Auffassung des Rechtsschutzgerichts zu berücksichtigen.

Die Staatsanwaltschaft kann entweder das Verfahren nach § 170 Abs. 2 StPO einstellen, wodurch der Beschuldigte rehabilitiert wäre. Oder sie erhebt Anklage.[588] Dann entscheidet das Gericht über die Schuld bzw. Unschuld des Beschuldigten. Gleiches gilt für die Aufhebung einer gerichtlichen Einstellungsverfügung. Dieses Gericht kann dann, entgegen dem Rechtsschutzgericht, die Schuld oder Unschuld positiv feststellen.

Dies gilt auch im Fall der Verletzung des Art. 3 Abs. 1 GG.[589] Grundsätzlich hat der Beschuldigte zwar einen Anspruch auf Gleichbehandlung, also im Regelfall Einstellung nach § 170 Abs. 2 StPO. Da das Rechtsschutzgericht die Unschuld

---

586 Vgl. D.V.

587 Vgl. *Meyer-Goßner*, § 98 Rn. 21, 16.

588 Lehnt das Gericht die Eröffnung des Hauptverfahrens ab, so ist der Beschuldigte ebenfalls rehabilitiert.

589 Vgl. D.III.1.c.

jedoch nicht abschließend feststellen kann, kann es die Staatsanwaltschaft nicht zur Einstellung nach § 170 Abs. 2 StPO verpflichten. Folglich hat auch hier die Staatsanwaltschaft die Wahl; erhebt sie Anklage, so erfolgt eine gerichtliche Prüfung des Tatvorwurfs, die zur Rehabilitation führen kann. Diese stellt dann keine Ungleichbehandlung gegenüber § 170 Abs. 2 StPO dar, weil in beiden Fällen der Tatvorwurf beseitigt wird.

Zuzugeben ist natürlich, dass die Möglichkeit der Unschuld des Beschuldigten regelmäßig gegeben sein wird, da auch das Rechtsschutzgericht die Schuld des Beschuldigten nicht feststellen kann. De facto kann der Beschuldigte dadurch die Fortsetzung des Strafverfahrens verlangen. Das ist jedoch aus Rechtsschutzgesichtspunkten hinzunehmen. Außerdem wird dieser Fall nur relativ selten eintreten, da der Großteil der Beschuldigten ja froh ist, dass das Verfahren ohne Schuldspruch beendet wurde.

3. Reformatio in peius – ist eine Verurteilung denkbar?

Was aber, wenn im weiteren Verlauf des fortgesetzten Verfahrens das Gericht am Ende des Hauptverfahrens eine Verurteilung beabsichtigt. Eine Verurteilung wäre dann unmöglich, wenn ein Verbot der ‚reformatio in peius' entsprechend §§ 331, 358 Abs. 2 StPO gelten würde. Dann käme eine Schlechterstellung des (dann) Angeklagten im Vergleich zur Einstellung nicht in Frage.

Dagegen sprechen die folgenden Aspekte: Erstens ist, im Gegensatz zu §§ 331, 358 StPO, noch keine gerichtliche Verurteilung erfolgt. Die Einstellungsverfügung ist nur in minderem Maße Vertrauen stiftend.[590] Zum zweiten verbürgt die Rechtsschutzgarantie nicht Gerichtsschutz mit einem bestimmten Ergebnis. Vielmehr muss nur überhaupt eine gerichtliche Überprüfung stattfinden. Daher kann aus Art. 19 Abs. 4 GG kein Verbot der ‚reformatio in peius' hergeleitet werden.[591] Zuletzt widerspricht sie nicht dem Vertrauensgrundsatz.[592] Denn mit dem Vorgehen des Betroffenen gegen die Einstellung hat dieser ein etwaiges schutzwürdiges Vertrauen in den Bestand der Einstellung selbst zerstört. Hinzu kommt noch, dass auch nach der Einstellung in bestimmten Fällen das Verfahren ohnehin fortgeführt werden kann.[593]

---

[590] Vgl. zur vergleichbaren Situation des Fehlens der reformatio in peius im Strafbefehlsverfahren *Beulke*, Strafprozessrecht, Rn. 528.
[591] Vgl. BKGG-*Ibler*, Art. 19 Abs. 4 Rn. 334 zur vergleichbaren Situation beim verwaltungsrechtlichen Widerspruchsverfahren.
[592] Der üblicherweise aus Art. 20 Abs. 3 GG abgeleitet wird.
[593] Vgl. dazu *Meyer-Goßner*, § 153 Rn. 37.

F. Weitere Rechtsverletzungen, die zu einem anderen Rechtsbehelf führen

Im Rahmen der Verfahrenseinstellung aus Opportunitätsgründen kann der Beschuldigte noch in weiteren Rechten verletzt sein, die ebenfalls wegen Art. 19 Abs. 4 GG zu Rechtsschutz führen. Allerdings wird aufgrund dieser Rechtsverletzungen nicht die komplette Einstellung überprüft und ggf. das Verfahren fortgesetzt. Es handelt sich dabei vielmehr um Aspekte, die nur einen Teil der Einstellung betreffen und die zu einem speziellen Rechtsbehelf führen. Da Gegenstand der Arbeit der gesamte Rechtsschutz des Beschuldigten gegen Verfahrenseinstellungen ist, soll auf sie auch kurz eingegangen werden.[594] Dazu zählt die Speicherung der Verfahrenseinstellung, Annexentscheidungen sowie die Nichtgewährung rechtlichen Gehörs.

I. Die Speicherung der Einstellung im SISY

Wird ein Strafverfahren durch eine staatsanwaltschaftliche Einstellung[595] nach §§ 153 ff. StPO beendet, so wird dies inklusive der Personendaten des Beschuldigten und des zugehörigen Tatvorwurfs in einem länderübergreifenden staatsanwaltschaftlichen Verfahrensregister (sog. Staatsanwaltschaftliches Informationssystem, kurz SISY) gespeichert.[596] Dessen Errichtung und die Voraussetzungen sind in § 492 StPO geregelt.[597]

Durch die unterschiedslose Speicherung auch der Einstellung gegenüber einem unschuldigen Beschuldigten könnte das Recht auf informationelle Selbstbestimmung beeinträchtigt sein. Die informationelle Selbstbestimmung stellt kein

---

[594] Hier ausgesparte Aspekte wie z.B. das Vorliegen öffentlicher Gewalt usw. sind entsprechend den obigen Ausführungen zu lösen.

[595] Für die Einstellung gemäß § 153 Abs. 2 StPO durch das Gericht gilt dies entsprechend: zwar erfolgt keine Eintragung ins Bundeszentralregister (vgl. § 3 BZRG), aber auch die gerichtliche Einstellung wird als Erledigung des Strafverfahrens im SISY gespeichert, vgl. § 492 Abs. 2 Nr. 5 StPO.

[596] Vgl. zum SISY insgesamt *Meyer-Goßner*, § 492 Rn. 1 ff. und *Lemke*, NStZ 1995, 484 (484 ff.). Das ZStV hat seit der Einführung des SISY an Bedeutung verloren. Die hier ausgeführten Erwägungen gelten entsprechend jedoch auch für das ZStV.

[597] Bei den gespeicherten Daten handelt es sich um Informationen: Personendaten und Tatvorwürfe stellen Einzelangaben über persönliche bzw. sachliche Verhältnisse einer bestimmten Person, nämlich des Beschuldigten, dar. Die Vorschriften über das SISY wurden durch das Gesetz zur effektiveren Nutzung von Dateien im Bereich der Staatsanwaltschaften vom 10.09.2004 (BGBl. I – 2004, Nr. 49 vom 21.09.2004, S. 2318 f.) modifiziert. In Bezug auf die informationelle Selbstbestimmung ergeben sich insoweit keine grundlegenden Änderungen.

eigenes Grundrecht dar. Sie ist vielmehr Teil des allgemeinen Persönlichkeitsrechts zum Schutz der Persönlichkeit speziell im Bereich moderner Techniken wie Datenverarbeitung, -speicherung und -vernetzung. Die Selbstbestimmung soll nicht nur im Bereich der üblicherweise bekannten Privatsphäre geschützt sein. Sie muss auch dort bewahrt werden, wo Daten gespeichert werden und jederzeit abrufbar sind. Nur so kann der Einzelne davor geschützt werden, dass er in ein bloßes Informationsobjekt verwandelt wird, über das im worst case ein umfassendes Persönlichkeitsprofil abrufbar ist.[598] Insofern kommt in diesem Aspekt[599] vor allem die Entwicklungsoffenheit des allgemeinen Persönlichkeitsrechts zum Tragen.[600]

Dem Volkszählungsurteil zufolge ist unter der informationellen Selbstbestimmung die Befugnis zu verstehen, selbst über die Preisgabe und Verwendung persönlicher Daten zu bestimmen.[601] Entscheidendes Kriterium ist demnach das Bestimmungsrecht über Individualinformationen, sowohl bezüglich Inhalt als auch Kommunikationspartnern. Unter den Begriff der Information fallen dabei alle Einzelangaben über persönliche oder sachliche Verhältnisse einer bestimmbaren oder bestimmten natürlichen Person.[602]

Durch die Speicherung der Einstellungsdaten wird in den Schutzbereich der informationellen Selbstbestimmung eingegriffen. Problematisch kann nur sein, ob durch die Speicherung überhaupt ein finaler (rechtlicher oder faktischer) Eingriff nach herkömmlichem Verständnis gegeben ist. Denn die Speicherung von Daten ist als solche – im Gegensatz zum Abruf der Daten – nicht geeignet, das Persönlichkeitsrecht zu beeinträchtigen.[603] Das ist aber, genau wie ein Missbrauch, nicht erforderlich: Allein die verfahrensseitig entstehende Gefährdungssituation begründet bereits die Eingriffsqualität. Schon die Unsicherheit für den Einzelnen hinsichtlich der Erhebung und Verarbeitung von Daten durch den Staat im verfassungsrechtlich geschützten Informationsbereich vermag die Persönlichkeitsentfaltung zu hemmen. Es ist folglich die „ungewisse Tiefenwirkung“ der Speicherung ausschlaggebend. Alles was im Verlauf des Datenverarbeitungsprozesses geschieht, ist letztlich Folge der mit der Erhebung begonne-

---

598 Vgl. *Simitis*, NJW 1984, 394 (399).
599 Der im Volkszählungsurteil des BVerfG entwickelt wurde; vgl. BVerfGE 65, 1 (1 ff.).
600 Vgl. Maunz/Dürig-*Di Fabio*, Art. 2 Abs. 1 Rn. 173; *Riepl*, Informationelle Selbstbestimmung, S. 7 f.
601 Vgl. BVerfGE 65, 1 (42 f.).
602 Vgl. die Legaldefinition des § 2 BDSG; ferner *Vogelgesang*, Informationelle Selbstbestimmung, S. 24 f.
603 Vgl. *Scholz/Pitschas*, Informationelle Selbstbestimmung, S. 83.

nen Einwirkung. Wegen des hohen Gefährdungspotentials der Datenverarbeitung ist nicht erst die eigentliche finale Beeinträchtigung des Abrufs als Eingriff zu sehen. Schon jede vorhergehende Erhebung, Speicherung usw. genügt dem Eingriffsverständnis der informationellen Selbstbestimmung.[604] Nur so kann den mit Erhebung, Speicherung usw. verbundenen Grundrechtsgefährdungen wirksam vorgebeugt werden.

Auf die Einstellungssituation angewandt bedeutet dies, dass nicht erst der jederzeit mögliche Abruf der Daten zu einem späteren Zeitpunkt gemäß § 492 Abs. 3 und 4 StPO Gegenstand des Eingriffs sein kann. Schon die für sich gesehen noch nicht final beeinträchtigende Speicherung der Einstellung genügt den Anforderungen an einen Eingriff. Im Weiteren ermöglicht diese Speicherung nämlich eine bestimmte Zeitspanne lang jeder Staatsanwaltschaft den Zugriff auf diese Daten. Dieses (potentielle) Abrufen stellt einen Eingriff dar, weil personenbezogene Daten unbemerkt genutzt werden können. Daher ist konsequenterweise schon die Speicherung mit einem hohen Gefährdungspotential verknüpft und muss als Eingriff gewertet werden. Nur so kann die von der Speicherung ausgehende Tiefenwirkung (also das Risiko) der weiteren (für den Beschuldigten ungewissen) Verwendung begrenzt werden. Demzufolge ist also der Schutzbereich eröffnet und bereits in der Speicherung der Daten liegt ein Eingriff.

Das heißt jedoch nicht, dass jede Speicherung personenbezogener Daten schlicht unmöglich wäre. Eingriffe in das Recht auf informationelle Selbstbestimmung sind rechtfertigbar. Denn das Grundrecht ist nicht schrankenlos gewährleistet. Allerdings bedarf es teilweise der Beachtung besonderer Voraussetzungen.

Der Staat bedarf, um effektiv handeln zu können, vielfach zur Erledigung seiner Aufgaben gewisser Informationen.[605] Demzufolge muss der Einzelne als soziales Wesen Eingriffe (also die Speicherung der Daten) aufgrund einer verfassungsmäßigen Ermächtigungsgrundlage hinnehmen.[606] Als solche kommt vorliegend nur § 492 StPO in Betracht: Nach deren Abs. 1 wird ein Verfahrensregister geführt und nach Abs. 2 werden unter anderem die Personendaten, der Tatvorwurf und die Art der Erledigung gespeichert. Auskünfte erhält gemäß

[604] Vgl. zu diesem Problem insgesamt *Scholz/Pitschas*, Informationelle Selbstbestimmung, S. 82 ff.; *Vogelgesang*, Informationelle Selbstbestimmung, S. 61.
[605] Vgl. *Scholz/Pitschas*, Informationelle Selbstbestimmung, S. 104; Maunz/Dürig-*Di Fabio*, Art. 2 Abs. 1 Rn. 179.
[606] Vgl. dazu *Simitis*, NJW 1984, 394 (400).

Abs. 3 jede Strafverfolgungsbehörde und unter bestimmten Voraussetzungen nach Abs. 4 die Verfassungsschutzbehörden des Bundes und der Länder, der Bundesnachrichtendienst und der Militärische Abschirmdienst. Gemäß § 494 StPO schließlich sind falsche Daten zu korrigieren und die Löschungsfristen zu wahren. Voraussetzung einer Rechtfertigung ist, dass die in § 492 StPO vorgesehene Speicherung der Daten verhältnismäßig ist.[607]

Allein aus dem Gesetz lässt sich der legitime Zweck der Speicherung nur vermuten. Aufschluss hierüber gibt die Gesetzesbegründung[608]: Das SISY soll, indem es die Ermittlung überörtlicher und Mehrfachtäter erleichtert, die Funktionstüchtigkeit der Strafrechtspflege verbessern. Es fördert die frühzeitige Erkennung von Tat- und Täterverbindungen. Verfahren werden nämlich schon vor deren Abschluss ins SISY aufgenommen. So wird insbesondere die Kriminalitätsbekämpfung bei reisenden Gewalttätern erleichtert. Im Rahmen der §§ 153 ff. StPO sollen durch das SISY zuverlässige Grundlagen geschaffen werden. Ungerechtfertigte wiederholte Einstellungen nach § 153a StPO sollen vermieden und unbedeutende Verfahren gegenüber schwerwiegenden Vorwürfen gemäß § 154 StPO rasch eingestellt werden können.[609] In der Praxis resultiert daraus folgender, für den unschuldigen Beschuldigten unter Umständen gravierender Nachteil: Einem „Täter", dessen Verfahren eingestellt wurde, kann nach dem Registerzweck das zum Vorwurf gemachte Fehlverhalten bei einem erneuten Tatverdacht vorgehalten werden. Zwar werden die Einstellungen nicht im Bundeszentralregister eingetragen, doch ist dadurch nach h.M. auch § 51 BZRG unanwendbar, da dieser nur für registerpflichtige Eintragungen gilt. Folglich dürfen die nach den §§ 153 ff. StPO eingestellten Taten dem Beschuldigten registerrechtlich in einem späteren Verfahren vorgehalten werden.[610] Begeht der im Ausgangsfall unschuldige Beschuldigte später tatsächlich eine Straftat, so wird ihm im zweiten Fall in der Regel eine Opportunitätseinstellung versagt werden. Vielmehr wird dann Anklage erhoben, da er in den Genuss der Vergünstigung der §§ 153 ff. StPO ja bereits gekommen ist. Mit anderen Worten: Die §§ 153 ff. StPO sind für den Beschuldigten dann „verbrannt", weil er schon aktenkundig

---

607 Vgl. zur Rechtfertigung insgesamt *Vogelgesang*, Informationelle Selbstbestimmung, S. 66 ff.; Maunz/Dürig-*Di Fabio*, Art. 2 Abs. 1 Rn. 179 ff.

608 Vgl. BT-Drucks. 12/6853, S. 37; ferner dazu *Kestel*, StV 1997, 266 (266 f.) (noch zur identischen Vorgängernorm: § 474 StPO).

609 Bezweifelt von SK-*Wolter*, § 474 Rn. 8, 10 (zur Vorgängernorm).

610 Vgl. *Götz*, § 3 Rn. 16, 49, der die Schlechterstellung des „Eingestellten" gegenüber dem Verurteilten kritisiert. Ferner BGH, NJW 1973, 289 (290); Schönke/Schröder-*Stree*, § 46 Rn. 31.

ist, obschon er sich in realiter zum ersten Mal etwas hat zu Schulden kommen lassen.

Nun ist die Sicherung der Funktionsfähigkeit der Strafrechtspflege grundsätzlich ein legitimer Zweck.[611] Außerdem steht er im überwiegenden Allgemeininteresse der Effektivitätssteigerung der Strafrechtspflege.[612] Da die Speicherung zur Effektivitätssteigerung auch geeignet ist[613], kommt es auf Erforderlichkeit und Angemessenheit der Maßnahme an.[614] Nach § 494 Abs. 2 S. 2 StPO wird *jede* Einstellung für mindestens zwei Jahre gespeichert. Also auch die des unschuldigen Beschuldigten. Es kommt folglich auf die Frage an, ob das Recht auf informationelle Selbstbestimmung der Effektivitätsorientierung in der Strafrechtspflege vorzugehen hat, wenn der Beschuldigte unschuldig ist.

Die gespeicherten Daten geben ein falsches Bild über den zugrunde liegenden Sachverhalt wieder: Eine Einstellung nach §§ 153, 153a StPO lässt die Schuldfrage offen.[615] Derjenige, der Daten abruft, wird sich jedoch regelmäßig nicht die Mühe machen, den „alten" Sachverhalt zu ergründen. Er wird sich vielmehr nur in seinem eigenen Tatvorwurf bestätigt sehen. Schließlich ist der Beschul-

---

[611] In diesem Zusammenhang fordert das BVerfG für eine gesetzliche Beschränkung weiter, dass der Verwendungszweck bereichsspezifisch und präzise bestimmt wird. Dadurch soll erreicht werden, dass die Verwendung der Daten auf den gesetzlich bestimmten Zweck begrenzt bleibt. Vgl. BVerfGE 65, 1 (46); *Vogelgesang*, Informationelle Selbstbestimmung, S. 71 f. Auch hier ist der Hintergrund darin zu sehen, „daß der Bürger wissen muß, wer was wann und bei welcher Gelegenheit über ihn weiß" (*Vogelgesang*, Informationelle Selbstbestimmung, S. 71). Diesem Erfordernis trägt § 492 Abs. 2 S. 2, Abs. 3 StPO Rechnung, der die Datenverwendung auf das Strafverfahren begrenzt.

[612] Dieser Zweck steht im überwiegenden Allgemeininteresse, da die Effektivität der Strafrechtspflege letztlich auf das Rechtsstaatprinzip zurückzuführen ist. Ein solches überwiegendes Allgemeininteresse ist beim Recht auf informationelle Selbstbestimmung zur Rechtfertigung des Eingriffs nötig, vgl. Maunz/Dürig-*Di Fabio*, Art. 2 Abs. 1 Rn. 181.

[613] Der oben beschriebene Zweck kann erreicht werden, da durch die Daten frühzeitig relevante Erkenntnisse gewonnen werden können.

[614] Die §§ 492 ff. StPO sind nicht frei von Kritik: *Kestel*, StV 1997, 266 (267), gründet seine Kritik vor allem darauf, dass der geheime Datenaustausch die Rechtsschutzmöglichkeiten des Betroffenen über Gebühr beschränkt. SK-*Wolter*, § 474 Rn. 10 (zur Vorgängernorm) sieht die Probleme zusätzlich in der Funktion des SISY als „Dateihilfe" für Kriminalpolizei und Verfassungsschutz sowie in der systemfremden Strafverfolgungsvorsorge. Insgesamt ist die Kritik berechtigt, doch ist zumindest im Regelfall einer tatsächlich bestehenden Strafbarkeit eine andere Wertung geboten, als im hier interessierenden Fall; wie die Abwägung im „Normalfall" auszusehen hat, kann hier indes offen bleiben, wenngleich sicher nur durch Reduktion und Ergänzung überhaupt ein Bestand der Vorschriften in verfassungsrechtlicher Hinsicht denkbar ist. So auch SK-*Wolter*, § 474 Rn. 10. Vgl. zu den Problemen ferner *Chirino Sánchez*, Informationelle Selbstbestimmung, S. 198 ff.

[615] Vgl. dazu oben bei D.III.1.b.cc.

digte ja bereits „aktenkundig". Daraus resultiert das Problem, dass dem Beschuldigten die Vergünstigung der §§ 153 ff. StPO regelmäßig versperrt sein wird, wenn er später wirklich straffällig wird.

Daher ist dem Recht auf informationelle Selbstbestimmung des Beschuldigten der Vorrang vor dem staatlichen Interesse an der Speicherung der Daten zu gewähren. Schließlich hat er sich gerade nichts zu Schulden kommen lassen.[616] Dies lässt sich ferner wie folgt begründen: Dieser Fall wird schon nicht vom legitimen Zweck der Optimierung der Strafrechtspflege erfasst. Ein Unschuldiger kann schließlich kein Mehrfachtäter werden, so dass der Zweck der Vorschriften hier gar nicht erreicht werden kann. Das „unverzichtbare Informationsbedürfnis der Staatsanwaltschaft"[617] besteht hier nicht. Vielmehr widerstreitet es dem Recht auf informationelle Selbstbestimmung, wenn Daten eines Unschuldigen gespeichert werden.[618]

Diese Erwägung lässt sich durch ein weiteres Argument belegen, das sogar selbst in Zusammenhang mit der Rechtsschutzgarantie steht: Zwar kennt der Betroffene seine eigenen Verfahrensdaten. Es geht jedoch nicht nur um die Speicherung der Daten, sondern vielmehr um deren späteren Abruf. Jede Staatsanwaltschaft in Deutschland hat jederzeit Zugriff auf die Daten. Genauso ist eine Weitergabe an verschiedene Geheimdienste zulässig, wobei jeweils nur der Empfänger die Verantwortung für die Zulässigkeit des Abrufs trägt, vgl. § 492 Abs. 5 StPO.[619] Daher schützt das Recht auf informationelle Selbstbestimmung nicht zuletzt auch vor dem Abruf der Daten. Hiergegen ist aber mangels Kenntnis vom Abruf regelmäßig gar kein Rechtsschutz möglich. Dieser setzt nämlich zunächst einmal die Kenntnis der Vorgänge voraus, damit der Betroffene entscheiden kann, ob er Rechtsschutz begehrt.[620]

---

[616] Zum Verhältnis des Grundrechts zur Kriminalitätsbekämpfung generell auch *Wolter*, ZStW 107 (1995), S. 793 (814).

[617] So aber BT-Drucks. 12/6853, S. 39.

[618] Vgl. *Wolter*, ZStW 107 (1995), S. 793 (802); SK-*Wolter*, § 474 Rn. 10; *Meyer-Goßner*, § 494 Rn. 9.

[619] Durch das Gesetz zur effektiveren Nutzung von Dateien im Bereich der Staatsanwaltschaften vom 10.09.2004 (BGBl. I – 2004, Nr. 49 vom 21.09.2004, S. 2318 f.) wurden hier zwei Neuerungen eingefügt: Nach § 492 Abs. 4a StPO können nunmehr, wenn eine genaue Identifikation nicht möglich ist, mehrere in Betracht kommende Datensätze übermittelt werden. Außerdem wird der Abruf vereinfacht. Während bisher nur die Staatsanwaltschaften am automatisierten Abrufverfahren teilnahmen, können dies nach dem neuen § 493 Abs. 1 StPO alle berechtigten Behörden.

[620] Vgl. hierzu insgesamt *Kestel*, StV 1997, 266 (267).

Folglich verletzt die Speicherung der Einstellung gegenüber einem Unschuldigen das Recht auf informationelle Selbstbestimmung.[621] Damit ist § 494 Abs. 2 S. 2 StPO teilweise verfassungswidrig. Eine Speicherung der Verfahrenseinstellung eines Unschuldigen ist nämlich unzulässig. Dies ist für den Freispruch weitgehend anerkannt.[622] Warum ein unschuldiger Beschuldigter, für den immer noch die Unschuldsvermutung streitet anders behandelt werden soll, ist unersichtlich. Allerdings muss diese teilweise Verfassungswidrigkeit nicht zwangsläufig zur Gewährung von Rechtsschutz führen. Vorzugswürdig ist es, § 494 Abs. 2 S. 2 StPO verfassungskonform dahingehend auszulegen, dass auch die Daten bei Einstellung des Verfahrens sofort zu löschen sind.

II. Annexentscheidungen

Ein weiteres Problem stellen die Annexentscheidungen dar, die aufgrund des Tatverdachtsgrades ergehen können. Dazu gehört auch die Entscheidung nach § 467 Abs. 4 StPO. Eigentlich werden die Auslagen[623] regelmäßig von der Staatskasse getragen, § 467 Abs. 1 bzw. § 467a Abs. 1 S. 1 StPO. Gemäß § 467 Abs. 4 StPO kann das Gericht aber davon absehen, die Auslagen des Angeklagten im Falle der Einstellung der Staatskasse aufzuerlegen.[624]

Die Einstellung nach §§ 153, 153a, 154, 154a StPO ist eine Ermessensentscheidung.[625] Daher kommt (über § 467a Abs. 1 S. 2 StPO) auch § 467 Abs. 4 StPO zur Anwendung, wonach bei Ermessensentscheidungen von der Regel abgewichen werden kann, nach der die Staatskasse die Auslagen trägt. Hierfür ist nach h.M. auf den bestehenden Tatverdacht abzustellen.[626] Das heißt, von der Auferlegung der Auslagen an die Staatskasse kann im Fall einer Einstellung dann abgesehen werden, wenn der verbleibende Tatverdacht dies rechtfertigt. Die

---

[621] Vgl. zu prozeduralen und organisatorischen Vorkehrungen gegen inhaltlich fehlerhafte Speicherungen *Bethge*, NJW 1982, 1 (1 ff.).

[622] So auch *Meyer-Goßner*, § 494 Rn. 9; AK-*Hellmann*, § 476 Rn. 7.

[623] Auslagen sind gemäß § 464 Abs. 2 StPO die Kosten der eigenen Verteidigung etc. Nicht inbegriffen sind die Gerichts- und sonstigen Verfahrenskosten. Vgl. *Meyer-Goßner*, § 464a Rn. 15 f. Ebenfalls in dieses Spannungsfeld fällt das Parallelproblem der Entschädigung gemäß StrEG; es ist analog zur Auslagenfrage zu lösen.

[624] Gemäß § 467a Abs. 1 i.V.m. § 467 Abs. 4 StPO kann die Staatsanwaltschaft, wenn sie die bereits erhobene öffentliche Klage zurücknimmt und dann das Verfahren einstellt, bei Gericht anregen, die Auslagen des Angeschuldigten nicht der Staatskasse, sondern diesem selbst aufzuerlegen.

[625] Siehe dazu C.II.

[626] Vgl. EGMR, NJW 1988, 3257 (3257); BVerfGE 82, 106 (117); BGH, NStZ 2000, 330 (330); a.A. *Kühl*, NJW 1988, 3233 (3233).

Rechtsprechung versagt die Überbürdung auf die Staatskasse, wenn bei Fortsetzung des Verfahrens eine Verurteilung nahezu sicher oder zumindest wahrscheinlich gewesen wäre – ähnlich den Anwendungsvoraussetzungen der §§ 153, 153a StPO.[627]

Die Unschuldsvermutung könnte hier einerseits verletzt sein, wenn die Auslagen eine strafähnliche Diskriminierung darstellten. Die Auslagenentscheidung darf indes nicht als Strafe oder strafähnliche Sanktion aufgefasst werden. Diese Auffassung würde verkennen, dass Auslagen nur aufgrund der finanziellen Belastung mit Geldstrafen vergleichbar sind. Durch sie selbst kommt aber – auch am Ende eines Strafverfahrens – keine strafähnliche Missbilligung zum Ausdruck. Denn das Tragen der eigenen Kosten verfolgt schon keinen anerkannten Strafzweck. Folglich kann es sich auch nicht um eine strafähnliche Diskriminierung handeln.[628]

Andererseits könnte damit eine faktische Verletzung der Unschuldsvermutung vorliegen. Der maßgebliche objektive Laienbetrachter kann nämlich den Eindruck gewinnen, es werde eine Schuldfeststellung vorgenommen. Dass dies unzulässig wäre, steht außer Frage.[629] Dazu müsste das objektive Erscheinungsbild dieses Abschlusses den Eindruck erwecken, es werde Schuld festgestellt.[630] Es ist nahezu zwingend, dass bei einem objektiven Laienbeobachter der Eindruck erweckt wird, mit der Unschuld des Beschuldigten könne es nicht so weit her sein, wenn der Beschuldigte seine notwendigen Auslagen selbst tragen muss. Denn die Schuldwahrscheinlichkeit[631] als Grundlage der Entscheidung lässt nur ein Ergebnis plausibel erscheinen: Wer etwas zahlen muss, kann nicht unschuldig sein. Dieses Prinzip der deutschen Gerichtsbarkeit („wer verliert, der zahlt")[632] ist auch in der Bevölkerung weitgehend bekannt. Es kann hier nur zu Missverständnissen in Bezug auf die Unschuldsvermutung führen. Abgesehen davon verbietet die Unschuldsvermutung generell, nach Abschluss des Verfahrens ohne ordnungsgemäße Schuldfeststellung Zweifel an der Unschuld durch Annexentscheidungen zu nähren oder zumindest bestehen zu lassen.[633]

---

[627] Vgl. *Kühl*, Unschuldsvermutung, S. 121.
[628] So *Kühl*, Unschuldsvermutung, S. 120; zustimmend *Pflüger*, GA 1992, 20 (32).
[629] Vgl. *Pflüger*, GA 1992, 20 (31).
[630] Diese Frage bezieht sich hier nicht generell auf die Einstellung, sondern auf die Auswirkungen der Auslagenentscheidung – und wird daher auch nur im Falle einer solchen relevant.
[631] Diese muss (eine Verurteilung muss nahezu sicher sein) höher sein als bei der bloßen Einstellung.
[632] Vgl. *Creifelds*, Rechtswörterbuch, S. 782 f. („Kostenpflicht").
[633] Vgl. *Pflüger*, 1992, 20 (33).

Folglich liegt zwar keine strafähnliche Diskriminierung vor. Da die Öffentlichkeit oftmals aber nicht zwischen Strafe und Kosten differenzieren wird[634], kann hinsichtlich der Wirkungen nach außen schwerlich bestritten werden, dass „damit der Ausspruch einer „Verdachtsstrafe neuer Art" oder auch einer „typischen Strafe des unvollständigen Beweises" suggeriert wird"[635]. Es liegt eine faktische Schuldfeststellung für den Beschuldigten vor.[636] Hier muss die Unschuldsvermutung dazu führen, dass „der Angeklagte aus diesem Verfahren ohne Nachteil – gerade auch in Bezug auf Kosten und notwendige Auslagen – hervorgeht"[637]. Demzufolge ist es unzulässig, an die gradbezogene Bewertung des Tatverdachts nach der Verfahrenseinstellung eine Kostenfolge zu knüpfen.[638]

Zur Klarstellung sei aber festgehalten: Im Falle des § 467a Abs. 1 StPO geschieht diese Rechtsverletzung zwar auf Antrag der Staatsanwaltschaft, aber durch das Gericht. Das hat zur Folge, dass nicht die Einstellung als solche, sondern erst die daran anknüpfende Annexentscheidung diese spezifische Schuldfeststellung beinhaltet.[639]

III. Rechtliches Gehör und fair trial

Bereits oben wurde die Frage der Gewährung rechtlichen Gehörs nach Art. 103 Abs. 1 GG durch das der Einstellung zustimmende Gericht geprüft. Dort kam die Untersuchung zu dem Ergebnis, dass rechtliches Gehör in der Regel nicht gewährt wird.[640] Generell wird diese Frage nur bei §§ 153 Abs. 1, 154, 154a StPO relevant, da zur Einstellung nach § 153 Abs. 2 und § 153a StPO die Zu-

---

[634] Diesen Aspekt bei selbem Ergebnis ablehnend *Kühl*, Unschuldsvermutung, S. 120. Die Bevölkerung nimmt jedoch regelmäßig nur die Zahlungsverpflichtung wahr. Der genaue Grund bleibt ihr zumeist verborgen.

[635] *Pflüger*, GA 1992, 20 (33).

[636] Vgl. *Pflüger*, GA 1992, 20 (33); *Kühl*, Unschuldsvermutung, S. 120.

[637] *Schmidt*, Lehrkommentar, § 467 Rn. 4.

[638] A.A. BVerfGE 82, 106 (117); dagegen wiederum *Mahrenholz* im abweichenden Votum, BVerfGE 82, 106 (122 ff.); ferner KK-*Pfeiffer*, Einl. Rn. 32a, der beteuert, dass ein verbleibender Tatverdacht nur festgestellt und bewertet werden darf, dass aber klargestellt werden muss, dass es sich nicht um eine gerichtliche Schuldzuweisung handelt. So wohl auch *Kühl*, Unschuldsvermutung, S. 120, der eine faktische Verurteilung nur annimmt, wenn die Annexentscheidung mit „starkem Verdacht, Schuldwahrscheinlichkeit oder gar feststehender Schuld" begründet wird.

[639] Regelmäßig ergehen Einstellung und Kostenentscheidung allerdings zeitgleich in einem Beschluss.

[640] Vgl. oben D.II.2.

stimmung des Beschuldigten vonnöten ist. Darin ist die Gewährung rechtlichen Gehörs zu sehen.

Die aus Art. 103 Abs. 1 GG resultierende Rechtsverletzung ist eine Besonderheit des gerichtlichen Verfahrens.[641] Die *Staatsanwaltschaft* kann das Recht auf rechtliches Gehör aus Art. 103 Abs. 1 GG nicht verletzen. Sie gehört nicht zum Adressatenkreis des Art. 103 Abs. 1 GG. Durch dieses Recht werden nur Gerichte zur Gewährung rechtlichen Gehörs verpflichtet.[642] Die Staatsanwaltschaft könnte allerdings aus anderen Gründen dem Beschuldigten rechtliches Gehör gewähren müssen, bevor sie über die Einstellung entscheidet. Dieser Anspruch könnte sich aus dem *fair-trial-Grundsatz* ergeben. Diesem Grundsatz ist der grundsätzliche Anspruch auf rechtliches Gehör immanent.[643] Wird Gehör nicht gewährt, liegt eine Rechtsverletzung vor.

Der Grundsatz des fairen Verfahrens beschreibt einen Mindestbestand an aktiven verfahrensrechtlichen Garantien des Beschuldigten. Er hat seine Wurzeln im Rechtsstaatsprinzip.[644] Aus dem Rechtsstaatsprinzip ergibt sich auch die deutsche „Übersetzung" des fair trial: Das Verfahren muss an den Grundsätzen der Gerechtigkeit und Billigkeit orientiert sein.[645] Positivrechtlich findet er sich in Art. 6 EMRK sowie in Art. 47 der Europäischen Grundrechtscharta wieder.

Auch im Grundgesetz finden sich Anknüpfungspunkte für zu gewährendes rechtliches Gehör neben Art. 103 Abs. 1 GG[646]: Laut BVerfG fußt der Grundsatz rechtlichen Gehörs auf zwei Fundamenten. Einerseits ist er Ausfluss des für das Verfahren elementaren Rechtsstaatsgedankens.[647] Andererseits fordert die Würde der Person, „daß über ihr Recht nicht kurzerhand von Obrigkeits wegen

---

641 Vor Gericht gilt zusätzlich § 33 Abs. 1 und 3 StPO als einfachrechtliche Ausprägung des Art. 103 Abs. 1 GG. Vgl. *Meyer-Goßner*, § 33 Rn. 1.

642 Vgl. BVerfGE 27, 88 (103); *Jarass/Pieroth*, Art. 103 Rn. 5.

643 Vgl. *Pache*, NVwZ 2001, 1342 (1345); *Villiger*, Hdb. EMRK, Rn. 481.

644 Vgl. BVerfGE 38, 105 (111). Verfehlt wäre eine Ableitung aus den verfahrensrechtlichen Einzelgarantien des Grundgesetzes, da diese nur einen Teil des Schutzes vermitteln, vgl. *Dörr*, Faires Verfahren, S. 105, 141.

645 Vgl. KK-*Pfeiffer*, Einl. Rn. 28. Art. 6 Abs. 1 EMRK enthält den Grundsatz des fair trial, während die übrigen Absätze besondere Ausprägungen desselben enthalten.

646 *Dahs*, Rechtliches Gehör, S. 70 f. will Art. 103 Abs. 1 GG über den Wortlaut hinaus ausdehnen und auch auf das Ermittlungsverfahren anwenden (Art. 103 Abs. 1 GG hat „den Charakter einer objektiven Strukturnorm"). Ich halte das zum einen für bedenklich, da Grenze jeder Auslegung der Wortlaut ist, und zum anderen für unnötig, weil das Rechtsstaatsprinzip und die Menschenwürde – versteht man sie als Grundlage des rechtlichen Gehörs – zum selben Ergebnis führen.

647 Dazu siehe schon soeben.

verfügt wird"[648]. Demzufolge findet das rechtliche Gehör seine Grundlage in allgemeinen Verfassungsprinzipien.

Ein Verfahren ist allerdings nur dann als fair zu bezeichnen, wenn dem Betroffenen zumindest vor Entscheidungen, die seine Rechte betreffen, die Gelegenheit zur Stellungnahme gegeben wird. Nur so kann er seine Sicht der Dinge einbringen und Einfluss auf das Verfahren ausüben. Andernfalls würde er zum Objekt staatlichen Handelns degradiert. Dann würden über seinen Kopf hinweg für ihn relevante Vorgänge entschieden. Er bleibt vielmehr nur Subjekt des Verfahrens, wenn der Staat(sanwalt) nicht selbstherrlich über sein Schicksal entscheidet. Dies gebietet die Menschenwürde, die auch im Ermittlungsverfahren Geltung beansprucht.[649] Zudem ist die Staatsanwaltschaft zur Gesetzmäßigkeit ihres Handelns verpflichtet (Art. 20 Abs. 3 GG). Bei der Frage des ‚ob' und ‚wie' einer Entscheidung ist diese gesetzmäßig zu treffen. Eine Einstellungsentscheidung ist regelmäßig sachgerecht nur zu treffen, wenn hierzu auch der Betroffene und seine Sicht der Dinge angehört wurde.[650]

Im Rahmen der EMRK ist dies allgemeine Auffassung. Nach der EMRK muss das rechtliche Gehör nicht nur durch die Gerichte gewährt werden. Vielmehr müssen alle staatlichen Organe, die auf den Gang des Strafverfahrens Einfluss nehmen können, Gehör gewähren. Hierzu zählt insbesondere die Staatsanwaltschaft.[651] Diese Auslegung ergibt sich daraus, dass nicht allein der deutsche Text des Art. 6 Abs. 1 EMRK[652] herangezogen werden darf. Dieser suggeriert, es gehe nur um das Gerichtsverfahren. Vielmehr sind zur Auslegung auch der englische und der französische Text maßgeblich.[653] Im englischen Text ist von „fair hearing"[654] die Rede. Dabei handelt es sich um einen spezifischen englischen Rechtsbegriff für den „audi alteram partem"-Grundsatz als Teil des Gewohnheitsrechts. Danach ist nicht nur vor Gericht rechtliches Gehör zu gewähren. Vielmehr ist im kompletten Strafverfahren der Grundsatz der Fairness zu beachten. Dieser umschreibt wiederum nichts anderes als den Inbegriff aller Verfah-

[648] BVerfGE 9, 89 (95). Zumindest aus Art. 1 Abs. 1 GG folgt der subjektiv-rechtliche Charakter des rechtlichen Gehörs.
[649] So auch Hdb. StaatsR, *Knemeyer*, § 155 Rn. 39 f.
[650] Vgl. Hdb. StaatsR, *Knemeyer*, § 155 Rn. 40.
[651] Vgl. KK-*Pfeiffer*, Einl. Rn. 29.
[652] „von einem ... Gericht in einem fairen Verfahren"
[653] So die Schlussklausel, die per Zustimmungsgesetz ebenfalls ratifiziert wurde.
[654] „Fair trial" ist eigentlich ein vom US-Supreme Court geprägter Begriff, der hier nicht vollständig passt; vgl. *Dörr*, Faires Verfahren, S. 72 f.

rensgarantien, die für ein faires (also gerechtes und billiges) Verfahren unerlässlich sind.[655] Hierzu zählt zuvörderst die Garantie rechtlichen Gehörs.[656]

Folglich gilt das Gebot der Fairness[657] im ganzen Strafverfahren. Ergo schon zum Zeitpunkt der Einstellung des Verfahrens, und auch für die einstellende Staatsanwaltschaft. Somit bleibt zu klären, ob die Einstellung so gravierend – sprich potentiell rechtsverletzend – ist, dass dem Beschuldigten vor der Einstellung des Verfahrens die „angemessene Gelegenheit zur Stellungnahme in tatsächlicher und rechtlicher Hinsicht“[658] gegeben wird.[659]

Dies muss einheitlich bejaht werden. Der unschuldige Beschuldigte hat nur so die Möglichkeit, die potentiell drohenden Rechtsverletzungen im Zusammenhang mit der Einstellung abzuwehren. Er kann dann auf eine Einstellung nach § 170 Abs. 2 StPO hinwirken, indem er auf rechtliche oder tatsächliche Fehleinschätzungen seitens der Staatsanwaltschaft hinweist. Oben wurde auch gezeigt, dass die Einstellung durchaus mit so schwerwiegenden Nachteilen verbunden sein kann, dass aus der Belastung (potentiell) eine Rechtsverletzung folgt. Deshalb muss eine Anhörung erfolgen. Anderenfalls wäre der Beschuldigte zum bloßen Objekt degradiert.[660]

Für das *Gericht* ergibt sich dasselbe Ergebnis nicht nur aus dem fair trial. Hier greift unmittelbar das Verfahrensgrundrecht des Art. 103 Abs. 1 GG.[661] Die Nichtgewährung rechtlichen Gehörs vor der Einstellung führt hier zu einer Verletzung des Art. 103 Abs. 1 GG. Dass diese Rechtsverletzung geeignet ist, den Rechtsweg gemäß Art. 19 Abs. 4 GG zu eröffnen, ist angesichts des Grundrechtscharakters offensichtlich. Allerdings besteht die Besonderheit, dass die Zustimmung des Angeschuldigten bzw. Angeklagten zur gerichtlichen Einstellung gemäß §§ 153 Abs. 2, 153a Abs. 2 StPO vonnöten ist.[662] Darin ist die Gewährung rechtlichen Gehörs zu sehen. Folglich kommt ein Verstoß hier nicht in Betracht. Denn die Zustimmung ist unabdingbare Voraussetzung für den Ein-

---

[655] Vgl. dazu insgesamt *Dörr*, Faires Verfahren, S. 71 ff.
[656] Vgl. IntKommEMRK-*Miehsler/Vogler*, Art. 6 Rn. 347 ff.
[657] Vgl. dazu insgesamt auch *Tettinger*, Fairneß, S. 2 ff., 22 ff.
[658] EMRK-Komm.-*Peukert*, Art. 6 Rn. 72.
[659] Trotz unterschiedlicher Terminologie wird das Ergebnis wohl immer dasselbe sein.
[660] Vgl. *Rüping*, Rechtliches Gehör, S. 133.
[661] Art. 103 Abs. 1 GG ist ein sog. grundrechtsgleiches Recht, vgl. *Jarass/Pieroth*, Art. 103 Rn. 1.
[662] Dazu und zu den diesbezüglich Problemen D.III.2.b.

stellungsbeschluss.[663] Bei §§ 154, 154a StPO ist diese Zustimmung nicht erforderlich.[664] Hier kommt eine Verletzung in Betracht.

Das rechtliche Gehör verlangt die Information des Beschuldigten über den Tatverdacht und die Absicht, das Verfahren einzustellen. Daran knüpft die Gelegenheit zur Äußerung an und abschließend muss das Vorgebrachte auch Berücksichtigung bei der Entscheidung finden.[665]

Festzuhalten ist: Wird der Betroffene vor der Einstellung seines Strafverfahrens nicht oder nicht ordnungsgemäß angehört, so liegt eine Rechtsverletzung des Rechtsstaatsprinzips i.V.m. Art. 1 Abs. 1 GG bzw. des Art. 6 Abs. 1 EMRK vor.[666] Vor Gericht kommt Art. 103 Abs. 1 GG hinzu. Allerdings sind die Anforderungen nicht zu hoch anzusetzen: Eine schriftliche Information, verbunden mit der Gelegenheit zur Stellungnahme, ist durchaus ausreichend.

Dem Beschuldigten wird es in der Praxis zumeist weniger um die Anhörung, denn um den oben geschilderten Rechtsschutz gegen die Einstellungsverfügung selbst gehen. Dennoch kann er den oben genannten Rechtsweg[667] auch im Falle der Verletzung des Rechts auf rechtliches Gehör beschreiten, wurde ihm dieses nicht gewährt. Denn auch dieses Recht ist als grundrechtsgleiches Recht[668] ein subjektives Recht im Sinne des Art. 19 Abs. 4 GG. Allerdings wird das zuständige Gericht dann nur die Verletzung des rechtlichen Gehörs feststellen, was nicht zwangsläufig zur Konsequenz haben muss, dass die Einstellungsverfügung als solche überprüft oder gar aufgehoben wird. Vielmehr kann das rechtliche Gehör auch nachgeholt werden. Allerdings muss das einstellende Organ unter Berücksichtigung dieser Gesichtspunkte die Einstellungsverfügung ggf. korrigieren.[669]

---

[663] Einzig in bestimmten Ausnahmefällen (§ 153 Abs. 2 S. 2 StPO) ist die Zustimmung entbehrlich; das dann nicht gewährte rechtliche Gehör ist aber aus höherrangigen Gründen entbehrlich, da der Angeschuldigte bzw. Angeklagte nicht durch seine planmäßige Abwesenheit den Strafprozess verhindern können soll.

[664] Die h.M. erachtet dies für unbedenklich, vgl. BGH, NStZ 1995, 18 (18); ferner *Meyer-Goßner*, § 154 Rn. 16.

[665] Vgl. Maunz/Dürig-*Schmidt-Aßmann*, Art. 103 Abs. 1 Rn. 66 ff.

[666] Zu Art. 1 Abs. 1 GG erübrigen sich Ausführungen zur subjektiv-rechtlichen Qualität und bei Art. 6 EMRK ergibt sich diese aus dem Wesen der EMRK i.V.m. dem Ratifikationsgesetz.

[667] Vgl. E.I., II.

[668] Vgl. *Jarass/Pieroth*, Art. 103 Rn. 1.

[669] Vgl. Maunz/Dürig-*Schmidt-Aßmann*, Art. 103 Abs. 1 Rn. 149. Vgl. zu dieser Möglichkeit auch § 33a StPO und § 45 Abs. 1 Nr. 3 VwVfG.

G. Resümee

Abschließend sollen die wichtigsten Ergebnisse der Untersuchung zusammengefasst werden. Daran schließt sich eine Übertragung dieser Ergebnisse auf die von der Untersuchung ausgeklammerten Opportunitätsvorschriften an, bevor zur Abrundung ein Ausblick auf die Umsetzungschancen der Ergebnisse in der Praxis gewagt wird.

I. Ergebnisse der Untersuchung

Als Ergebnis kann insgesamt festgehalten werden, dass Art. 19 Abs. 4 GG dem unschuldigen Beschuldigten Rechtsschutz gegen gerichtliche und staatsanwaltschaftliche Einstellungsverfügungen nach §§ 153, 154 und 154a StPO garantiert. § 153a StPO führt wegen der erforderlichen Zustimmung des Beschuldigten nicht zu einer möglichen Rechtsverletzung.

Im ersten Abschnitt der Arbeit wurden die Prinzipien von Legalität und Opportunität geschildert, in deren Spannungsfeld sich die Einstellungsnormen bewegen. Es wurde festgestellt, dass die beiden Prinzipien grundsätzlich in einem Verhältnis sinnvoller Bedingung und Ergänzung stehen, soweit es um den Regelanwendungsfall der §§ 153 ff. StPO gegenüber einem Beschuldigten geht, der die ihm vorgeworfene Tat begangen hat. Ziel dieser Arbeit war es aber, die Kehrseite dieses Verhältnisses zu untersuchen, also den Fall, in dem der Beschuldigte in Wahrheit unschuldig ist.[670]

In einem solchen Fall kann der Beschuldigte heutzutage keinen Rechtsschutz gegen gerichtliche und staatsanwaltschaftliche Einstellungsverfügungen erlangen.[671] Wenn Rechtsschutz nicht gewährt wird, stellt sich aber zwangsläufig die Frage der Vereinbarkeit dieses Status Quo mit der Rechtsschutzgarantie.

Von den Voraussetzungen der Rechtsschutzgarantie war zunächst zu erörtern, ob Staatsanwaltschaft und Gericht als einstellende Organe zur öffentlichen Gewalt im Sinne des Art. 19 Abs. 4 GG zählen. Während die Staatsanwaltschaft wegen ihrer Rechtspflegefunktion zwar Teil der Judikative ist, übt sie dennoch keine Rechtsprechung im engeren Sinne aus. Also ist sie Teil der öffentlichen

[670] Vgl. C.I.
[671] Vgl. C.III.

Gewalt. Beim Gericht besteht das Problem, dass regelmäßig kein Rechtsschutz gegen den Richter für geboten erachtet wird, da die Rechtsschutzgarantie nur Rechtsschutz durch, nicht aber gegen den Richter gewähre. Allerdings findet sich im Grundgesetz keine Stütze für diese einschränkende Auslegung des Begriffs der öffentlichen Gewalt. Auch die weiteren Gegenargumente, wie z.B. das in realiter gar nicht existente Risiko eines Rechtsschutzes ad infinitum vermochten nicht zu überzeugen. Daher zählt auch der Richter zur öffentlichen Gewalt und es war im Weiteren die Frage der (potentiellen) Rechtsverletzung bei einem unschuldigen Beschuldigten durch die öffentliche Gewalt zu thematisieren.[672]

Als Grundlage der Rechtsverletzung wurde dargelegt, dass die Einstellung beim Beschuldigten einen Makel verursacht. Der aus dem bisherigen Strafverfahren resultierende Tatverdacht wird nämlich nicht beseitigt, sondern offen gelassen. Dadurch erfährt der Unschuldige indes keine Rehabilitation vom Tatvorwurf. Aus diesem Makel resultieren allgemeine Probleme im sozialen Umfeld.[673]

Die Einstellung gemäß §§ 153, 153a StPO verletzt indes die Unschuldsvermutung nicht. Denn die Einstellung beinhaltet keine Schuldfeststellung. Die Einstellung bewertet zwar den bestehenden Tatverdacht, lässt jedoch die Schuldfrage bewusst offen. Selbst bei § 153 StPO, der eine hypothetische Schuldbeurteilung verlangt, wird keine Aussage über Schuld oder Unschuld getroffen. Vielmehr wird nur der im Zeitpunkt der Einstellung existierende Tatverdacht bewertet. Damit ist jedoch keine Schuldfeststellung verbunden.[674]

Der Beschuldigte ist ferner dann in seinem Recht auf Gleichbehandlung verletzt, wenn er durch die Staatsanwaltschaft gegenüber anderen Unschuldigen ungleich behandelt wird. Da Unschuldige normalerweise freigesprochen werden bzw. eine Einstellung gemäß § 170 Abs. 2 StPO erhalten, liegt eine Ungleichbehandlung vor. Insbesondere wurde dargelegt, warum eine Einstellung gemäß §§ 153, 153a StPO nicht dieselben Auswirkungen hat, wie eine Einstellung gemäß § 170 Abs. 2 StPO. Wegen des dem Richter zustehenden weiteren Entscheidungsspielraumes, gilt dies nicht für die richterliche Einstellung.[675]

---

[672] Vgl. D.II.
[673] Vgl. D.III.1.a.
[674] Vgl. D.III.1.b.
[675] Vgl. D.III.1.c.

Unter Umständen kann durch den beschriebenen Makel die Berufsfreiheit oder das Eigentum des Beschuldigten verletzt sein. Hierbei wurden vorstellbare Konstellationen aufgezeigt, es kommt aber immer auf den Einzelfall an.[676]

Auch das allgemeine Persönlichkeitsrecht ist verletzt, denn im Offenlassen der Schuldfrage liegt zumindest eine Verletzung des Rechts auf Ehre. Dadurch, dass der Beschuldigte nicht vom Tatvorwurf rehabilitiert wird, bleibt er nämlich in der Rezeption seines sozialen Umfelds ein Tatverdächtiger. Dies kann mannigfaltige Nachteile für den Beschuldigten nach sich ziehen, ganz zu schweigen von der psychischen Belastung, als potentieller Straftäter zu gelten.[677]

Die gerichtlichen und staatsanwaltschaftlichen Zustimmungserfordernisse bewirken keine Änderung des hiernach gefundenen Resultats bezüglich der Verletzung von subjektiven Rechten. Allerdings führt die Zustimmung des Beschuldigten zum Ausschluss einer Rechtsverletzung. Schließlich hat es dieser selbst in der Hand, seine Unschuld feststellen zu lassen. Gerade für einen Unschuldigen drängt sich eine Verweigerung der Zustimmung förmlich auf.[678]

Hinsichtlich der Rechtsverletzung bei §§ 154, 154a StPO gelten grundsätzlich die Ausführungen zu §§ 153, 153a StPO entsprechend. Die Unschuldsvermutung ist nicht verletzt, da schon keine hypothetische Schuldfeststellung vonnöten ist. Trotzdem besteht bei § 154 StPO ein Makel, da auch hier die Schuldfrage offen gelassen, der Beschuldigte also nicht von den Diskriminierungen des Ermittlungsverfahrens rehabilitiert wird. Folglich besteht die Möglichkeit der Verletzung der selben Rechte, wie bei §§ 153, 153a StPO.[679] Einzig bei § 154a StPO kann kein Makel entstehen, da das soziale Umfeld nicht die Strafbarkeit nach Tatbeständen erfasst. Vielmehr wird nur die Strafbarkeit nach Taten registriert. Diese bleiben trotz der Einstellung wegen des Erfordernisses der prozessualen Tat bzw. Tateinheit jedoch unverändert.[680]

Da der Rechtswidrigkeitszusammenhang besteht und eine Rechtfertigung der Rechtsschutzverkürzung unmöglich erscheint[681], war ein Rechtsbehelf zu finden. Als solcher wird vorgeschlagen, eine Parallele zum Rechtsbehelf gegen strafprozessuale Zwangsmaßnahmen zu ziehen. Danach ist § 98 Abs. 2 S. 2 StPO

---

676 Vgl. D.III.1.d. bis h.
677 Vgl. D.III.1.h.
678 Vgl. D.III.2.
679 Vgl. D.III.3.a.
680 Vgl. D.III.3.b.
681 Vgl. D.IV. und D.VI.3.

analog auf staatsanwaltschaftliche Einstellungsverfügungen und § 304 Abs. 1 StPO auf gerichtliche Einstellungen anzuwenden. So bleibt einerseits der abschließende Charakter des Rechtsschutzes innerhalb der StPO gewahrt und andererseits ist den Erfordernissen der Rechtsschutzgarantie Rechnung getragen. Schließlich ist eine solche Parallele wegen der vergleichbaren Auswirkungen von Einstellung und Zwangsmaßnahme auch möglich und gerechtfertigt. Auf diesem Wege ist eine komplette gerichtliche Überprüfung der Einstellungsverfügung gewährleistet.[682]

Im Anschluss daran wurde festgestellt, dass das Recht auf informationelle Selbstbestimmung verletzt ist, da auch die Einstellung des unschuldigen Beschuldigten im SISY gespeichert wird. Hierfür besteht einerseits keine Veranlassung. Andererseits kann diese Speicherung zu gravierenden Nachteilen führen, wenn sich der Beschuldigte einmal wirklich etwas zu Schulden kommen lässt. Daraus resultiert die Unverhältnismäßigkeit des § 494 Abs. 2 S. 2 StPO.[683] Die im Zusammenhang mit der Einstellung teilweise ergehenden Annexentscheidungen sind äußerst problematisch im Hinblick auf die Unschuldsvermutung. Allerdings erfolgt die Rechtsverletzung nicht durch die Einstellung, sondern durch die eigenständige Annexentscheidung.[684] Zuletzt kann auch das Recht auf rechtliches Gehör verletzt sein. Dieses ist grundsätzlich zu gewähren und versäumt die Staatsanwaltschaft bzw. das Gericht dies, so liegt eine Rechtsverletzung vor. Allerdings ist dieser Aspekt nicht allzu praxisrelevant, da einerseits die Zustimmungserfordernisse sowieso zu rechtlichem Gehör führen. Andererseits ist die Konsequenz nicht zwangsläufig die Überprüfung der gesamten Einstellung. Vielmehr ist eine Nachholung grundsätzlich möglich.[685]

Diese so gefundenen Ergebnisse sollen nun auf die ausgeblendeten Einstellungsvarianten übertragen werden.

II. Übertragung der Ergebnisse auf die §§ 153b bis f, 154b bis e StPO

Bisher wurden die §§ 153b bis f und 154b bis e StPO von der Untersuchung ausgeblendet. Eine ausführliche Untersuchung dieser Einstellungsnormen hätte

[682] Vgl. E.
[683] Vgl. F.I.
[684] Vgl. F.II.
[685] Vgl. F.III.

einerseits den Rahmen der Arbeit gesprengt und andererseits wird sich zeigen, dass die gefundenen Ergebnisse im Grundsatz weitgehend übertragbar sind.[686] Daran, dass die grundsätzlichen Fragen, wie das Vorliegen eines Aktes der öffentlichen Gewalt, die Behandlung der Zustimmung oder die Rechtsbehelfe denselben Regeln folgen wie bei §§ 153, 153a, 154, 154a StPO bestehen keine Zweifel. Unterschiede können sich nur bezüglich der Rechtsverletzung ergeben.

Schwer zu beurteilen ist die Frage der Verletzung der Ehre sowie der Art. 12 und 14 GG. Bei diesen Grundrechten kommt es für die Beurteilung der Rechtsverletzung entscheidend darauf an, ob mit der Einstellungsverfügung ein Makel beim Beschuldigten einhergeht.[687] Die Ergebnisse zum Makel sind jedoch nicht ohne Weiteres auf alle Einstellungsnormen übertragbar. Zwar wird in den meisten Fällen auch hier der Tatverdacht bestehen bleiben, da die Schuldfrage offen gelassen wird. Es bedürfte jedoch einer ausführlichen Prüfung jedes Einzelfalles, in der z.B. zu prüfen wäre, wie sich der Auslandsbezug in einigen Einstellungsnormen auf den Makel auswirkt. Das kann dieses Kapitel nicht leisten.

Auf den Makel und die darauf basierenden Rechtsverletzungen kommt es teilweise jedoch gar nicht an. Denn die übrigen Rechtsverletzungen geben einen Anhaltspunkt zur Beurteilung der Frage, ob auch bei den §§ 153b bis f und 154b bis e StPO Rechtsschutz zu gewähren ist.

Hinsichtlich des Rechts auf rechtliches Gehör gilt das oben dazu Gesagte entsprechend.[688] Wird dem Beschuldigten kein rechtliches Gehör gewährt, so ist er in einem subjektiven Recht verletzt und kann Rechtsschutz beanspruchen. Auch bezüglich Art. 3 Abs. 1 GG kann auf oben verwiesen werden[689]: Wird das Strafverfahren eines unschuldigen Beschuldigten durch die Staatsanwaltschaft nach §§ 153 ff. StPO eingestellt, so wird er gegenüber einem anderen Unschuldigen ungleich behandelt, da jede Opportunitätseinstellung der Einstellung nach § 170 Abs. 2 StPO wegen deren Anwendungsvorrang nachsteht. Das Recht auf informationelle Selbstbestimmung ist gleichfalls verletzt. Hier beanspruchen die Ausführungen zu §§ 153, 153a, 154, 154a StPO Geltung.[690] Denn durch die Speicherung der Daten des unschuldigen Beschuldigten im SISY wird das Grundrecht aus Art. 2 Abs. 1 i.V.m. Art. 1 Abs. 1 GG verletzt.

---

[686] Die §§ 153, 153a, 154, 154a StPO wurden stellvertretend ausgewählt, da sie die bedeutendsten und am häufigsten angewandten Einstellungsvorschriften sind.

[687] Vgl. D.III.1.c. Ferner D.III.1.a., e., f., h.

[688] Vgl. F.III.

[689] Vgl. D.III.1.c.

[690] Vgl. F.I.

Unabhängig von der Verletzung dieser Grundrechte ist die Unschuldsvermutung ebenfalls in keiner der Einstellungsvarianten verletzt.[691] Auch bei den restlichen Einstellungsnormen der §§ 153 ff. StPO wird keine Schuld festgestellt. Die Schuldfrage wird jeweils offen gelassen.

Die Einstellungen gemäß §§ 153c Abs. 3 und 153d StPO können allerdings wegen der Gefahr für die Bundesrepublik Deutschland generell dazu führen, dass der Eingriff in die diversen (Grund-) Rechte gerechtfertigt ist. Denn während die justizökonomischen Erwägungen nicht zur Rechtfertigung ausreichen[692], kann ein schwerer Nachteil für die Bundesrepublik sogar die Rechtsverletzung beim unschuldigen Beschuldigten zurücktreten lassen.

Die Einstellung nach § 154e StPO führt zu einer anderweitigen Klärung der Hintergründe des Tatverdachts und verletzt folglich keine Rechte, da sie auch zu keinem dauerhaften Makel führt. Vielmehr dient sie nur der Klärung der Hintergründe.[693] Die Einstellung gemäß § 153e StPO schließlich wird wegen der erforderlichen Selbstbezichtigung keinen Unschuldigen treffen. Daher ist eine Rechtsverletzung diesbezüglich ausgeschlossen.

Auch die Einstellungen nach den §§ 153b bis f und 154b bis e StPO verstoßen also teilweise gegen subjektive Rechte des unschuldigen Beschuldigten. Folglich ist auch gegen diese Einstellungsverfügungen ggf. Rechtsschutz zu gewähren.[694] Doch ist auch hier zu berücksichtigen: Eine ggf. erforderliche Zustimmung des Beschuldigten legitimiert den Eingriff, schließt also eine mögliche Rechtsverletzung und damit den Rechtsschutz aus.

In einem abschließenden Kapitel soll nun ein Ausblick auf die Umsetzungschancen der Ergebnisse dieser Arbeit im Rahmen der strafrechtlichen Praxis gewagt werden.

III. Ausblick

Die festgestellten Rechtsverletzungen können teils erhebliche Intensität annehmen. Daher ist Rechtsschutz in diesen Fällen dringend geboten. Wie angesichts

---

691 Vgl. D.III.1.b.
692 Vgl. D.VI.3.
693 Auch im Fall der Einstellung gemäß § 153f StPO gegenüber einem Deutschen kommt es zu dieser Tatverdachtsklärung.
694 Vgl. E.

dieser Ergebnisse eine mögliche Beschwer des unschuldigen Beschuldigten ausgeschlossen werden kann, ist nicht nachvollziehbar. Vielmehr ist die Rechtsverletzung doch offensichtlich. Noch weiter geht folgender Vorwurf:

Paulus behauptet, die hier geführte Argumentationslinie sei rein akademisch-praxisfern.[695] Denn der Beschuldigte empfinde nicht Schuldzuweisungen als beschwerend. Allein Kosten- und Auslagenentscheidungen hätten diese beschwerende Wirkung.

Im Fall des unschuldigen Beschuldigten ist diese Auffassung schwer nachvollziehbar. Denn zwar will der unschuldige Beschuldigte natürlich auch keine Kosten übernehmen. Gravierende Auswirkungen hat aber gerade auch die Nicht-Beseitigung des Tatvorwurfs. Kosten sind zwar schmerzhaft, sie sind im Gegensatz zu den übrigen Beeinträchtigungen aber schnell vergessen. Bleibt der Beschuldigte indes im Extremfall ohne Arbeit, weil der Tatverdacht weiter besteht, oder meidet das soziale Umfeld den vermeintlich Straffälligen, so haben diese Auswirkungen der Einstellung das größere und länger andauernde Gewicht. Doch diese Fallkonstellation übersieht *Paulus* wohl.

Weiter ist seiner Ansicht entgegenzuhalten, dass zwar der Großteil der (schuldigen) Beschuldigten insgesamt zufrieden mit einer Einstellung ist. Nur weil selten eine Rüge stattfindet, ist die Argumentation aber nicht akademisch-praxisfern. Sie folgt den Vorgaben des Grundgesetzes und schließt sich nur nicht dem ansonsten weit verbreiteten Pragmatismus hinsichtlich der §§ 153 ff. StPO an. Denn bloßer Pragmatismus vermag keine Rechtsverletzung zu rechtfertigen und keinen Rechtsschutz auszuschließen. Daher bleibt zu hoffen, dass sich die juristische Praxis in Zukunft dem Argument der Rechtsverletzung beim unschuldigen Beschuldigten nicht weiter verschließt.

Man könnte angesichts der Ergebnisse dieser Arbeit fordern, der Gesetzgeber möge de lege ferenda einen Rechtsbehelf schaffen, der eine Überprüfung der Einstellungsverfügungen aus Opportunitätsgründen ermöglicht. Diese Regelung wäre natürlich wünschenswert und im Hinblick auf die Forderung kodifizierter Rechtsbehelfe durch das BVerfG auch angebracht. Doch auch über § 98 Abs. 2 S. 2 bzw. § 304 StPO lässt sich Rechtsschutz verwirklichen.

---

695 Vgl. *Paulus*, NStZ 1990, 600 (600).

Ich halte diesen Rechtsschutz im Übrigen für ein ideales Instrument im Fall der Opportunitätseinstellungen: Die §§ 153 ff. StPO sind aus Gründen der Justizökonomie nicht mehr wegzudenken. Eine vollständige Ausermittlung jedes Falles würde die Grenzen der Kapazitäten bei weitem sprengen. Daher ist es durchaus sinnvoll, die §§ 153 ff. StPO im Grundsatz beizubehalten. Gewährt man dem potentiell Unschuldigen Rechtsschutz gegen die Einstellung, treten auch die verfassungsrechtlichen Bedenken zurück.

Folglich ist der Rechtsschutz eine ideale Möglichkeit, der Justizökonomie zu dienen und trotzdem rechtsstaatliche Grundsätze aufrecht zu erhalten. Letztlich ist dann auch Befürchtungen eine Absage zu erteilen, der zu gewährende Rechtsschutz könne die Bestrebungen der §§ 153 ff. StPO torpedieren: Das Rechtsschutzaufkommen wird sich in überschaubaren Grenzen halten, da nach wie vor der Großteil der Beschuldigten die Tat tatsächlich begangen hat, folglich froh um die Einstellung ist und nicht auf die Idee kommt, sie wieder in Frage zu stellen.

Gleichfalls käme in Betracht, das teilweise bereits existierende Zustimmungserfordernis auf alle Opportunitätseinstellungen auszuweiten. Trotz teilweise geäußerter Bedenken hinsichtlich dieser Zustimmung wäre es dadurch ins Belieben jedes Beschuldigten gestellt, die Einstellung zu akzeptieren oder die Fortführung des Strafverfahrens zu erzwingen. Dadurch erübrigte sich jedweder Rechtsschutz. Und auch hier ist nicht von einer erhöhten Arbeitsbelastung für die Strafjustiz auszugehen, da der weit überwiegende Anteil der Beschuldigten froh um die Einstellung sein wird. Dieser Weg wäre wohl die „sauberste“ und geradlinigste Variante und auch verfassungsrechtliche Bedenken gegenüber den - im Grundsatz sinnvollen und nötigen - §§ 153 ff. StPO träten dann zurück.

H. Zusammenfassung der wesentlichen Ergebnisse in Thesen

1. Legalität und Opportunität stellen nicht zwangsläufig Gegensätze dar. Sie können in einem Verhältnis sinnvoller Ergänzung dem Rechtsstaat am Besten dienen.

2. Dem Beschuldigten eines Strafverfahrens wird aktuell kein Rechtsschutz gegen die Einstellungsverfügung der Staatsanwaltschaft nach §§ 153 ff. StPO gewährt, da der Rechtsschutz innerhalb der StPO abschließend ist und einen solchen Rechtsbehelf nicht vorsieht.

3. Der Rechtsschutz gegen derartige gerichtliche Einstellungsverfügungen ist durch §§ 153 Abs. 2 S. 4, 153a Abs. 2 S. 4 StPO ausgeschlossen. Dieser Gedanke findet nach Sinn und Zweck der Vorschriften auch auf die übrigen Einstellungsnormen Anwendung.

4. Die Staatsanwaltschaft ist als Teil der Rechtspflege der Judikative zuzuordnen. Da ihre Aufgaben nicht zur Rechtsprechung im engeren Sinne zählen, übt sie öffentliche Gewalt im Sinne des Art. 19 Abs. 4 GG aus.

5. Der einstellende Richter ist gleichfalls Teil der öffentlichen Gewalt im Sinne des Art. 19 Abs. 4 GG. Dies gilt nicht nur, wenn er unzureichenden Rechtsschutz gewährt, also z.B. ohne rechtliches Gehör. Die Auffassung, der Richter falle nicht unter den Begriff der öffentlichen Gewalt, ist insgesamt abzulehnen.

6. Eine Verfahrenseinstellung nach §§ 153, 153a, 154, 154a StPO beinhaltet keine Schuldfeststellung. Die Schuldfrage wird offen gelassen.

7. Die Einstellung nach §§ 153 ff. StPO ist wegen des Anwendungsvorrangs des § 170 Abs. 2 StPO gegenüber einem unschuldigen Beschuldigten fehlerhaft. Daraus und aus dem Offenlassen der Schuldfrage resultiert ein Makel, da der Beschuldigte weiter im Verdacht steht, eine strafbare Handlung begangen zu haben.

8. Aus diesem Makel resultiert eine potentielle Verletzung der Art. 12 und 14 GG.

9. Art. 3 Abs. 1 GG ist immer verletzt, wenn das Verfahren eines Unschuldigen durch die Staatsanwaltschaft nach §§ 153 ff. StPO eingestellt wird. Schließlich wird jeder andere Unschuldige nach § 170 Abs. 2 StPO behandelt. Dem Gericht steht ein weiterer Entscheidungsspielraum zu.

10. Im Rahmen des allgemeinen Persönlichkeitsrechts aus Art. 2 Abs. 1 i.V.m. Art. 1 Abs. 1 GG kann die Ehre verletzt werden, indem der Unschuldige im Verdacht bleibt, er habe möglicherweise eine Straftat begangen.

11. Die Speicherung der Einstellungsdaten im SISY verletzt das Recht auf informationelle Selbstbestimmung jedes unschuldigen Beschuldigten.

12. Wird rechtliches Gehör vor der Einstellung nicht gewährt, liegt ebenfalls eine Rechtsverletzung vor. Dies folgt aus Art. 103 Abs. 1 GG bzw. dem Rechtsstaatsprinzip i.V.m. dem Grundsatz des fairen Verfahrens. Es kommt eine Nachholung in Betracht.

13. Die Zustimmungserfordernisse bewirken eine Legitimation der Rechtsverletzung. Der Beschuldigte hat es in der Hand, seine Unschuld im Verfahren feststellen zu lassen.

14. Diese zu §§ 153, 153a StPO gefundenen Ergebnisse sind auf § 154 StPO übertragbar.

15. Bei § 154a StPO kann wegen der einheitlichen Tat kein Makel entstehen.

16. Eine Rechtfertigung aufgrund des Arguments der Justizökonomie kann nicht gelingen. Außerdem kann nur das Verfahren beschränkt werden, niemals der Rechtsschutz als solcher.

17. Rechtsschutz gegen Einstellungsverfügungen ist somit zu gewähren.

18. Gegen staatsanwaltschaftliche Einstellungsverfügungen wird § 98 Abs. 2 S. 2 StPO analog als Rechtsbehelf vorgeschlagen.

19. Einstellungsverfügungen des Gerichts können gemäß § 304 Abs. 1 StPO einer Kontrolle unterzogen werden. §§ 153 Abs. 2 S. 4 und 153a Abs. 2 S. 4 StPO verstoßen gegen Art. 19 Abs. 4 GG.

20. Im Rahmen der gerichtlichen Überprüfung ist die Kontrolldichte unbeschränkt. Es hat eine umfassende Kontrolle der Einstellungsverfügung stattzufinden.

21. Die §§ 153 ff. StPO sind nicht verfassungswidrig, solange Rechtsschutz im Falle potentieller Unschuld gewährt wird.

I. Literaturverzeichnis:

Albrecht, Peter-Alexis u.a. (Hg.), Strafrecht – ultima ratio, Empfehlungen der Niedersächsischen Kommission zur Reform des Strafrechts und des Strafverfahrensrechts, Baden-Baden, 1992, zit. als Albrecht, Strafrecht

Albrecht, Peter-Alexis, Jugendstrafrecht, 3. Aufl., München, 2000, zit. als Albrecht, Jugendstrafrecht

Amelung, Knut, Rechtsschutz gegen strafprozessuale Grundrechtseingriffe, Berlin, 1976, zit. als Amelung, Rechtsschutz

Aulinger, Susanne, § 31a BtMG – Der Auftrag des BVerfG und die Rechtswirklichkeit, NStZ 1999, 111 ff.

Baumann, Jürgen, Grabgesang für das Legalitätsprinzip, ZRP 1972, 273 ff.

Beckemper, Katharina, Der Antrag auf Bestellung eines Pflichtverteidigers im Ermittlungsverfahren – Anmerkung zu OLG Karlsruhe, NStZ 1998, 315, NStZ 1999, 221 ff.

Bethge, Herbert, Grundrechtsverwirklichung und Grundrechtssicherung durch Organisation und Verfahren – Zu einigen Aspekten der aktuellen Grundrechtsdiskussion, NJW 1982, 1 ff.

Beulke, Werner, Strafprozessrecht, 6. Aufl., Heidelberg, 2002, zit. als Beulke, Strafprozessrecht

Blankenburg, Erhardt/ Sessar, Klaus/ Steffen, Wiebke, Die Staatsanwaltschaft im Prozeß strafrechtlicher Sozialkontrolle, Berlin, 1978, zit. als Blankenburg/Sessar/Steffen, Staatsanwaltschaft

Blau, Günter, Diversion und Strafrecht, Jura 1987, 25 ff.

Bohnert, Joachim, Die Abschlußentscheidung des Staatsanwalts, Berlin, 1992, zit. als Bohnert, Abschlußentscheidung

Bottke, Wilfried, Rechtsbehelfe der Verteidigung im Ermittlungsverfahren – eine Systematisierung, StV 1986, 120 ff.

Braun, Stefan, Die Absprache im deutschen Strafverfahren, Aachen, 1998, zit. als Braun, Absprache

Brendle-Wetzel, Eduard, Das Legalitätsprinzip im deutschen Strafprozeßrechte, Heidelberg, 1911, zit. als Brendle-Wetzel, Legalitätsprinzip

Brößler, Leander/ Terbach, Matthias, Das Gegensatzpaar staatsanwaltschaftliche „Prozeßhandlung" – „Justizverwaltungsakt": Eine Rechtsschutzverweigerungsfigur?, in: Duttge, Gunnar (Hg.), Freiheit und Verantwortung in schwieriger Zeit: Kritische Studien aus vorwiegend straf(prozeß-)rechtlicher Sicht zum 60. Geburtstag von Prof. Dr. Ellen Schlüchter, Baden-Baden, 1998, S. 85 ff., zit. als Brößler/Terbach, FS Schlüchter

Chirino Sánchez, Alfredo, Das Recht auf Informationelle Selbstbestimmung und seine Geltung im Strafverfahren, am Beispiel der neuen Ermittlungsmethoden in der Strafprozeßordnung, Frankfurt am Main etc., 1999, zit. als Chirino Sánchez, Informationelle Selbstbestimmung

Creifelds, Carl/ Weber, Klaus (Hg.), Rechtswörterbuch, 17. Aufl., München, 2002, zit. als Creifelds, Rechtswörterbuch

Dahs, Hans, Absprachen im Strafprozeß – Chancen und Risiken, NStZ 1988, 153 ff.

Dahs, Hans, Das Rechtliche Gehör im Strafprozeß, München etc., 1965, zit. als Dahs, Rechtliches Gehör

Degenhart, Christoph, Das allgemeine Persönlichkeitsrecht, Art. 2 I i.V. mit Art. 1 I GG, JuS 1992, 361 ff.

Dencker, Friedrich, Die Bagatelldelikte im Entwurf eines EGStGB, JZ 1973, 144 ff.

Denninger, Erhard u.a. (Hg.), Alternativkommentar zum Grundgesetz, Neuwied etc., Loseblatt, 3. Aufl., 2001, zitiert als AK-GG-*Bearbeiter*

Döhring, Silke, Ist das Strafverfahren vom Legalitätsprinzip beherrscht?, Frankfurt etc., 1999, zit. als Döhring, Legalitätsprinzip

Dörr, Dieter, Faires Verfahren: Gewährleistung im Grundgesetz der Bundesrepublik Deutschland, Kehl etc., 1984, zit. als Dörr, Faires Verfahren

Dreier, Horst (Hg.), Grundgesetz, Kommentar, 2. Aufl., Tübingen, 2004 zit. als Dreier-*Bearbeiter*

Eidam, Gerd, Unternehmen und Strafe, Köln etc., 1993, zit. als Eidam, Unternehmen

Eisele, Jörg, Anmerkung zu BGH, Beschluss v. 07.12.1998 (StV 1999, 72), StV 1999, 298 ff.

Eisele, Jörg, Die Berücksichtigung der Beschuldigtenrechte der EMRK im deutschen Strafprozess aus dem Blickwinkel des Revisionsrechts, JR 2004, 12 ff.

Eisele, Jörg, Die Regelbeispielsmethode im Strafrecht, Zugleich ein Beitrag zur Lehre vom Tatbestand, Tübingen, 2004, zit. als Eisele, Regelbeispielsmethode

Eisenberg, Ulrich/ Conen, Stefan, § 152 II StPO: Legalitätsprinzip im gerichtsfreien Raum?, NJW 1998, 2241 ff.

Engel, Christoph, Eigentumsschutz für Unternehmen, AöR 1993, 169 ff.

Erb, Volker, Legalität und Opportunität: gegensätzliche Prinzipien der Anwendung von Strafrechtsnormen im Spiegel rechtstheoretischer, rechtsstaatlicher und rechtspolitischer Überlegungen, Berlin, 1999, zit. als Erb, Legalität

Eser, Albin, Funktionswandel strafrechtlicher Prozeßmaximen: Auf dem Weg zur „Reprivatisierung" des Strafverfahrens?, in: Kroeschell, Karl (Hg.), Recht und Verfahren, Heidelberg, 1993, S. 21 ff., zit. als Eser, Funktionswandel

Faber, Martina, Der Schutz der Ehre und des Rufes vor herabsetzenden Äußerungen des Staates, Stuttgart etc., 1999, zit. als Faber, Ehre

Feltes, Thomas, Die Erledigung von Ermittlungsverfahren durch die Staatsanwaltschaft, KrimJ 1984, 50 ff.

Feltes, Thomas/ Janssen, Helmut/ Voß, Michael, Die Erledigung von Strafverfahren durch Staatsanwaltschaft und Gericht – brauchen wir die sogenannten

Diversionsmodelle in der Bundesrepublik?, in: Kerner, Hans-Jürgen, Deutsche Forschungen zur Kriminalitätsentstehung und Kriminalitätskontrolle, München, 1983, S. 858 ff., zit. als Feltes/Janssen/Voß, Erledigung

Fezer, Gerhard, Rechtsschutz gegen erledigte strafprozessuale Zwangsmaßnahmen, Jura 1982, 18 ff. und 126 ff.

Fezer, Gerhard, Strafprozeßrecht, Juristischer Studienkurs, 2. Aufl., München, 1995, zit. als Fezer, Strafprozeßrecht

Fezer, Gerhard, Vereinfachte Verfahren im Strafprozeß, ZStW 106 (1994), S. 1 ff.

Filthaut, Werner, Der Freispruch bei Unzucht mit Kindern: eine Untersuchung über die Gründe des Freispruchs, Münster, 1962, zit. als Filthaut, Freispruch

Friauf, Karl Heinrich/ Höfling, Wolfram (Hg.), Berliner Kommentar zum Grundgesetz, Berlin, Loseblatt, 11. Lieferung, Stand Dezember 2004, zitiert als BKGG-*Bearbeiter*

Friesenhahn, Ernst, Der Rechtsschutz im öffentlichen Recht nach dem Bonner Grundgesetz, DV 1948/49, 478 ff.

Frister, Helmut, Schuldprinzip, Verbot der Verdachtsstrafe und Unschuldsvermutung als materielle Grundprinzipien des Strafrechts, Berlin, 1988, zit. als Frister, Schuldprinzip

Frowein, Jochen Abr. u.a. (Hg.), Europäische MenschenRechtsKonvention: Kommentar, 2. Aufl., Kehl etc., 1996, zitiert als EMRK-Komm.-*Bearbeiter*

Füßer, Klaus/ Viertel, Katrin, Der Anspruch auf Abschlußverfügung im Ermittlungsverfahren und seine Durchsetzung, NStZ 1999, 116 ff.

Gillmeister, Ferdinand, Strafzumessung aus verjährten und eingestellten Straftaten, NStZ 2000, 344 ff.

Göbel, Oswald, Anklagezwang und Gewaltentrennung, NJW 1961, 856 ff.

Görcke, Hans Helmuth, Weisungsgebundenheit und Grundgesetz, ZStW 73 (1961), S. 561 ff.

Götz, Albrecht, Kommentar zum Bundeszentralregister, 4. Aufl., Köln, 2000, zit. als Götz

Haberstroh, Dieter, Unschuldsvermutung und Rechtsfolgenausspruch, NStZ 1984, 289 ff.

Hamm, Rainer, Mißbrauch des Strafrechts, NJW 1996, 2981 f.

Hamm, Rainer, Strafen ist Menschenwerk, in: Die Zeit, Nr. 50 v. 02.12.2004, S. 17.

Hamm, Rainer, Strafverfolgung recht und billig, NJW 1996, 236 ff.

Hassemer, Winfried, Der Staat muss das Strafbedürfnis der Bevölkerung beachten, ZRP 2004, 93 f.

Hassemer, Winfried, Legalität und Opportunität im Strafverfahren, in: Ostendorf, Heribert (Hg.), Strafverfolgung und Strafverzicht, Festschrift zum 125jährigen Bestehen der Staatsanwaltschaft Schleswig-Holstein, Köln etc., 1992, S. 529 ff., zit. als Hassemer, FS Staatsanwaltschaft Schleswig-Holstein

Havekost, Manfred, Das besondere öffentliche Interesse nach § 232 StGB bei Körperverletzungen im Straßenverkehr ohne Strafantrag des Verletzten, DAR 1977, 289 ff.

Heinitz, Ernst, Anmerkung zu OLG Hamburg, U. v. 19.07.1961, JZ 1963, 132 ff.

Heinrich, Bernd, Die gerichtliche Nachprüfbarkeit von Entscheidungen der Staatsanwaltschaft im Zusammenhang mit der Anklageerhebung, NStZ 1996, 110 ff.

Heinz, Wolfgang, Entlastung durch Beschleunigung und Vereinfachung – zur Krise des Strafprozesses, in: Eberle, Carl-Eugen/ Ibler, Martin/ Lorenz, Dieter (Hg.), Der Wandel des Staates vor den Herausforderungen der Gegenwart, Festschrift für Winfried Brohm, München, 2002, S. 351 ff., zit. als Heinz, FS Brohm

Hellmann, Uwe, Wiederaufnahme des Verfahrens zugunsten des Beschuldigten bei der Einstellung gegen Auflagen?, MDR 1989, 952 ff.

Henning-Bodewig, Frauke/ Kur, Annette, Marke und Verbraucher: Funktionen der Marke in der Marktwirtschaft, Band 1: Grundlagen, Weinheim etc., 1988, zit. als Henning-Bodewig/Kur, Marke

Herret, Rainer, Verfahrensbeendigung, Kostentragung und Entschädigung beim Tod des Beschuldigten oder Angeklagten, Gießen, 1987, zit. als Herret, Verfahrensbeendigung

Hertwig, Volker, Die Einstellung des Strafverfahrens wegen Geringfügigkeit, eine empirische Analyse der Handhabung der §§ 153, 153a StPO in der staatsanwaltschaftlichen und gerichtlichen Praxis, Göttingen, 1982, zit. als Hertwig, Einstellung

Hesse, Konrad, Grundzüge des Verfassungsrechts der Bundesrepublik Deutschland, Neudruck der 20. Aufl., Heidelberg, 1999, zit. als Hesse, Verfassungsrecht

Heubel, Horst, Der „fair-trial" – ein Grundsatz des Strafverfahrens?, Berlin, 1981, zit. als Heubel, fair-trial

Hilger, Hans, Über die Pflicht der Staatsanwaltschaft zur unverzögerten Einstellung gemäß § 170 Abs. 2 StPO, JR 1985, 93 ff.

Hirsch, Hans Joachim, Zur Behandlung der Bagatellkriminalität in der Bundesrepublik Deutschland, ZStW 92 (1980), S. 218 ff.

Isensee, Josef/ Kirchhof, Paul (Hg.), Handbuch des Staatsrechts der Bundesrepublik Deutschland, 2. Aufl., Heidelberg, 2001, zit. als Hdb. Staatsrecht, *Bearbeiter* (nach § und Rn.)

Jarass, Hans D., Das allgemeine Persönlichkeitsrecht im Grundgesetz, NJW 1989, 857 ff.

Jarass, Hans D., Die Entwicklung des allgemeinen Persönlichkeitsrechts in der Rechtsprechung des Bundesverfassungsgerichts, in: Erichsen, Hans-Uwe u.a. (Hg.), Recht der Persönlichkeit, Berlin, 1996, S. 89 ff., zit. als Jarass, Allgemeines Persönlichkeitsrecht

Jarass, Hans D./ Pieroth, Bodo, Grundgesetz, 7. Aufl., München, 2004, zit. als Jarass/Pieroth

Jasch, Michael, Anregungen für das deutsche Strafverfahrensrecht aus England, Polizeiliche Erledigung von Bagatellverfahren, NJW 2004, 1077 ff.

Jung, H., Die Stellung des Verletzten im Strafprozeß, ZStW 93 (1981), S. 1147 ff.

Kaiser, Günther/ Meinberg, Volker, „Tuschelverfahren" und „Millionärsschutzparagraph"? – Empirische Erkenntnisse zur Einstellung nach § 153a I StPO am Beispiel Wirtschaftskriminalität, NStZ 1984, 343 ff.

Kalsbach, Till, Die gerichtliche Nachprüfung von Maßnahmen der Staatsanwaltschaft im Strafverfahren, Berlin, 1967, zit. als Kalsbach, Nachprüfung

Kapahnke, Ulf, Opportunität und Legalität im Strafverfahren, Tübingen, 1982, zit. als Kapahnke, Opportunität

Karl, Wolfram (Hg.), Internationaler Kommentar zur Europäischen Menschenrechtskonvention, Köln etc., 7. Lfg., 2004, zitiert als IntKommEMRK-*Bearbeiter*

Katholnigg, Oskar, Anmerkung zu OLG Oldenburg, Beschluss v. 14.05.1990, NStZ 1990, 504 ff.

Kausch, Erhard, Der Staatsanwalt, Ein Richter vor dem Richter?, Untersuchungen zu § 153a StPO, Berlin, 1980, zit. als Kausch, Staatsanwalt

Keller, Rainer, Zur gerichtlichen Kontrolle prozessualer Ermessensentscheidungen der Staatsanwaltschaft, GA 1983, 497 ff.

Kerner, Hans-Jürgen, Statt Strafe: Diversion? Zur Einführung in die Thematik, in: Kerner, Hans-Jürgen (Hg.), Diversion statt Strafe? Probleme und Gefahren einer neuen Strategie strafrechtlicher Sozialkontrolle, Heidelberg, 1983, S. 1 ff., zit. als Kerner, Diversion

Kestel, Oliver, §§ 474 ff. StPO – eine unbekannte Größe, StV 1997, 266 ff.

Kirchner, Hildebert/ Butz, Cornelie, Abkürzungsverzeichnis der Rechtssprache, 5. Aufl., Berlin, 2003, zit. als Kirchner, Abkürzungsverzeichnis

Klein, Friedrich, Tragweite der Generalklausel im Art. 19 Abs. 4 des Bonner Grundgesetzes, VVDStRL 8 (1950), 67 ff.

Koller, Michael, Psychologie interpersonalen Vertrauens: Eine Einführung in theoretische Ansätze, in: Schweer, Martin (Hg.), Interpersonales Vertrauen: Theorien und empirische Befunde, Opladen, 1997, S. 13 ff., zit. als Koller, Psychologie

Kondziela, Andreas, Täter-Opfer-Ausgleich und Unschuldsvermutung, MschrKrim 1989, 177 ff.

Kühl, Kristian, Rückschlag für die Unschuldsvermutung aus Straßburg – Die neueste Rechtsprechung des Europäischen Gerichtshofs für Menschenrechte zu Art. 6 II MRK, NJW 1988, 3233 ff.

Kühl, Kristian, Unschuldsvermutung und Einstellung des Strafverfahrens – Die neueste Rechtsprechung des Europäischen Gerichtshofs für Menschenrechte zu Art. 6 II MRK, NJW 1984, 1264 ff.

Kühl, Kristian, Unschuldsvermutung, Freispruch und Einstellung, Köln etc., 1983, zit. als Kühl, Unschuldsvermutung

Kühl, Kristian, Zur Beurteilung der Unschuldsvermutung bei Einstellungen und Kostenentscheidungen, JR 1978, 94 ff.

Kuhlen, Lothar, Diversion im Jugendstrafverfahren, Heidelberg, 1988, zit. als Kuhlen, Diversion

Kunig, Philip, Das Rechtsstaatsprinzip: Überlegungen zu seiner Bedeutung für das Verfassungsrecht der Bundesrepublik Deutschland, Tübingen, 1986, zit. als Kunig, Rechtsstaatsprinzip

Kunz, Karl-Ludwig, Das Absehen von der Verfolgung bei Bagatelldelinquenz, KrimJ 1979, 48 ff.

Kunz, Karl-Ludwig, Das strafrechtliche Bagatellprinzip, Berlin, 1984, zit. als Kunz, Bagatellprinzip

Kunz, Karl-Ludwig, Die Einstellung wegen Geringfügigkeit durch die Staatsanwaltschaft (§§ 153 Abs. 1, 153a Abs. 1 StPO); eine empirische Untersuchung in kriminalpolitischer Absicht, Königstein, 1980, zit. als Kunz, Einstellung

Kunz, Karl-Ludwig, Die Verdrängung des Richters durch den Staatsanwalt: eine zwangsläufige Entwicklung effizienzorientierter Strafrechtspflege?, KrimJ 1984, 39 ff.

Lagodny, Otto, Strafrecht vor den Schranken der Grundrechte: die Ermächtigung zum strafrechtlichen Vorwurf im Lichte der Grundrechtsdogmatik; dargestellt am Beispiel der Vorfeldkriminalisierung, Tübingen, 1996, zit. als Lagodny, Strafrecht

Laser, Andrea, Das Rechtsschutzsystem gegen strafprozessuale Zwangsmaßnahmen, NStZ 2001, 120 ff.

Lemke, Michael u.a. (Hg.), Heidelberger Kommentar zur Strafprozessordnung, 3. Aufl., Heidelberg, 2001, zitiert als HK-*Bearbeiter*

Lemke, Michael, Länderübergreifendes staatsanwaltschaftliches Verfahrensregister, NStZ 1995, 484 ff.

Lorenz, Dieter, Das Gebot effektiven Rechtsschutzes des Art. 19 Abs. 4 GG, Jura 1983, 393 ff.

Lorenz, Dieter, Der Rechtsschutz des Bürgers und die Rechtsweggarantie, München, 1973, zit. als Lorenz, Rechtsschutz

Lorenzen, Henning, Legalitätsprinzip und Opportunitätsprinzip – Kritische Betrachtungen aus der und für die Strafverfolgungspraxis, in: Ostendorf, Heribert (Hg.), Strafverfolgung und Strafverzicht, Festschrift zum 125jährigen Bestehen der Staatsanwaltschaft Schleswig-Holstein, Köln etc., 1992, S. 541 ff., zit. als Lorenzen, FS Staatsanwaltschaft Schleswig-Holstein

Mackeprang, Rudolf, Ehrenschutz im Verfassungsstaat: zugleich ein Beitrag zu den Grenzen der Freiheiten des Art. 5 Abs. 1 GG, Berlin, 1990, zit. als Mackeprang, Ehrenschutz

Manssen, Gerrit, Staatsrecht II, Grundrechte, 3. Aufl., München, 2004, zit. als Manssen, Grundrechte

Marx, Claudius, Deutsches und europäisches Markenrecht: Handbuch für die Praxis, Neuwied etc., 1997, zit. als Marx, Markenrecht

Marxen, Klaus, Straftatsystem und Strafprozeß, Berlin, 1984, zit. als Marxen, Straftatsystem

Maunz, Theodor/ Dürig, Günter u.a. (Hg.), Grundgesetz, München, Loseblatt, 43. Lieferung, Stand Februar 2004, zit. als Maunz/Dürig-*Bearbeiter*

Maurer, Hartmut, Allgemeines Verwaltungsrecht, 14. Aufl., München, 2002, zit. als Maurer, Verwaltungsrecht

Meyer, Karlheinz, Grenzen der Unschuldsvermutung, in: Jescheck, Hans-Heinrich et al. (Hg.), Festschrift für Herbert Tröndle zum 70. Geburtstag, Berlin etc., 1989, S. 61 ff., zit. als Meyer, FS Tröndle

Meyer, Karlheinz, Zur Anfechtung der durch Vollzug erledigten Maßnahmen der Staatsanwaltschaft im Ermittlungsverfahren, in: Hassenpflug, Helwig (Hg.), Festschrift für Karl Schäfer zum 80. Geburtstag, Berlin etc., 1980, S. 119 ff., zit. als Meyer, FS Schäfer

Meyer-Goßner, Lutz, Die Behandlung kriminalpolizeilicher Spurenakten im Strafverfahren, NStZ 1982, 353 ff.

Meyer-Goßner, Lutz, Strafprozessordnung, 47. Aufl., München, 2004, zit. als Meyer-Goßner

Meyer-Mews, Hans , Rechtsschutzgarantie und Rechtliches Gehör im Strafverfahren, NJW 2004, 716 ff.

Miehe, Olaf, Literaturbericht, ZStW 104 (1992), S. 132 ff.

Mohren, Veronika, Die Veranlassung erzieherischer Maßnahmen durch den Staatsanwalt nach § 45 JGG: Verfassungsrechtliche und strafprozessuale Probleme, Sinzheim, 1998, zit. als Mohren, Erzieherische Maßnahmen

Mrozynski, Peter, Die Wirkung der Unschuldsvermutung auf spezialpräventive Zwecke des Strafrechts, JZ 1978, 255 ff.

Naucke, Wolfgang, Auf der Grenze zwischen Strafbarkeit und Straflosigkeit, Jura 1979, 426 ff.

Naucke, Wolfgang, Das System der prozessualen Entkriminalisierung, in: Samson, Erich u.a. (Hg.), Festschrift für Gerald Grünwald, Baden-Baden, 1999, S. 403 ff., zit. als Naucke, FS Grünwald

Naucke, Wolfgang, Empfiehlt es sich, in bestimmten Bereichen der kleinen Eigentums- und Vermögenskriminalität, insbesondere des Ladendiebstahls, die strafrechtlichen Sanktionen durch andere, z.B. zivilrechtliche Sanktionen abzulösen, ggf. durch welche?, Gutachten D, in: Ständige Deputation des Deutschen Juristentages (Hg.), Verhandlungen des 51. DJT, Stuttgart 1976, Band I, München, 1976, zit. als Naucke, Gutachten

Nelles, Ursula/ Velten, Petra, Einstellungsvorschriften als Korrektiv für unverhältnismäßige Strafgesetze?, NStZ 1994, 366 ff.

Nüßgens, Karl/ Boujong, Karlheinz, Eigentum, Sozialbindung, Enteignung, München, 1987, zit. als Nüßgens/Boujong, Eigentum

Pache, Eckhard, Das europäische Grundrecht auf einen fairen Prozess, NVwZ 2001, 1342 ff.

Paschmanns, Norbert, Die staatsanwaltschaftliche Verfahrenseinstellung wegen Geringfügigkeit nach §§ 153, 153a StPO - Entscheidungsgrenzen und Entscheidungskontrolle, Frankfurt etc., 1988, zit. als Paschmanns, Verfahrenseinstellung

Paulus, R., Anmerkung zu BVerfG, Beschluss vom 29.05.1990 – 2 BvR 254/88 und 2 BvR 1343/88,NStZ 1990, 600 f.

Peters, Karl, Die Problematik der vorläufigen Einstellung nach § 154 Abs. 2 StPO, StV 1981, 411 f.

Peters, Karl, Justiz als Schicksal, Berlin etc., 1979, zit. als Peters, Justiz

Pfeiffer, Gerd (Hg.), Karlsruher Kommentar zur Strafprozeßordnung, 5. Aufl., München, 2003, zitiert als KK-*Bearbeiter*

Pflüger, Thomas, Entschädigung für Strafverfolgungsmaßnahmen zugunsten des verstorbenen Angeklagten?, GA 1992, 20 ff.

Pieroth, Bodo/ Schlink, Bernhard, Grundrechte, Staatsrecht II, 20. Aufl., Heidelberg, 2004, zit. als Pieroth/Schlink, Grundrechte

Popitz, Heinrich, Über die Präventivwirkung des Nichtwissens, Tübingen, 1968, zit. als Popitz, Präventivwirkung

Pott, Christine, Die Außerkraftsetzung der Legalität durch das Opportunitätsdenken in den Vorschriften der §§ 154, 154a StPO, zugleich ein Beitrag zu einer kritischen Strafverfahrensrechtstheorie, Frankfurt etc., 1996, zit. als Pott, Außerkraftsetzung

Riepl, Frank, Informationelle Selbstbestimmung im Strafverfahren, Tübingen, 1998, zit. als Riepl, Informationelle Selbstbestimmung

Rieß, Peter (Hg.), Löwe-Rosenberg: Die Strafprozessordnung und das Gerichtsverfassungsgesetz, Großkommentar, 25. Aufl., Berlin etc., 2003, zitiert als LR-*Bearbeiter*

Rieß, Peter, Anmerkung zu OLG Karlsruhe, Beschluss v. 30.04.1982, NStZ 1982, 435 f.

Rieß, Peter, Die Rechtsstellung des Verletzten im Strafverfahren, Gutachten C für den 55. Deutschen Juristentag, München, 1984, zit. als Rieß, Gutachten

Rieß, Peter, Die Zukunft des Legalitätsprinzips, NStZ 1981, 2 ff.

Rieß, Peter, Entwicklung und Bedeutung der Einstellungen nach § 153a StPO, ZRP 1983, 93 ff.

Rieß, Peter, Plädoyer für ein Einstellungserzwingungsverfahren, in: Schünemann, Bernd u.a. (Hg.), Festschrift für Claus Roxin, Berlin etc., 2001, S. 1319 ff., zit. als Rieß, FS Roxin

Rieß, Peter, Prozeßmaximen und Ermittlungsverfahren, in: Eyrich, Heinz et al. (Hg.), Festschrift für Kurt Rebmann, München, 1989, S. 381 ff., zit. als Rieß, FS Rebmann

Rönnau, Thomas, Die Absprache im Strafprozeß, Baden-Baden, 1990, zit. als Rönnau, Absprache

Roxin, Claus, Strafverfahrensrecht, 25. Aufl., München, 1998, zit. als Roxin, Strafverfahrensrecht

Rudolphi, Hans-Joachim u.a. (Hg.), Systematischer Kommentar zur Strafprozessordnung und zum Gerichtsverfassungsgesetz, Neuwied etc., 4. Lfg., Stand Juli 2004, zitiert als SK-*Bearbeiter*

Rüping, Hinrich, der Grundsatz des Rechtlichen Gehörs und seine Bedeutung im Strafverfahren, Berlin, 1976, zit. als Rüping, Rechtliches Gehör

Rzepka, Dorothea, Zur Fairness im deutschen Strafverfahren, Frankfurt a.M., 2000, zit. als Rzepka, Fairness

Schaefer, Hans Christoph, Die Staatsanwaltschaft im Rechtsschutzsystem, NJW 2001, 1396 f.

Schenke, Wolf-Rüdiger, Die Bedeutung der verfassungsrechtlichen Rechtsschutzgarantie des Art. 19 Abs. 4 GG, JZ 1988, 317 ff.

Schlüchter, Ellen, Das Strafverfahren, 2. Aufl., Köln etc., 1983, zit. als Schlüchter, Strafverfahren

Schmidhäuser, Eberhard, Freikaufverfahren mit Strafcharakter im Strafprozeß, JZ 1973, 529 ff.

Schmidt, Eberhard, Lehrkommentar zur StPO und zum GVG, Nachtrag II, Göttingen, 1970

Schmidt, Eberhard, Zur Rechtsstellung und Funktion der Staatsanwaltschaft als Justizbehörde, MDR 1964, 629 ff.

Schöch, Heinz, Die Rechtsstellung des Verletzten im Strafverfahren, NStZ 1984, 385 ff.

Scholz, Rupert/ Pitschas, Rainer, Informationelle Selbstbestimmung und staatliche Informationsverantwortung, Berlin, 1984, zit. als Scholz/Pitschas, Informationelle Selbstbestimmung

Schönke, Adolf/ Schröder, Horst, Kommentar zum Strafgesetzbuch, 26. Aufl., München, 2001, zit. als Schönke/Schröder-*Bearbeiter*

Schroeder, Friedrich-Christian, Legalitäts- und Opportunitätsprinzip heute, in: Baumann, Jürgen/ Tiedemann, Klaus (Hg.), Einheit und Vielfalt des Strafrechts, Festschrift für Karl Peters, Tübingen, 1974, S. 411 ff., zit. als Schroeder, FS Peters

Schulenberg, Johanna, Legalitäts- und Opportunitätsprinzip im Strafverfahren, JuS 2004, 765 ff.

Simitis, Spiros, Die Informationelle Selbstbestimmung – Grundbedingung einer verfassungskonformen Informationsordnung, NJW 1984, 394 ff.

Stree, Walter, Deliktsfolgen und Grundgesetz, Zur Verfassungsmäßigkeit der Strafen und sonstigen strafrechtlichen Maßnahmen, Tübingen, 1960, zit. als Stree, Deliktsfolgen

Strubel, Bernd-Jochen/ Sprenger, Wolfgang, Die gerichtliche Nachprüfbarkeit staatsanwaltschaftlicher Verfügungen, NJW 1972, 1734 ff.

Stuckenberg, Carl-Friedrich, Untersuchungen zur Unschuldsvermutung, Berlin etc., 1997, zit. als Stuckenberg, Unschuldsvermutung

Terbach, Matthias, Einstellungserzwingungsverfahren, Baden-Baden, 1996, zit. als Terbach, Einstellungserzwingungsverfahren

Terbach, Matthias, Rechtsschutz gegen die staatsanwaltliche Zustimmungsverweigerung zur Verfahrenseinstellung nach §§ 153 II, 153a II StPO, NStZ 1998, 172 ff.

Tettinger, Peter J., Die Ehre – ein ungeschütztes Verfassungsgut?, Köln, 1995, zit. als Tettinger, Ehre

Tettinger, Peter J., Die persönliche Ehre, Köln, 1997, zit. als Tettinger, Persönliche Ehre

Tettinger, Peter J., Fairneß und Waffengleichheit, München, 1984, zit. als Tettinger, Fairneß

Tröndle, Herbert/ Fischer, Thomas, Strafgesetzbuch und Nebengesetze, 52. Aufl., München, 2004, zit. als Tröndle/Fischer
Unterkommission III der DVJJ-Kommission zur Reform des Jugendkriminalrechts (1992), Für ein neues Jugendgerichtsgesetz: Jugendverfahren, DVJJ-Journal, 1-2/1992, 23 ff.

Villiger, Mark E., Handbuch der Europäischen Menschenrechtskonvention, Zürich, 1993, zit. als Villiger, Hdb. EMRK

Vogelgesang, Klaus, Grundrecht auf Informationelle Selbstbestimmung?, Baden-Baden, 1987, zit. als Vogelgesang, Informationelle Selbstbestimmung

Vogler, Theo, Fragen in der Spruchpraxis der Europäischen Kommission, ZStW 89 (1977), S. 761 ff.

Vogler, Theo, Möglichkeiten und Wege einer Entkriminalisierung, ZStW 90 (1978), S. 132 ff.

Volk, Klaus, Prozeßvoraussetzungen, Ebelsbach, 1978, zit. als Volk, Prozeßvoraussetzungen

Von Heintschel-Heinegg, Bernd/ Stöckel, Heinz (Hg.), KMR, Kommentar zur Strafprozessordnung, Neuwied, 38. Lfg., Stand Dezember 2004, zitiert als KMR-*Bearbeiter*

Von Mangoldt, Hermann/ Klein, Friedrich/ Starck, Christian (Hg.), Das Bonner Grundgesetz, Kommentar, 4. Aufl., München, 1999, zit. als BK-*Bearbeiter*

Von Münch, Ingo/ Kunig, Philip, Grundgesetz, 5. Aufl., München, 2000, zit. als Von Münch/Kunig-*Bearbeiter*

Voß, Michael, Über das keineswegs zufällige Zusammentreffen von Gefängnisausbau und der Einrichtung ambulanter Alternativen, in: Kerner, Hans-Jürgen (Hg.), Diversion statt Strafe? Probleme und Gefahren einer neuen Strategie strafrechtlicher Sozialkontrolle, Heidelberg, 1983, S. 95 ff., zit. als Voß, Zusammentreffen

Voßkuhle, Andreas, Bruch mit einem Dogma: Die Verfassung garantiert Rechtsschutz gegen den Richter, NJW 2003, 2193 ff.

Voßkuhle, Andreas, Rechtsschutz gegen den Richter, München, 1993, zit. als Voßkuhle, Rechtsschutz

Vultejus, Ulrich, Legalitäts- und Opportunitätsprinzip, ZRP 1999, 135 ff.

Wagner, Heinz, Rechtliches Gehör im Ermittlungsverfahren, ZStW 109 (1997), 545 ff.

Wagner, Walter, Zur Weisungsgebundenheit der Staatsanwälte, NJW 1963, 8 ff.

Walter, Michael, Wandlungen in der Reaktion auf Kriminalität, ZStW 95 (1983), S. 32 ff.

Wassermann, Rudolf (Hg.), Reihe Alternativkommentare, Kommentar zur Strafprozessordnung, Neuwied etc., 1. Aufl., ab 1992, zitiert als AK-*Bearbeiter*

Weber, Joachim, Zum Genugtuungsinteresse des Verletzten als Strafzweck, Baden-Baden, 1997, zit. als Weber, Genugtuungsinteresse

Weigend, Thomas, Anklagepflicht und Ermessen: die Stellung der Staatsanwaltschaft zwischen Legalitäts- und Opportunitätsprinzip nach deutschem und amerikanischem Recht, Baden-Baden, 1978, zit. als Weigend, Anklagepflicht

Weigend, Thomas, Deliktsopfer und Strafverfahren, Berlin, 1989, zit. als Weigend, Deliktsopfer

Weigend, Thomas, Eine Prozessordnung für abgesprochene Urteile? - Anmerkungen zu den Entscheidungen BGHSt 43, 195 und BGH, NStZ 1999, 92, NStZ 1999, 57 ff.

Werner, Karin, Die Rechtsstellung des Verletzten im Strafverfahren bei staatsanwaltschaftlichen Verfahrenseinstellungen aus Opportunitätsgründen, NStZ 1984, 401 ff.
Werner, Karin, Der Einfluss des Verletzten auf Verfahrenseinstellungen der Staatsanwaltschaft, Göttingen, 1986, zit. als Werner, Einfluss

Wessels, Johannes/ Beulke, Werner, Strafrecht, Allgemeiner Teil, 34. Aufl., Heidelberg, 2004, zit. als Wessels/Beulke, Strafrecht AT

Woldenberg, Andrea van den, Diversion im Spannungsfeld zwischen „Betreuungsjustiz" und Rechtsstaatlichkeit, Frankfurt etc., 1993, zit. als Woldenberg, Diversion

Wolter, Jürgen, Datenschutz und Strafprozeß, ZStW 107 (1995), S. 793 ff.

Zipf, Heinz, Kriminalpolitische Überlegungen zum Legalitätsprinzip, in: Baumann, J./ Tiedemann, K. (Hg.), Einheit und Vielfalt des Strafrechts, Festschrift für Karl Peters, Tübingen, 1974, S. 487 ff., zit. als Zipf, FS Peters